当代浙学文库

DANGDAI ZHEXUE WENKU

浙江省社科联省级社会科学学术著作出版资金资助出版（编号：2016CBB06）

乡村社会转型对教育转型影响的机制与路径研究

陈旭峰 著

浙江大学出版社
ZHEJIANG UNIVERSITY PRESS

图书在版编目（CIP）数据

乡村社会转型对教育转型影响的机制与路径研究 /
陈旭峰著. —杭州：浙江大学出版社，2016.11
ISBN 978-7-308-16245-6

Ⅰ. ①乡… Ⅱ. ①陈… Ⅲ. ①乡村－社会转型－影响
－乡村教育－研究－中国 Ⅳ. ①C912.82②G725

中国版本图书馆 CIP 数据核字（2016）第 233149 号

乡村社会转型对教育转型影响的机制与路径研究

陈旭峰　著

责任编辑	丁沛岚	
责任校对	杨利军	
封面设计	续设计	
出版发行	浙江大学出版社	
	（杭州市天目山路 148 号　邮政编码 310007）	
	（网址：http://www.zjupress.com）	
排　　版	杭州好友排版工作室	
印　　刷	浙江省邮电印刷股份有限公司	
开　　本	710mm×1000mm　1/16	
印　　张	13.75	
字　　数	270 千	
版 印 次	2016 年 11 月第 1 版　2016 年 11 月第 1 次印刷	
书　　号	ISBN 978-7-308-16245-6	
定　　价	35.00 元	

序

为旭峰这本书做个序并非易事,因为一些问题我们至今也没有搞明白。诸如,乡村与农村概念可否有些区别?怎么评价近代以来社会变迁所引起的一些乡村建设运动?文字下乡对乡村社会生态带来的是什么样的变化?文字上移又对乡村社会造成了什么样的影响?现代性与乡土性的关系、现代化与城市化的关系究竟如何?如此等等。这本书显然是要回答这些问题的。通观全书,支撑作者的一个坚定的信念是"重建乡村社会",而不是让乡村社会随着城市化的进程逐渐消失。说句实话,作者这种理论理性是对的,但是在工具理性面前只能却步。实际上有许多知识分子都在致力于"乡村建设",最后都成为乡村的"守望者",其原因是城市化所牵动的社会变迁势如破竹。如今所有农村都在经历着人口外迁,流出地一片荒芜,空壳村每年成万倍增长,农村人都没有了或只剩下老人和孩子了,靠他们能搞得起乡村建设吗?那么,年轻人为什么要离土离乡?有些地方农民务农一年的收入还不如在外打工一个月的收入多,再说城市的生活丰富多彩,对年轻人就更有吸引力。所以说,能够驱动农民向外流动的动力就是这种工具理性,第一代农民工外出是为了多挣钱养家糊口盖房子,而第二代农民工就是想过城里人的生活。面对这样一种社会大潮流,旭峰想做的事情是试图以理论理性说服被工具理性主导的人们,能够坚守在农村,搞乡村建设,搞真正意义上的乡村现代化建设,而乡村教育的复兴是其中要义。

谈到乡村教育就要说说前面的问题了,乡村与农村的概念可以混用,但多少还是有些区别的。我认为乡村是一个历史的概念,带有深厚的情感因素,如乡里、乡邻、乡亲、老乡;而农村是一个社会的概念,带有地域性质、产业性质和户籍性质。所以说乡村教育在过去是一个非常宽泛的概念,包括学校教育,还有家庭教育、生活教育、劳动教育、宗教教育、社会教育,等等。而农村教育却越来越被狭义地界定为学校教育,并包罗万象。教学生的东西越来越与农村无关,这种情况早在第一次乡村建设运动中就被晏阳初等人批判过,这样的教育教农民的孩子不种地,工人的孩子不做工。如今,这样的教育更成为一种应试教育,成为农家孩子走出农村进入城市的阶梯。正是这样的教育,促成了农民的离土离乡。在学术界,人们对第一次乡村建设中的"文字下乡"多有赞誉和肯定,但是我认为在乡村兴新学没错,但让学校教育取代乡村教育却是重大的失误。如今的"文字上移"也正是之前的"因"种下的"果",将乡村教育甚至乡村中的学校教育都上交到乡镇和县城,不就加剧了"通过教育促进社会流动"这种后果吗？如果是真正意义上的向上的社会流动，还有值得借鉴的地方，但现实的情况是农民的社会流动是横向的、不稳定的，甚至是向下流动的。对农民来说，这样的教育有很深的隐患。

再回到之前说的问题。在现代性与乡土性的关系上，两者之间本不是互斥的，在国外特别是在欧洲，这对关系就处理得很好。至少在人们的观念中乡村是比城市更加健康的地方。而我们就没有处理好这样的关系，在每一座城市包括特别发达的北上广，只要驱车走出离城市十几里地的地方就会看到反差极大的乡村老旧或简陋的建筑，更不要说边远地区了。我们现在谈的现代化就是城市化，城市都向现代化发展了，农村就成了反现代化的例子。这样走下去不是在缩小城乡差距，而是在抛弃乡村。一个残酷的事实是，中国的人口基数非常大，农业人口在今天至少还占到一半左右，靠城市是解决不了这么多人的生存问题的，只有靠土地，靠合理地使用土地，我们不是还保留着 18 亿亩土地吗？这是红线，不能动，要种粮，要靠农业现代化去经营。因此，旭峰的观点虽不是主流，但这种理论理性是对的，是站得住脚的，是有着 18 亿亩土地红线支撑的，因此也是从长计议的安国之策。而现在所能做的就是先从乡村教育抓起，正如旭峰所说的要"根据农村地区的特点和实际需要，理性地选择适合乡村发展、满足农民需求的乡村教育发展路径"。这条路径是发展大的乡村教育，而不再是狭隘的乡村学校。这样做，才是真正意义上顺应了社会的转型。

前几天在微信上看到了一篇小短文，题名叫"红果"。文中讲了一些孩子的故事，他们生长在农村、山区，过着城市人无法想象的贫困生活。一位清华大学的本科生到山西某山区做社会调查，发现依附土地生活的人们竟然还是那样的贫穷和落后。该生在文中不客气地说道，我们不缺清谈和大量的研究，缺的是对农村和农民生活真正的熟悉和了解。旭峰曾经挂职到县里一年，有机会接触到了农民和农村的实际情况，也做了大量的调查研究。书中所列举的那么多的实证材料就足以说明这不是清谈。当然也就不奇怪旭峰在书中提出的观点和给出的建议是多么的迫切，那就是乡村一定要走现代化之路。当然，要解决乡村社会现代化问题一定要汲取历史的教训，第一次乡村建设运动是"重农主义"的，没有解决好与现代化的问题；这次重建乡村社会要将农业与现代化紧密地联系在一起，带着和谐发展的眼光。而这样做的关键是，恢复真正意义上的乡村教育并率先实现现代化。毕竟，人才是建设和实现现代化的根本。

钱民辉
北京大学教授、博士生导师
2016 年 10 月

前　言

在当代中国,乡村教育之所以是一个非常重要的社会学议题,一方面,是因为它关涉到中国的大多数人——农民及其子女的命运,关涉到这一群体社会生存和流动的基本途径乃至其人性、人格的健康发展;另一方面,乡村教育是观察中国社会深层权力结构及其变迁机制的极好载体。从社会学视角来研究乡村教育,从来不是一个就教育论教育的过程,而是引导人们以乡村教育为视角,探索人类社会的经济、社会和文化再生产得以正常运转的本原。

本书以我国乡村社会转型对教育转型影响的机制与路径为研究内容,结合社会学、教育学、人口学、历史学、文化学、经济学、政治学等多门学科的理论与方法,综合采用宏观研究与微观研究、定性分析与定量分析、理论与实践、归纳与演绎、比较研究方法与综合评价方法,力求使研究更为系统和科学,为乡村和乡村教育事业的发展寻求可行之路。根据研究主题的需要,在本研究中采用的研究方法主要有:观察法、问卷调查法、深度访谈法和文献法。

本书以近代以来我国乡村教育转型的背景、表现及其影响因素为研究主题,按照以下五个层次展开论述:第一个层次分别从国家与社会的关系格局、"场域"与"惯习"的关系,精英意识形态的博弈与选择、"意识生态"与"意识心态"的关系四个方面,在理论层面上探讨了乡村社会转型对教育转型的影响。第二个层次对近代以来我国第一次乡村教育转型,也就是对发生在乡村建设运动时期的乡村教育第一次转型的背景和表现进行了研究。第三个层次对发生在 20 世纪 90 年代以来直到现在①为止的 20 年时间的第二次乡村教育转型进行了研究。具体来说,先从农业现代化步伐的加快、农村城镇化进程的推进、农民市民化水平的提高三个方面分析了乡村教育第二次转型的背景,在此基础上再从国家、地方和个人三个层次探讨了乡村教育第二次转型的宏观、中观和微观表现,其中宏观表现主要通过国家教育政策的意识形态导向反映出来,中观表现主要是通过乡村教育对地方文化的认同和冲突这个意识生态反映出来,而微观表现则通过农民具有城市化特征的教育意识心态反映出来。第四个层次从实证层面研究了乡村社会转型对教育转型的影响。具体来说,即通过建立 Logistic 分析模型,研究了市民化水平对农民教育态度与行为的影响。第五个层次则是在前四个层次分析的基础上提出了本书的结论和建议。

---

① 本调研发生于 2010—2011 年,相关数据均以当时为准。

　　从理论意义上来说,进一步加强对乡村教育发展理论和道路的研究,对于正确认识乡村教育在建设社会主义新农村中的地位和作用,在前人研究基础上继续探索乡村教育发展的理论和道路无疑具有重要的理论意义;以通过问卷、访谈和文献法收集的数据和资料为基础,对近代以来我国乡村教育转型的背景、表现及其影响因素进行深入研究,能为中国乡村教育发展的理论研究提供有力的研究素材和数据参考,这些资料对于中国乡村教育事业的发展无疑具有重要的学术价值;本研究围绕着近代以来我国乡村教育转型的各种理论与实践问题,以多学科的视角开展研究,这有利于乡村教育发展问题研究视野的拓展,以及方法论的创新,促进我国乡村教育事业研究的进一步发展。

　　从现实意义上来说,根据农村地区的特点和实际需要,理性地选择适合乡村发展、满足农民需求的乡村教育发展路径,对乡村教育的发展无疑有着重要的现实意义;教育与经济、社会和文化之间存在着千丝万缕的联系,这决定了对乡村教育转型的影响因素进行深入研究具有重要的现实意义,有助于人们能够在综合考虑乡村经济、社会和文化因素的基础上,建立与乡村经济社会发展和农民需求相适应的乡村教育体系;对近代以来我国乡村教育转型的背景、表现及其影响因素进行深入研究,有利于政府部门深刻认识到当前乡村教育发展面临的困境,在制定乡村教育发展路径时,综合考虑乡村的经济、社会、文化因素,充分考虑乡村教育的主体地位,使乡村教育朝着正确的方向发展。

目　　录

导　论

第一节　研究缘起

在当代中国,乡村教育之所以是一个非常重要的社会学议题,一方面是因为它关涉到中国的大多数人——农民及其子女的命运,关涉到这一群体社会生存和流动的基本途径乃至其人性、人格的健康发展;另一方面,乡村教育是观察中国社会深层权力结构及其变迁机制的极好载体。① 第一个方面更多地体现出乡村教育的"工具理性",使乡村教育研究具有"相对价值";而第二个方面则更多地体现出乡村教育的"价值理性",使乡村教育研究具有"绝对价值"。从社会学视角来研究乡村教育,从来就不是一个就教育论教育的过程,而是引导人们以乡村教育为视角,探索人类社会的经济、社会和文化再生产得以正常运转的本原。

费孝通在《乡土中国》一书中阐述了自己对"文字下乡"的看法。他认为:"在这种社会里,语言是足够传递世代间的经验了。当一个人碰着生活上的问题时,他必然能在一个比他年长的人那里问得到解决这问题的有效办法,因为大家在同一环境里,走同一道路,他先走,你后走;后走的所踏的是先走的人的脚印,口口相传,不会有遗漏。哪里用得着文字? 时间里没有阻隔,拉得十分紧,全部文化可以在亲子之间传授无缺。"②在费孝通看来,文字在乡土社会中是多余的,很多地方性知识并不需要通过文字来传承,代与代之间的经验传授对于乡土社会来说也已经够用了。"提倡文字下乡的人,必须先考虑文字和语言的基础,否则开几个乡村学校和使乡下人多识几个字,也许并不能使乡下人'聪明'起来。"③可以说,在漫长的传统农业社会中,乡土社会对文字是没有太多的需求的。

进入现代社会以来,随着现代化进程的不断推进,农村的地方性逐渐弱化,地方性知识的重要性也日渐下降。在这一背景下,农村人对"文字下乡"的需求越来

---

① 熊春文."文字上移":20 世纪 90 年代末以来中国乡村教育的新趋向[J].社会学研究,2009(5):110—140.

② 费孝通.乡土中国[M].北京:北京大学出版社,1998:22.

③ 费孝通.乡土中国[M].北京:北京大学出版社,1998:17.

越强烈,由此引发了一场大规模的"文字下乡"运动。民国期间著名的乡村建设运动就是一场声势浩大的"文字下乡"运动,其代表有黄炎培的中华职业教育社开展的农村教育改进实验、陶行知的乡村教育改造实验、晏阳初领导的中华平民教育促进会的定县实验,以及梁漱溟的邹平乡村建设运动,等等。可以说,以民国时期的乡村建设运动为代表的"文字下乡"运动是近代以来乡村教育的第一次转型,其性质是由传统乡村教育向现代乡村教育转型,也就是乡村教育的现代化过程。

自20世纪90年代中后期,特别是21世纪以来,随着农村学龄人口的不断减少和城市化进程的快速推进,我国农村地区生源不足、学校规模小、教学质量差的问题越来越突出。为了有效解决这些问题,我国开始了新一轮的大规模农村学校布局调整。在不到10年的时间,中国改变了原来"村村有小学"的格局,众多农村小学校在"优化教育资源配置、改善办学条件"的原则指导下,被逐渐撤并或升级,不少地方已达到一个乡镇只有一所中心校的程度。国内学者熊春文把这一现象概括为"中国乡村教育正呈现出一个文字上移的新趋势"[①]。如果说"文字下乡"是将教育渗透到乡村的每一个角落,使乡村教育与乡村经济社会发展紧密结合,二者融为一体;那么"文字上移"就是将教育从乡村中分离出来,使乡村教育脱离乡土社会,朝着城市化、普遍化、抽象化的方向发展。可以看出,"文字上移"与"文字下乡"是两个截然相反的过程。以学校布局调整为代表的"文字上移"运动可以说是近代以来乡村教育的第二次转型,也就是乡村教育朝着城市化方向发展的过程。

应该说"文字上移"对于提高乡村教育质量、使乡村教育得到均衡发展是很有帮助的,但"文字上移"存在的弊端也是非常明显的:一方面,"文字上移"使学校离开了乡村,乡村成了一个"文化孤岛",这对于当前正在进行的社会主义新农村建设是极为不利的;另一方面,"文字上移"引发的是外生型现代化进程,并没有改变乡村在现代化进程中的附属地位,要想真正实现乡村的长远发展,建立乡村的主体地位,必须走内生型发展道路。在学校布局调整过程中,我们可以发现政府与社会的张力所在。政府为乡村教育规划的是一条脱离乡村社区的外生型教育现代化道路,而没有把乡村教育作为一个主体来看待,这对于乡村教育和乡村社会的长远发展是极为不利的。对于政府来说,学校布局调整带来更多的是利处,而学校布局调整带来的弊端更多的是需要乡村社会来承受,这也正是"大政府小社会"的政治格局在乡村教育中的体现。

---

① 熊春文."文字上移":20世纪90年代末以来中国乡村教育的新趋向[J].社会学研究,2009(5):110—140.

法国社会学家迪尔凯姆（Emile Durkheim）[①]在《教育思想的演进》一书中指出："教育的转型始终是社会转型的结果与征候，要从社会转型的角度入手来说明教育的转型。"[②]这说明教育转型的发生并不是没有缘由的，往往是社会转型导致了教育转型，有什么样的社会转型就会有什么样的教育转型。笔者认为，对于乡村教育来说，不管是第一次转型还是第二次转型，都与乡村经济结构、社会结构和文化结构的转变有关。也就是说，乡村教育的转型是在乡村社会转型的影响下发生的。那么乡村社会转型对教育转型影响的作用机制是如何发生的？哪些社会转型因素会影响到乡村教育的转型呢？乡村教育转型的未来路径在哪里？这些都是笔者非常关注的问题。

第二节　研究意义

在建设社会主义新农村、构建和谐社会的大背景下，对近代以来我国乡村教育转型的背景、表现及其影响因素进行深入研究无疑具有重要的理论意义和现实意义。

一、理论意义

第一，长期以来，学者们都试图通过研究寻找出一套适合中国国情的乡村教育发展理论，或者找出一条与乡村经济社会发展和农民需求相适应的乡村教育发展道路。进一步加强对乡村教育发展理论和道路的研究，对于正确认识乡村教育在建设社会主义新农村中的地位和作用，在前人研究基础上继续探索乡村教育发展的理论和道路无疑也具有重要的理论意义。

第二，以通过观察法、问卷调查法、访谈法和文献法收集的数据和资料作为基础，对近代以来我国乡村教育转型的背景、表现及其影响因素进行深入研究，能为中国乡村教育发展的理论研究提供有力的研究素材和数据参考，这些资料对于中国乡村教育事业的发展无疑具有重要的学术价值。

第三，对近代以来我国乡村教育转型的背景、表现及其影响因素进行研究是一种以问题为中心的跨学科课题，仅仅从一个学科视角出发并不能很好地说明和解释这一问题，而应该从社会学、教育学、人口学、历史学、文化学、经济学、政治学等多学科角度出发开展综合研究。本研究围绕着近代以来我国乡村教育转型的各种理论与实践问题，以多学科的视角开展研究，这有利于乡村教育发展问题研究视野

[①]　Durkheim 多译为迪尔凯姆，又译为涂尔干、杜尔凯姆，本书除参考文献外统译为迪尔凯姆。

[②]　爱弥尔·涂尔干.教育思想的演进[M].李康，译.上海：上海人民出版社，2003：231.

的拓展,以及方法论的创新,促进我国乡村教育事业研究的进一步发展。

二、现实意义

第一,当前中国乡村教育的发展正处在十字路口:是选择以城市为导向,推进"文字上移",发展"离农式教育",还是选择以乡村为导向,推进"文字下乡",发展"留农式教育"?乡村教育处于两难的困境之中。本研究根据农村地区的特点和实际需要,理性地选择适合乡村发展、满足农民需求的乡村教育发展路径,经反复论证推出方案,这对于乡村教育的发展无疑有着重要的现实意义,为解决当前乡村教育面临的困境提供帮助。

第二,教育与经济、社会和文化之间存在着千丝万缕的联系,这决定了对乡村教育转型的影响因素进行深入研究具有重要的现实意义:有助于人们更加全面地看待乡村教育问题,避免就教育而谈教育,从而能够在综合考虑乡村经济、社会和文化因素的基础上,建立与乡村经济社会发展和农民需求相适应的乡村教育体系。

第三,对近代以来我国乡村教育转型的背景、表现及其影响因素进行深入研究,有利于政府部门深刻认识到当前乡村教育发展面临的困境,在制定乡村教育发展路径时,综合考虑乡村的经济、社会、文化因素,切实从乡村教育的长远发展出发,充分考虑乡村教育的主体地位,更加科学合理地规划乡村教育发展的道路,使乡村教育朝着正确的方向发展。

第三节 研究方法

本书以近代以来我国乡村教育转型的背景、表现及其影响因素为研究内容,结合社会学、教育学、人口学、历史学、文化学、经济学、政治学等多学科的理论与方法,综合采用宏观研究与微观研究、定性分析与定量分析、理论与实践、归纳与演绎、比较研究方法与综合评价方法相结合,力求使研究更为系统和科学,为乡村和乡村教育事业的发展寻求可行之路。笔者的调查地点在 Y 市,为了便于调查工作的开展,笔者选择在当地市委办挂职,挂职时间从 2010 年 9 月开始,至 2011 年 11 月结束,为期 1 年多,这对研究工作的顺利推进带来了很大的帮助。挂职期间,笔者经常前往教育局、农村社区建设指挥部、各个镇(街道)等相关部门了解情况,并深入村庄和学校开展调查研究。

Y 市属于全国百强县,现有 7 个镇、3 个街道办事处和 3 个省级经济园区,面积 535 平方公里,人口 54.3 万。Y 市历史文化悠久,九州文化、大禹文化、佛教文化交相辉映;交通区位优越,京沪、兖石铁路在此交会,日东高速等数十条公路干线在境内交织成网,是鲁西南地区最大的物资集散地和客运中转站;资源优势明显,是国家重要煤炭基地,煤炭储量 200 多亿吨,地下水储量约 20 亿立方米,铁矿探明储量 10 亿吨。先后被评为全国科技进步先进市、全国农业现代化示范市、全省基层党建工作先进市、省级文明城市等。① 可以说,Y 市资源丰富、地理位置优越,是鲁西南地区重要的粮食、能源和交通基地。根据研究主题的需要,笔者在研究过程中主要采用了如下研究方法。

一、观察法

在社会科学中,观察法是一种收集社会初级信息或原始资料的方法。这种方法是通过直接感知和直接记录的方式,获得由研究目的和研究对象所决定的一切有关的社会现象和社会行为的情报。科学的观察必须具备以下几个特征:①有一定的研究目的或研究方向;②预先有一定的理论准备和较系统的观察计划;③有较系统的观察或测量记录;④观测结果可以被重复验证;⑤观察者受过一定的专业训练。② 笔者在研究过程中通过以下两种方式开展观察研究:第一,通过在市委办挂职的便利条件,以参与者和研究者的双重视角直接观察政府部门如何制定乡村和乡村教育发展的相关政策,如何具体落实这些政策,以及如何应对乡村和乡村教育发展中存在的问题;第二,直接以研究者的身份深入村庄和学校进行观察研究。

二、问卷调查法

问卷调查法是在社会科学研究中经常会用到的一种研究方法。美国社会学家艾尔·巴比(Earl Babbie)称"问卷是社会调查的支柱",而英国社会学家莫泽(C. A. Moser)则说"十项社会调查中就有九项是采用问卷进行的",可见社会研究者对问卷法的评价之高。③ 通过问卷可以收集分析本研究相关的核心数据与资料。为了更好地研究乡村教育第二次转型的背景、表现及其影响因素,笔者设计了调查问卷,制定了相应的抽样方案。通过问卷调查收集的数据来更好地研究我国乡村教育转型的背景、表现及其影响因素。

本次研究的问卷调查工作于 2011 年 10 月在 Y 市的 13 所学校④展开,调查方式是将问卷发放给学生,由学生带回家让父亲或者母亲填写,完成之后交回学校。整个调查共发放 1200 份问卷,回收问卷 1098 份(回收率为 91.5%),其中有效问卷 1012 份(问卷有效回收率为 84.3%)。通过表 0-1 的样本基本情况,笔者发现:在这 1012 个调查样本中,孩子的父亲和母亲样本量差不多;年龄以 31～50 岁为

---

① 引自《Y 市概况》,http://www.yanzhou.gov.cn/default.aspx? pgid=5&lmid=35.
② 袁方,王汉生.社会研究方法教程[M].北京:北京大学出版社,1997:334.
③ 袁方,王汉生.社会研究方法教程[M].北京:北京大学出版社,1997:231.
④ 这 13 所学校分布在 Y 市的 3 个乡镇,其中幼儿园 3 所,小学 5 所,中学 5 所。

主,占调查总体的91.9%;受教育程度以初中居多,占调查总体的67.3%;调查对象的个人年收入总体来说不高,83.7%的调查对象个人年收入在2万元以下。

表 0-1　样本基本情况

选项		样本数/人	比例/%①
孩子的	父亲	525	51.9
	母亲	487	48.1
年龄/岁	30	77	7.6
	31~40	599	59.2
	41~50	331	32.7
	50以上	5	0.5
受教育程度	小学及以下	111	11.0
	初中	681	67.3
	高中	144	14.2
	大专及以上	76	7.5
个人年收入/万元	0.5	275	27.2
	0.5~1	298	29.4
	1~2	274	27.1
	2~3	94	9.3
	3以上	71	7.0

三、深度访谈法

访谈法也是社会科学研究中经常会用到的一种研究方法,根据对访问过程的控制程度可以分为结构式访谈和无结构式访谈。结构式访谈是一种对访问过程高度控制的访问,其访问对象必须按照统一的标准和方法选取,一般采用概率抽样,访问的过程也是高度标准化的,即对所有被访问者提出的问题、提问的次序和方式,以及对被访者回答的记录方式等是完全统一的。而无结构式访谈是一种半控制或无控制的访问。② 考虑到结构式访谈和无结构式访谈各自的特点及研究的需要,笔者采用了深度访谈法这种半结构式访谈开展研究。在访谈开始之前笔者事先设计了访谈提纲,但是在访谈过程中笔者也不严格按照访谈提纲来进行访谈。这既可以保证访谈是有重点的,不至于跑题;同时也能够发挥被访谈者的主观能动性,有助于其充分发表自己的意见和看法。

---

① 由于做统计时,只取小数点后一位,在四舍五入后偶会出现相加不为100%的情况,但不影响客观性。
② 袁方,王汉生.社会研究方法教程[M].北京:北京大学出版社,1997:268-271.

　　为了更加深入地研究城市化进程的推进对乡村生态和农民教育态度与行为的影响,使研究资料更加充实,笔者选择了部分学生、家长、教师、校领导、村干部、政府官员进行深度访谈。笔者的访谈提纲是按照以下逻辑来设计的:①根据研究主题的需要提出问题,也就是笔者在研究中想知道的问题;②根据问题来确定访谈对象,也就是哪些人可能提供这些问题的答案;③根据访谈对象确定提问策略,也就是针对不同的访谈对象使用不同的提问方式。

四、文献法

　　文献法是研究过程中经常会用到的一种研究方法,很多研究往往是从梳理相关文献开始。严格意义上来说,文献法并不是一种资料收集方法,而是一种研究方式,即既包括资料的收集方法也包括对这些资料的分析方法。它与其他方法有一个明显的不同——资料的来源不同。它不是直接从研究对象,即人那里获取研究所需要的资料,而是去收集和分析现存的、以文字形式为主的文献资料。① 笔者认为,使用文献法要采用“泛读”和“精读”相结合的方式,在“泛读”的过程中寻找需要“精读”的文献,从而使得研究既具有一定的广度,又具有一定的深度。

　　文献法对于纵贯研究来说是非常适用的,这一研究方法在纵贯研究中很多时候甚至是不可或缺的,如果不通过文献法,我们将很难研究某个特定历史时期的问题。笔者在书中将会对发生在20世纪二三十年代的乡村建设运动进行相关研究,这一研究是很难通过问卷、观察、访谈等研究方法来进行的,因为这些方法所研究的都是现时的情境。文献法在这方面有它独特的优势,虽然乡村建设运动从时间上来说离现在已经很遥远,但是那一历史时期的社会现象和社会生活,或多或少总会以各种文献形式记录下来,这些文献对于笔者的研究是非常有帮助的。

　　在研究开始之前和研究过程当中,笔者阅读了大量关于乡村建设运动、乡村城市化和乡村教育发展等方面的相关文献,获得了丰富的第二手资料。具体来说,文献工作主要是从以下几方面着手的:首先,笔者充分利用笔者所在学校现有资源,大量查阅相关的图书和期刊论文;其次,充分利用互联网,查阅与研究相关的资料;最后,笔者在调查地点收集了大量的相关文献资料,如地方志、统计年鉴、教育志、学校的各种材料、相关政府文件和汇报材料,等等。

---

　　① 　袁方,王汉生.社会研究方法教程[M].北京:北京大学出版社,1997:392.

第四节　文献综述

一、宏观视角:国家—社会关系理论和文化自觉理论

(一)国家—社会①关系理论

改革开放以来,随着全能主义政治的消退,"国家与社会"关系逐渐成为国内学界普遍采用的一个分析术语。② 在国家与社会关系研究中,市民社会(Civil Society)的研究框架是最先流行起来的,并且在之后的二十余年中一直占据着分析范式的主导地位,关注的重点是"那些不能与国家混淆,或不能被国家淹没的社会生活领域"。③ 邓正来的研究指出:"中国市民社会是由独立自主的个人、群体、社团和利益集团构成的,其间不包括履行政府职能、具有'国家政治人'身份的公职人员、执政党组织、军人和警察,也不包括自给自足、完全依附于土地的纯粹农民。"④在邓正来看来,中国的乡村社会并不是一个市民社会。在市民社会的研究中也基本看不到乡村研究的身影,这或许是与概念的适用性有关。那么中国的乡村是否适合用"国家—社会"关系理论来开展相关研究呢? 孙立平指出,如果说国家与社会的分离在城市中的社会结构变迁更多地表现出来,那么国家与社会的新的结合过程是更多地呈现在农村社会结构变迁之中的。⑤ 普通农民眼中,国家是与"官"联系在一起的,他们在日常生活中最常接触到的"官"便是乡镇干部,而"社会"则是指村庄和村民,在概念上与国家对分。⑥因此,国家—社会关系学说不仅适用于都市社会的研究,也同样适用于乡村社会的研究,对处于转型期的乡村社会来说尤为适用。

20 世纪 90 年代以来,随着中国城市社区和乡村基层社会的变迁,尤其是城市社区治理和乡村自治的推进,国家—社会的分析框架成为国内学者讨论的热点,并取得了大量的成果。从国内的研究现状来看,主要是涉及城市社区治理、法律观、

---

① 在谈论国家与社会关系之前,首先必须明确国家和社会这两个概念的含义分别是什么。笔者认为:简单来说,国家代表的是政府力量,社会代表的是非政府力量。

②⑥ 景跃进.党、国家与社会:三者维度的关系——从基层实践看中国政治的特点[J].华中师范大学学报(人文社会科学版),2005(2):9—13,29.

③ 邓正来,亚历山大.国家与市民社会——一种社会理论的研究路径[M].北京:中央编译出版社,1993:3.

④ 邓正来.国家与社会:中国市民社会研究[M].北京:北京大学出版社,2008:7.

⑤ 孙立平.转型与断裂——改革以来中国社会结构的变迁[M].北京:清华大学出版社,2004:160.

社会权力、社会运动、乡村治理等领域的研究。^① 只有少数学者利用国家—社会关系理论对乡村教育问题进行了相关研究,如郭建如的研究指出:"义务教育在农村的推行既是国家建设的过程,也是国家与社会的关系不断变化的过程。这一过程常受三方面因素的影响:政治因素,包括政治稳定程度及作为国家代理人的地方政府对义务教育的支持程度;财政因素,如果政府财力不足,学龄儿童家庭分担的义务教育成本过高,群众就很难接受这种教育,义务教育责任在政府间的划分及财权的划分方式也将直接影响推行力度;传统文化与社会因素,乡村社会在文化和心理上是否接受义务教育,是否有渠道、有能力表达他们对义务教育的态度并监督和影响政府在教育方面的投入。"^②在郭建如看来,乡村教育过程体现了国家—社会关系的变化,这种变化受政治、经济、社会和文化因素的影响。也可以说,国家—社会关系对乡村教育过程存在直接的影响,不同的国家—社会关系会产生不同的乡村教育。

那么国家—社会关系有哪些模式呢? 以国家为纵坐标、社会为横坐标,可以将国家—社会关系划分为四种模式:第一种是强国家—强社会模式,这是比较理想的国家社会模式,一方面国家具有较强的行动能力,另一方面社会具有较强的活力;第二种是强国家—弱社会模式,以改革前的中国为典型,后发展中国家在实现现代化过程中往往采取这种模式,国家具有超强的能力,但社会缺乏自主性和活力;第三种是弱国家—弱社会模式,以新中国成立前的中国为典型,国家缺乏有效的权威,社会也较为混乱;第四种是弱国家—强社会模式,以自由资本主义国家为典型,国家只充当"守夜人"的角色,社会力量非常强大。^③ 可以说,在不同的国家—社会关系模式下,乡村教育的发展结果也会不同。强国家—强社会模式是比较理想的国家社会模式,对于促进乡村教育的发展是极为有利的。但是从当前我国乡村的国家—社会关系来看,更多的还是处于强国家—弱社会关系模式。笔者认为,从国家—社会关系理论角度来看,在强国家—弱社会关系模式之下,乡村教育完全按照国家的意识形态导向发展,也就导致了当前乡村教育的城市化倾向。可以说,乡村教育的城市化是强国家—弱社会关系模式造成的。想要改变这种现状,首先必须改变强国家—弱社会关系模式,在乡村建立强国家—强社会关系模式。

---

① 王巍.国家、社会互动结构中的社区治理——一个描述性案例研究[J].武汉大学学报(哲学社会科学版),2008(2):256—262;汤火箭.国家—社会关系框架下的法律观评析[J].社会科学研究,2005(6):80—83;甘水宗,方跃平.国家—社会关系视域中的社会权力研究[J].中国市场,2008(5):108—110;张杨.社会运动研究的国家—社会关系视角[J].学海,2007(5):56—62;刘涛,王震.中国乡村治理中"国家—社会"的研究路径——新时期国家介入乡村治理的必要性分析[J].中国农村观察,2007(5):57—64.

② 郭建如.国家—社会视角下的农村基础教育发展:教育政治学分析[J].北京大学教育评论,2005(3):70—79.

③ 吴从环.改革后的中国国家社会关系[J].安徽行政学院学报,2010(1):72—76.

（二）文化自觉理论

按照方光华等人①的观点，"文化自觉"的观点早在 20 世纪初就有人提出。但是笔者认为，从讨论的内容来说，主要是围绕学术问题展开的，是关于学术自觉的讨论。值得一提的是，20 世纪 80 年代，许苏民②曾经提出"中华民族的文化自觉"问题。但"文化自觉"作为一种社会思潮真正引起人们普遍关注，是在 20 世纪 90 年代以后。1997 年，著名学者费孝通在北京大学举办的社会—文化人类学高级研讨班上提出了"文化自觉"理论。"文化自觉只是指生活在一定文化中的人对其文化有'自知之明'，明白它的来历、形成过程、所具的特色和它发展的趋向，不带任何'文化回归'的意思，不是要'复旧'，同时也不主张'全盘西化'或'全盘他化'。自知之明是为了加强对文化转型的自主能力，取得决定适应新环境、新时代时文化选择的自主地位。"③费孝通对文化自觉还有一个看法："各美其美，美人之美，美美与共，天下大同。"从这一看法可以剖析出文化自觉包含的三重成分：一种文化的自我认识、各个文化间的相互认识，以及对人类多元文化命运的共同认识。④ 可以说，"天下大同"是费孝通倡导文化自觉理论的目的所在。

归纳当前学术界的探讨，"文化自觉"的内涵主要有三点：一是处在一定文化环境中的"人"要有对所处文化的自我意识，要有对自己所拥有、所生存的文化状态持有清醒的认识；二是在各种异质文化面前，对自己的文化要有"自知之明"，确立主体意识，并能对自身文化进行创造与建设；三是在处理不同文化关系时，要树立"和而不同"的文化观，相互欣赏、学习，将自己的民族文化融入世界文化体系中，在世界文化体系中找到自己文化的位置与坐标。⑤在全球化发展的背景下，文化选择成为一个重要议题。在现实中，往往容易出现两种极端的文化选择倾向：一种是全盘西化式的文化选择倾向，这种倾向完全摒弃了传统文化；另外一种是全盘复古式的文化选择倾向，这种倾向完全排斥外来文化。费孝通的文化自觉理论对于处理文化选择中存在的问题是非常有意义的。

可以说，"文化自觉"在不同的领域有不同的表现，在政治上需要文化自觉，在经济上需要文化自觉，在文化上需要文化自觉，在教育上也需要文化自觉。从当前的研究现状来看，费孝通的文化自觉理论的应用领域也非常广泛，既可用来研究铁路安全文化建设、当代中国美术、漆艺产业化、非物质文化遗产保护，也可用来研究

---

①⑤　方光华，曹振明.20 世纪 90 年代以来的"文化自觉"思潮论析[J].人文杂志，2011(1)：113－116.

②　许苏民.论中华民族的文化自觉[J].青年论坛，1986 年 11 月号.

③　费孝通.反思·对话·文化自觉[J].北京大学学报(哲学社会科学版)，1997(3)：15－22.

④　张冉.中国文化自觉理论研究刍议[J].人民论坛，2011(29)：230－231.

档案文化建设、公共图书馆、统一战线、电影等领域。① 费孝通提出文化自觉的初衷在于解决中西方文化交流中存在的问题,笔者认为,费孝通的文化自觉理论同样能够应用于乡村教育问题,也就是说乡村教育同样需要文化自觉,特别是在当前乡村教育城市化倾向非常严重的背景下,乡村教育的文化自觉显得尤为必要。在现代化发展日益深入的今天,对于乡村教育来说,"留农式教育"和"离农式教育"都是不合适的。乡村教育只有以文化自觉的理念为指导,兼顾"留农式教育"和"离农式教育",避免乡村教育乡村化和乡村教育城市化两种极端的发展方向,才是正确的发展方向。

二、中观视角:再生产理论和"场域—惯习"理论

(一)再生产理论

再生产理论的代表人物有美国的鲍尔斯(Samuel Bowels)和金迪斯(Herbert Gintis)及法国的布迪厄(Pierre Bourdie),他们分别提出了"社会再生产"理论和"文化再生产"理论。鲍尔斯和金迪斯合著的《美国:经济生活与教育改革》一书是其再生产理论的代表作,他们在书中力图运用马克思关于经济再生产的理论来考察美国的学校教育,探究学校教育与经济生活结构之间的内在联系。该书的主要观点为:在资本主义国家美国,学校教育的主要功能是再生产各种社会关系,一方面完成资本所需的劳动力再生产,依据学生的阶级和性别进行分化选择和训练,使学生具备所需的技术和知识,表现出适合其社会阶层的工作表现;另一方面完成意识形态、气质和价值的再生产,维持资本主义的社会制度和关系。② 在鲍尔斯和金迪斯看来,教育具有重要的再生产功能,使得经济生产、社会制度得以维持。

鲍尔斯和金迪斯在书中对美国教育问题的根源进行了探究。他们认识到:要对教育失败的原因进行解释,就要对整个社会的经济生活结构进行研究。"美国教育不能顺利地为促进平等和人的圆满发展做出贡献,看来与学校必须把新一代年轻人统合进去的经济结构的性质密切相关。我们必须密切关注美国经济制度及组织机构的性质,从而把教育改革牢牢地建立在一种现实可行的教育理论之上。"③

① 高岩. 论"文化自觉"与铁路安全文化建设[J]. 理论学习与探讨,2011(6):6-8;孔新苗. 当代中国美术与文化自觉的四点思考[J]. 南京艺术学院学报(美术与设计版),2011(6):51-53;骆文亮. 我国漆艺产业化的文化自觉与战略思考[J]. 东南学术,2011(6):320-326;李富祥. 非物质文化遗产保护与文化自觉——对于当下非物质文化遗产保护的反思[J]. 四川教育学院学报,2011(12):37-41;郑金月. 文化自觉视野下的档案文化建设[J]. 档案学研究,2011(6):9-13;林忠娜,葛丹阳. 浅谈公共图书馆的文化自觉[J]. 图书馆界,2011(6):1-3;何京敏. "文化自觉"视阈中的统一战线[J]. 学校党建与思想教育,2011(4):39-41;饶曙光. 国家形象与电影的文化自觉[J]. 当代电影,2009(2):9-14.

② 王秀丽. 鲍尔斯—金迪斯与布迪厄的教育阶层化理论比较研究[J]. 黑龙江社会科学,2009(6):164-166.

③ 鲍尔斯,金迪斯. 美国:经济生活与教育改革[M]. 王佩雄,译. 上海:上海教育出版社,1990:70-80.

那么美国经济制度及其组织机构的性质是怎样的呢？鲍尔斯和金迪斯在书中指出："美国经济是一种形式上的极权主义体制，在这种体制下，绝大多数人的行动是受少数人操纵的。然而这种极权主义制度被嵌在一个形式上的民主体制之中，这种民主政治体制倡导平等、公平和互惠的准则——即使事实上并非如此。"①鲍尔斯和金迪斯认为，产生异化和不平等的根源不在于人类本性和科学技术，也不在于教育系统，而在于资本主义的经济制度和结构，因此资本主义学校教育的弊端是由资本主义制度造成的。② 在鲍尔斯和金迪斯看来，美国经济上的极权主义体制注定了美国教育不能顺利地为促进平等和人的圆满发展做出贡献。

通过分析，鲍尔斯和金迪斯找到了教育问题的根源所在，正是经济体制上的极权主义造成了自由派教育改革的失败。那么经济的极权主义体制是如何影响到教育的呢？为了解释这种影响机制，鲍尔斯和金迪斯提出了"对应原理"。所谓"对应原理"是指："教育系统通过教育的社会关系与生产的社会关系的结构性对应，有助于将年轻人统合到经济系统中去。教育的社会关系结构，不仅使学生习惯于劳动场所的纪律，而且还确立了作为适合职业需要的重要因素的各种个人行为类型、自我显示方式、自我意象，以及社会—阶级身份。尤其是教育的各种社会关系——管理人员与教师的关系、教师与学生的关系、学生与学生的关系、学生与他们的学习的关系——复制了劳动的等级分工，等级关系反映在从管理人员到教师再到学生的纵向权力路线上。"③鲍尔斯和金迪斯的"对应原理"是典型的"再生产理论"，主要阐述了经济与教育之间的紧密联系，着重探讨经济在再生产过程中所扮演的重要角色，是一种"社会再生产"理论。

在提出"对应原理"的基础上，鲍尔斯和金迪斯对教育系统的本质进行了阐述，他们认为："阶级结构的永久存在要求劳动的等级制分工在其参与者的意识中被再生产出来，教育系统是居统治地位的杰出人物借以试图实现这一目标的若干再生机制中的一个，通过提供各种技能，使不平等的经济地位合法化，并促进个人间某些形式的社交。"④"美国教育在创造和剥夺剩余价值即利润的社会过程中起到了双重作用：一方面，通过传递技术的和社会的技能适当的动机，教育提高了劳动者的生产能力；另一方面，教育有助于使可能爆炸的生产过程的阶级关系，变得没有爆炸性和非政治化，因而有助于使这种社会的、政治的和经济的条件得以永存。"⑤"美国教育系统的运转为经济不平等提供了合法的依据，并造就了这样一种劳动

① 鲍尔斯，金迪斯. 美国：经济生活与教育改革[M]. 王佩雄，译. 上海：上海教育出版社，1990：80.
② 王健. 西方"新马克思主义"教育述评[J]. 湖南城市学院学报，2007(1)：6—9.
③ 鲍尔斯，金迪斯. 美国：经济生活与教育改革[M]. 王佩雄，译. 上海：上海教育出版社，1990：195.
④ 鲍尔斯，金迪斯. 美国：经济生活与教育改革[M]. 王佩雄，译. 上海：上海教育出版社，1990：220.
⑤ 鲍尔斯，金迪斯. 美国：经济生活与教育改革[M]. 王佩雄，译. 上海：上海教育出版社，1990：15.

力,其能力、学历和意识多半取决于资本主义经济的有利可图的雇佣需要。"①可见,教育系统的功能在于再生产极权主义的经济体制,而极权主义的经济体制本身就具有不平等特性,这是教育改革失败的根本原因所在,教育改革要想取得成功就要对整个社会的经济结构进行根本性的变革。

法国社会学家布迪厄是当今世界最有影响力的社会学家之一,他强调"文化"在维持现存社会与经济结构上的重要性。②在布迪厄之前,人们往往从功能论的视角出发来研究教育,而布迪厄一改以往的研究传统,从冲突论的视角对教育进行了分析。布迪厄认为传统的教育理论总试图把文化再生产从社会再生产的功能中分离出去,它们把"教育系统"定义为保证从过去继承下来的文化一代一代传下去的所有组织性或习惯性机制的总和,这其实是无视符号关系本身在权力关系再生产中的作用。③布迪厄的文化再生产理论探讨了统治阶级如何微妙地运用"象征暴力"(symbolic violence)维护社会阶级的区分,传递与再生产符合统治阶级利益的意识形态与物质结构。他反对社会再生产理论将学校视为社会的镜像(Landscape),单纯地映照经济系统的需求,主张学校是相当自主的制度,经济和政治制度只能发挥间接影响;他也反对理想主义将学校视为不受外力的影响,传递有价值的文化,而是主张教育系统往往伪装成独立和中立的样子去服务外在需求和达成社会功能。④可见,在布迪厄看来,学校的功能是通过隐晦的方式,也就是通过看似中立的文化再生产方式来实现的。

布迪厄在研究学校文化功能时,从"文化专断"切入,他认为文化都含有专断的特色。⑤布迪厄指出:"从教育行动是由一种专断权力所强加的一种文化专断的意义上说,所有的教育行动客观上都是一种符号暴力。"⑥同时,布迪厄指出:"社会行动者对那些施加在他们身上的暴力,恰恰并不领会那是一种暴力,反而认可了这种暴力,我将这种现象称为误识。"⑦尽管这种教育行动采取的形式总是间接的、隐形的,但布迪厄认为:"无论从它的强加方式来看,还是从它强加的内容及对象的范围来看,都最全面地符合统治集团或阶级的客观利益。"⑧按照布迪厄的观点,教育表

①　鲍尔斯,金迪斯. 美国:经济生活与教育改革[M]. 王佩雄,译. 上海:上海教育出版社,1990:225.
②　钱民辉. 教育社会学概论(第三版)[M]. 北京:北京大学出版社,2010:153.
③　布尔迪约,帕斯隆. 再生产——一种教育系统理论的要点[M]. 邢克超,译. 北京:商务印书馆,2002:19. 布迪厄英文原为"Bourclieu",学术界多译为"布迪厄",本书也采用这种译法,具体参考文献以原书译法为主,故此书作者为"布尔迪约"。
④　王秀丽. 鲍尔斯—金迪斯与布迪厄的教育阶层化理论比较研究[J]. 黑龙江社会科学,2009(6):164—166.
⑤　钱民辉. 教育社会学概论(第三版)[M]. 北京:北京大学出版社,2010:154.
⑥　布尔迪约,帕斯隆. 再生产——一种教育系统理论的要点[M]. 邢克超,译. 北京:商务印书馆,2002:13.
⑦　布迪厄,华康德——实践与反思:反思社会学导引[M]. 北京:中央编译出版社,1998:222.
⑧　布尔迪约,帕斯隆. 再生产——一种教育系统理论的要点[M]. 邢克超,译. 北京:商务印书馆,2002:15.

面上看是非常公平、公正的,但实际上也是服务于社会上层的。

"鲍尔斯与金迪斯的经济再生产理论(Economic-reproductive Theory),主要探讨资本主义经济制度和学校教育之间的关系,以及学校如何通过课程教学和日常生活常规的管理,达到再生产劳动人力与社会阶层的双重效果。而布迪厄则从统治文化、学校知识、个人成长史之间的关系来解析学校教育再生产过程,尤其着重于探讨文化在再生产过程中所扮演的角色,从而形成风格独特的文化再生产理论(Culture-reproductive Theory)。鲍尔斯与金迪斯从经济因素切入,布迪厄从文化层面探讨,都为分析教育的社会阶层化机制提出了独到的见解,但二者概念间的连带关系不仅让以此立基的论述更趋完整,也让近代阶层分析获得了崭新的研究领域与论述空间。"[①]鲍尔斯和金迪斯的社会再生产理论与布迪厄的文化再生产理论都运用了马克思主义的观点和方法,揭示了当代资本主义社会中教育与经济、社会、文化之间的本质关系,其思想具有非常强烈的批判性。

从当前研究的现状来看,国内学者应用布迪厄的文化再生产理论的领域非常广泛,如关于少数民族村落权威的再生产、贫困地区女童教育政策保障、"北漂"现象、大学农村生源下降、大众化高等教育的负向功能、城乡教育均衡发展等领域的研究。[②]而对于鲍尔斯和金迪斯社会再生产理论的应用则相对比较少,更多的还是处于理论研究阶段。笔者认为,不管是社会再生产理论还是文化再生产理论,都缺乏讨论的全面性,因此,鲍尔斯和金迪斯提出的社会再生产理论与布迪厄提出的文化再生产理论为本研究提供了非常好的理论视角。对于乡村教育来说,可以用鲍尔斯和金迪斯的社会再生产理论与布迪厄的文化再生产理论来解释。由于城乡二元结构的长期影响,城市的经济、社会、文化一直处于主导地位,乡村的经济、社会、文化一直处于附属地位。乡村学校教育一直秉持服务于城市经济、社会和文化的宗旨,在学校教育中很少包含反映乡村经济、社会和文化的内容。可以说,乡村教育一直在"再生产"城市的经济、社会和文化模式,这对于乡村教育的发展是极为不利的。

(二)"场域—惯习"理论

法国社会学家布迪厄提出了"场域"和"惯习"两个社会学当中的核心概念,这

---

① 王秀丽.鲍尔斯—金迪斯与布迪厄的教育阶层化理论比较研究[J].黑龙江社会科学,2009(6):164—166.

② 陶琳.以布迪厄再生产理论分析傣族村落权威的再生产[J].传承,2011(6):56—57;任杭璐.贫困地区女童教育政策保障研究——基于文化再生产理论的分析[J].沈阳教育学院学报,2011(4):20—22;孙运宏."北漂"现象的社会学解读——基于布迪厄文化再生产理论视角[J].西安社会科学,2011(4):27—28;周睿.文化再生产理论解读大学农村生源下降[J].经营管理者,2010(7):84;王宇晖.布尔迪厄的文化再生产理论与大众化高等教育的负向功能[J].江苏高教,2008(6):30—33;孙丽娜.文化再生产视野下的城乡教育均衡发展研究[J].现代教育论丛,2008(6):73—76.

两个概念是布迪厄实践社会学的重要组成部分。布迪厄认为:"在高度分化的社会里,社会世界是由具有相对自主性的社会小世界构成的,这些社会小世界就是具有自身逻辑和必然性的客观关系的空间,而这些小世界自身特有的逻辑和必然性也不可化约成支配其他场域运作的那些逻辑和必然性。"①在布迪厄看来,这些社会小世界构成了一个个场域。从"场域"这个概念可以看出布迪厄独特的方法论倾向,他试图超越整体主义方法论和个体主义方法论之间的二元对立。布迪厄认为,迪尔凯姆开创的整体主义方法论过于强调社会的整体性而忽略了个人的存在,韦伯(Max Weber)开创的个体主义方法论则过于强调个体而忽略了社会对个人的制约性。布迪厄提出的"场域"就是介于社会和个体之间的一个中观概念,能够很好地解决宏观和微观之间的对立。

那么"场域"到底是什么呢? 第一,场域是一个相对独立的社会空间;第二,场域是一个由客观关系构成的系统;第三,场域是一个充满争斗的空间;第四,场域的边界是经验的,场域间的关联是复杂的。② 在布迪厄看来,整个社会是一个"大场域",而政治、经济、文化等都是处于"大场域"中的"小场域"。在笔者的研究当中,就有很多个场域,从领域上来划分,有"教育场域""经济场域""社会场域"和"文化场域";从地域上来划分,有"城市场域"和"乡村场域"。

布迪厄的"惯习"概念也很好地体现出了其方法论倾向,他提出"惯习"概念的目的在于超越客观主义和主观主义之间的二元对立。在布迪厄看来,客观主义方法论过于强调客观存在性而忽视了人的主观能动性,主观主义方法论则过于强调人的主观能动性而忽视了客观存在性。布迪厄提出的"惯习"就是介于客观主义和主观主义之间的一个中间概念,能够很好地解决客观和主观之间的对立。

那么"惯习"到底是什么呢? 第一,惯习"是持久的可转移的禀性系统";第二,惯习是与客观结构紧密相连的主观性;第三,惯习既是个人的又是集体的;第四,惯习具有历史性、开放性和能动性。③布迪厄强调:"惯习这个概念,揭示的是社会行动者既不是受外在因素决定的一个个物质粒子,也不是只受内在理性引导的一些微小的单子(monad),实施某种按照完美理性设想的内在行动纲领。社会行动者是历史的产物,这个历史是整个社会场域的历史,是特定子场域中某个生活道路中积累经验的历史。"④在布迪厄看来,惯习是一种"外在性的内在化",既有主观成分在内,也有客观成分在内。

综观布迪厄的论述,场域与惯习之间的关系可以从以下四个层面来理解。第一,场域和惯习相依相存:场域是具有惯习的场域,没有惯习的场域是不存在的;惯习是场域内的惯习,脱离场域的惯习也是不存在的。第二,每一个场域制约着其内

---

① 布迪厄,华康德.实践与反思——反思社会学导引[M].北京:中央编译出版社,1998:134.

②③④ 毕天云.布迪厄的"场域—惯习"论[J].学术探索,2004(1):32—35.

部的惯习,而惯习对制约自己的场域又具有认知建构意义。在布迪厄看来,讨论个体行动与社会结构的关系时,要同时考虑外在性的内在化和内在性的外在化的双重过程。第三,场域制约着惯习,惯习对场域具有能动的反作用。惯习与场域二者不是简单的决定与被决定的关系。第四,场域与场域间的惯习各不相同,有其自身的独特性。由于场域是分为不同类型或形式的,惯习也不例外,因此,不同的场域具有不同的惯习,不能把在此场域形成的惯习简单地"移植"到彼场域去。① 可以说,布迪厄的"场域—惯习"理论是一个非常好的理论视角,从当前的研究现状来看,用这一理论视角开展相关研究的范围也非常广泛,既有研究农民生育行为、待业大学生群体生存状态、民办福利机构、学生思想政治教育社会化、中国专业社会工作发展的,也有研究农民消费结构、行刑社会化、腐败、大学生自主锻炼、家庭暴力、农村妇女城市社区参与、水电移民长期补偿安置方式的。② 城市与农村作为不同的场域,有着不同的惯习,这要求乡村教育不能完全按照城市教育的模式来发展。但是,当前乡村教育存在一个非常严重的问题——在"乡村场域"灌输着"城市惯习"。可以说,用布迪厄的"场域—惯习"理论来研究乡村教育是一个非常好的理论视角。

三、微观视角:资本理论和理性选择理论

(一)资本理论

关于资本对教育的影响的研究最早来自于 20 世纪 60 年代中期的两份著名的调查报告。

通过美国的《科尔曼报告》和英国的《普洛登报告》,人们开始注意到儿童的社会出身背景对学业成绩有更重要的影响,而非学校质量。③ 其中,布迪厄与帕斯隆(Passeron Jean-Claude)、波恩斯坦(Basil Bernstein)的研究发现,不同家庭背景的

---

① 谢方."场域—惯习"论下的个体行动——与社会结构[J].理论观察,2009(1):48—49.

② 刘中一.场域、惯习与农民生育行为——布迪厄实践理论视角下农民生育行为[J].社会,2005(6):126—140;李源源."场域—惯习"理论视角下待业大学生群体生存状态研究[D].上海:华东师范大学,2010;刘丹.场域—惯习理论视角下的民办福利机构研究[D].北京:中国青年政治学院,2010;王晓庆.学生思想政治教育社会化分析——基于布迪厄场域、惯习理论的探析[J].现代教育科学,2008(3):131—134;秦楠."场域—惯习"视角下中国专业社会工作发展的阻力分析[J].社会工作下半月(理论),2008(6):27—29;杨发祥.乡村场域、惯习与农民消费结构的转型——以河北定州为例[J].甘肃社会科学,2007(3):32—35;骆群、顾津江.布迪厄"场域—惯习"理论对行刑社会化的解读[J].法治论丛(上海政法学院学报),2007(6):37—40;刘洪刚、孔庆兵."场域—惯习"理论下的腐败解析及启示[J].领导科学,2009(5):56—58;王芦英.布迪厄的场域惯习理论对大学生自主锻炼研究的启示[J].河南商业高等专科学校学报,2010(3):112—114;王晴锋."场域—惯习"理论视野下的家庭暴力[J].社科纵横,2011(1):71—72,75;宋惠芳.场域、惯习与文化资本——农村妇女城市社区参与边缘化的原因与对策[J].北京科技大学学报(社会科学版),2011(4):94—97;施国庆、严登才、孙中良."场域—惯习"视角下的水电移民长期补偿安置方式[J].南京社会科学,2011(11):58—63.

③ 刘精明.国家、社会阶层与教育——教育获得的社会学研究[M].北京:中国人民大学出版社,2005:43.

文化资本的性质与社会中主导文化的关系,十分强烈地影响其子女在教育和学业方面的成就。① 帕金(Parkin)认为,任何社会都存在一套程序或规范体系,使得资源和机会为社会上的某些人享有而排斥其他人。在社会分层方面有两种排斥方式——集体排他和个体排他。集体排他的典型是种族主义(如以前的南非),但易产生社会对立,不利于社会的稳定;个体排他主要通过财产和教育文凭,社会成员对排斥通常会归因于自己,而不会对排斥自己的体制有过多不满。现代社会的基本趋势是从集体排他转向个体排他。② 笔者认为,对于教育分层来说,也存在集体排他和个体排他两种排斥方式。乡村教育相对城市教育处于弱势就是由集体排他造成的,而乡村教育内部的差异则是由个体排他造成的。不管是集体排他还是个体排他,都往往与个人或群体的资本拥有情况有关,这体现的是资本对教育的影响。

法国社会学家布迪厄是资本理论的代表人物,他在分析社会时引入了资本概念。他认为:"资本是积累的(以物质化的形式或'具体化的''肉身化的'形式)劳动,当这种劳动在私人性,即排他的基础上被行动者或行动者小团体占有时,这种劳动就使得他们能够以物化的或活的劳动的形式占有社会资源。"③布迪厄的定义中隐含了资本的三个特性:第一,资本的生成性,即资本是积累的劳动;第二,资本的排他性,即资本应与私人占有关系一致;第三,资本的获利性,即资本是一种能获得更多资源的资源。这一定义体现了资本的所有与使用、资本的生产与实现的统一。④

布迪厄对资本概念最重要的贡献是对资本的类型学研究,他把资本分成三种类型——经济资本、社会资本和文化资本。布迪厄指出,所谓经济资本就是经济学通常理解的资本类型,指可以直接兑换成货币的那种资本形式,它可以制度化为产权形式。⑤ 对于社会资本,布迪厄是这样来定义的:"社会资本是实际的或潜在的资源的集合体,那些资源是同对某种持久性的网络的占有密不可分的,这一网络是大家共同熟悉的、得到公认的,而且是一种体制化的关系网络。换句话说,这一网络是同某团体的会员制相联系的,它从集体拥有的资本的角度为每个会员提供支持,提供为他们赢得声望的凭证,而对于声望可以有各种各样的理解。"⑥布迪厄认

---

①　刘精明. 国家、社会阶层与教育——教育获得的社会学研究[M]. 北京:中国人民大学出版社,2005:234.

②　Parkin F. Marxism and Class Theory: A Bourgeois Critique [M]. London: Tavistock, 1979:44-73.

③　布迪厄,华康德. 实践与反思——反思社会学导引[M]. 北京:中央编译出版社,1998:189.

④　林克雷、李全生. 广义资本和社会分层——布迪厄的资本理论解读[J]. 烟台大学学报(哲学社会科学版),2007(4):63—68.

⑤　杨善华. 当代西方社会学理论[M]. 北京:北京大学出版社,1999:284.

⑥　包亚明. 文化资本与社会炼金术[M]. 上海:上海人民出版社,1997:202.

为,所谓文化资本是指借助不同的教育行动传递的文化物品。① 在布迪厄看来,文化资本可以有三种存在形式:"第一种是具体的状态,以精神和身体的持久性情的形式存在;第二种是客观的状态,以文化商品的形式(如图片、书籍、词典、工具、机器)存在,这些商品是理论留下的痕迹或理论的具体显现,或是对这些理论、问题的批判,等等;第三种是体制的状态,以一种客观化的形式存在,这一形式必须被区别对待(就像我们在教育资格中观察到的那样),因为这种形式赋予文化资本一种原始性的财产,而文化资本正是受到了这笔财产的庇护。"②

从研究现状来看,布迪厄的资本理论主要应用于教育公平、职业教育吸引力、农村义务教育均衡发展、族群文化的发展、问题学生、师生交往能力、彝族毕摩等方面的研究。③ 当前,虽然与城市居民比较而言,农民的资本拥有情况还是处于一种先天性或后天性的匮乏状态,但与以往相比已经有了很大的提升,这种提升表现为农民市民化水平的提高,这不仅构成了乡村教育转型的背景之一,也成了乡村教育转型的重要影响因素。可以说,布迪厄的资本理论为本研究提供了一个非常好的理论视角。

(二)理性选择理论

理性选择理论作为一个重要的理论流派,与结构功能论、冲突论、交换论、符号互动论、批判理论等一起成为西方社会学理论的重要理论资源,在很多研究领域有着重要的影响。社会学有关理性选择理论的论述最早始于霍曼斯(George Homans),他运用社会心理学家的群体动力学重新解释了小群体的行为,从而构建了社会交换的形式。随后,布劳(Peter Blau)运用社会交换思想研究了正式组织以外的非正式组织的社会交换。理性选择理论用于宏观社会学则始于1983年,其后,随着1989年《理性与社会》期刊的出版和1990年国际社会学协会理性选择研究分会的成立,理性选择理论进入运用阶段。而科尔曼(James Coleman)1990年出版的经典作品《社会理论的基础》,则标志着社会学理性选择理论的正式确立。④ 科尔曼的"理性选择理论"以"理性人"假设为出发点,认为对于行动者来说,其行动

---

① 杨善华.当代西方社会学理论[M].北京:北京大学出版社,1999:285.

② 包亚明.文化资本与社会炼金术[M].上海:上海人民出版社,1997:192—193.

③ 徐瑞.郭兴举.文化资本理论视阈中的教育公平研究——皮埃尔·布迪厄的教育社会学思想撷拾[J].教育学报,2011(2):15—20;赵小段.职业教育吸引力:布迪厄文化资本理论的视角[J].广东交通职业技术学院学报,2011(2):126—128;孙杰.论文化资本对农村义务教育均衡发展的影响——布迪厄文化资本理论的启示[J].山西大学学报(哲学社会科学版),2011(5):107—110;常宝.从布迪厄的"文化资本"理论谈族群文化的发展问题[J].西北民族研究,2011(3):32—36;苏春景,赵翠兰.从布迪厄的资本理论看"问题学生"的生成[J].中国特殊教育,2010(8):65—68;余清臣.论教师的师生交往能力建设——基于布迪厄资本理论的思考[J].教育科学研究,2008(10):10—13;王进.布迪厄资本理论视域下的彝族毕摩[J].云南民族大学学报(哲学社会科学版),2010(6):20—24.

④ 丁玉洁.社会学理性选择理论述评[J].辽宁行政学院学报,2006(12):93—94.

原则是使产出最大化。"理性选择理论"所讲的"理性"就是解释个人有目的的行动与其所可能达到的结果之间的联系的工具性理性。一般认为,理性选择范式的基本理论假设包括以下几点:首先,个人是自身最大利益的追求者;其次,在特定情境中有不同的行为策略可供选择;再次,人在理智上相信不同的选择会导致不同的结果;最后,人在主观上对不同的选择结果有不同的偏好排列。[1]

理性选择理论并不是一种解释行为的理论,而是一种解释和说明社会与经济系统如何发挥功能的理论。从结构上讲,理性选择理论包括行为者和系统这两个层面,其特征是部分个人理性假设的综合,以及用具有内生和外生的社会结构替代完全市场的假设,而且这种社会结构把个人蕴藏于系统之中。[2] 对于科尔曼来说,他采用的是个人主义方法论,但从理性选择理论分析的对象来看,并不局限于个人。虽然理性选择理论存在着诸如"目的论"与"同义反复"的陷阱、方法论的悖论、解释效力的质疑等困境,但是它也为我们提供了一种非常好的研究视角,是一种比较有效的解释范式。

当前在国内学术界,理性选择理论的应用范围非常广泛,如有关于城乡基督教会的差异、私人消费政策的变迁、"考研热"、农民工迁移意愿、高校毕业生就业流向、政府与非营利组织的信任关系等方面的研究。[3] 笔者认为,理性选择理论在本研究中有两点体现:第一点体现在乡村教育转型的背景当中,在城市化进程中基层政府组织、村组织和村民等行为主体都扮演着"理性人"的角色,他们对于城市化的意愿、积极性大小往往是受"理性"影响的;第二点体现在乡村教育转型的表现当中,基层政府组织、村组织和村民的教育行动也是受"理性"影响的,这不仅体现在乡村学校教育中,还体现在乡村家庭教育和社会教育中。当然,这种理性不仅体现在"经济人"理性上,还体现在"社会人"理性上。可以说,理性选择理论对本研究有较好的适用性,因此,笔者准备从理性选择理论的视角对其中的行为主体进行研究。

四、综合视角:"意识三态"理论

"意识三态"理论是由笔者的导师钱民辉教授提出的。钱民辉认为,从"三态

① 陈彬. 关于理性选择理论的思考[J]. 东南学术,2006(1):119-124.
② 谢舜,周鸿. 科尔曼理性选择理论评述[J]. 思想战线,2005(2):70-73.
③ 刘贤. 浅论中国城乡基督教会的差异——以理性选择理论为视角的个案研究[J]. 宗教学研究,2011(2):139-147;郑红娥. 私人消费政策的变迁:基于制度性理性选择理论的分析[J]. 广东社会科学,2010(1):167-174;许佳君,张华. 基于理性选择理论的范式解读"考研热"[J]. 河海大学学报(哲学社会科学版),2010(1):41-44;熊波,石人炳. 农民工永久性迁移意愿影响因素分析——以理性选择理论为视角[J]. 人口与发展,2009(2):20-26;王世斌. 以理性选择理论为视角的高校毕业生就业流向社会学分析[J]. 职业教育研究,2007(12):75-76;田凯. 政府与非营利组织的信任关系研究——一个社会学理性选择理论视角的分析[J]. 学术研究,2005(1):90-96.

说"把握多元文化教育,既避免了以往曾出现的孤立的多元文化教育观,也避免了国家整体教育中地方文化的缺失,还避免了"多元"与"一体"的对立。该理论从意识形态、意识生态、意识心态的视野,集中分析了多元文化教育与国家、地方(民族)和个人之间的关系,探讨了实施多元文化教育的可能与路径,具体来说,在意识形态的多元文化教育上,该理论对三种精英意识形态——国家主义精英意识形态、地方主义精英意识形态、个人主义精英意识形态进行了探讨。"国家主义精英意识形态有着强烈的国家意识,认为民族教育是国家教育的一个组成部分,因此,主流文化作为民族教育选择的主要源泉,应纳入统一的教育体系和规范的知识体系中,民族教育的最终功能是培养国家的公民。""地方主义精英群体有着强烈的'自我文化意识'和融入主流文化的意识,强调文化之间的尊重和平等,也承认主流文化在现代社会、民族和个人发展中的重要作用。他们强烈希望民族教育培养出来的是'双文化'互为型人才,既能有效地服务于本民族地区,又能在主流社会中获得资源、机会,发展自己和惠及当地。""无论是从理论上还是在实际的研究中都可发现,个人主义的意识形态与国家主义的意识形态是高度一致的。因为选择主流文化更容易增加个人的文化资本、社会适应能力和向社会流动的机会。"可见,国家主义精英意识形态和个人主义精英意识形态是比较一致的,强调一元,而地方主义精英意识形态比较强调多元一体。

在意识生态的多元文化教育上,钱民辉认为:"用生态学视角来探讨社会现象,其独特之处在于关注个体与整体之间的关系,这种视角避免了孤立看问题的弊端,一反过去只重视时间忽视空间的做法,因此,更符合对现代社会的分析。"该理论提出多元文化教育在中国本土上应当从多元文化对话教育、多元文化通达教育、多元文化融汇教育这三个方面重新建构。具体来说:"对话教育是一种理想的教育形式,对话的双方是平等、尊重的,而不是强迫、灌输的。对话的目的是要将问题辨识清楚,对'他'者形成理解。中国的少数民族是历史形成的,而不是像美国社会由不同移民聚集起来的族群。因此,每一个少数民族都有着厚重的文化承载,有着自己独特的世界观和价值观。在这种情况下,只有对话才能真正倾听到'不同的声音'和'不同的表达'。""通'需要我们接触多元文化并能在不同空间中辨识;'达'需要我们学习多元文化并能知道它们在不同空间中存在的意义和象征。通达合在一起就是说我们具备了知道、理解不同文化的意义,并能进行解释性说明。""多元文化融汇教育就是这样一种意识生态,逐渐由小我融入大我之中,没有他者、没有偏见、没有等级、没有歧视的观念始终渗透在教育的全过程之中。这样,不同民族的人都是社会的主体,都是历史的亲历者和创造者。"①

---

① 钱民辉.略论多元文化教育的理念与实践[J].北京大学学报(哲学社会科学版),2011(3):136—143.

在意识心态的多元文化教育上,钱民辉认为:"从心理学视角探讨多元文化教育提供了一个微观和具体的路径,而民族心理学的研究又是基于一个跨文化的意识心态。这种心态对于文化的反应是多元的,人们对于自然、社会、文化和教育的看法和解释更是存在着多种不同甚至相互矛盾的观念。因此,所涉及的微观和具体的问题就比较复杂多样。有鉴于此,多元文化教育的一个基本的原则是,需要我们从民族意识心态的角度出发,探讨不同与相同之间的关系。"该理论提出应从认同、偏见和自卑三个方面进行思考和讨论:"研究多元文化教育首先遇到的问题是文化认同,因为文化包含了可共享的象征性符号、意义、价值观和行为方式。少数民族本身是一个文化族群,他们往往以相似的方式解释这些象征符号与行为。他们也把自己看作是一个有关联意义的集体,这就是我为什么要在意识心态上解释与一个文化族群相关的个体的自我主观意识。""我们正是在学校教育中看到了这样一种文化偏见,它极不利于少数民族学生的教育成长。于是在反思一种多元文化教育时,要先从意识心态上认识人们接受教育的真谛,将教育的标准建立在一种无文化偏见的基础上,这样才能公平地对待每一位受教育者。""从意识心态上去认识少数民族学生学习自卑的心理和感受,有助于我们建立一种真正的多元文化教育。这就是要真正做到尊重文化差异,从课程设置、教学过程和评价方式上改变过去的单一模式。"①

在我国的民族教育研究中,往往存在着"多元"与"一体"之间的对立,很多研究不是过于强调"多元",就是过于强调"一体",从而使得研究本身存在一定的缺陷。钱民辉教授提出的"意识三态"理论对于我国的民族教育问题研究提供了非常好的研究视角,有助于克服以往研究中存在的不足,超越了"多元"与"一体"之间的对立,从宏观、中观和微观三个层次分析了多元文化教育与国家、地方和个人之间的关系。在当前的乡村教育研究中,同样面临着"城乡二元"与"城乡一体"之间的对立。"城乡二元"往往是过于强调乡村教育的乡村化,而"城乡一体"又过于强调乡村教育的城市化。正是因为乡村教育和民族教育研究在这方面的相似性,笔者认为,钱民辉的"意识三态"理论对本研究具有非常重要的借鉴意义,为笔者的研究提供了一个非常好的理论视角。

---

① 钱民辉. 略论多元文化教育的理念与实践[J]. 北京大学学报(哲学社会科学版),2011(3):136－143.

第五节　分析框架与研究假设

一、分析框架

本书以我国乡村社会转型对教育转型影响的机制与路径为研究主题,按照以下五个层次展开论述:第一个层次分别从国家与社会的关系格局、"场域"与"惯习"的关系、精英意识形态的博弈与选择、"意识生态"与"意识心态"的关系四个方面,在理论层面上探讨了乡村社会转型对教育转型的影响。第二个层次对近代以来我国第一次乡村教育转型,也就是对发生在乡村建设运动时期的乡村教育第一次转型的背景和表现进行了研究。第三个层次对发生在从 20 世纪 90 年代以来直到现在为止的 20 多年时间的第二次乡村教育转型进行了研究。具体来说,先从农业现代化步伐的加快、农村城镇化进程的推进、农民市民化水平的提高三个方面分析了乡村教育第二次转型的背景,在此基础上再从国家、地方和个人三个层次探讨了乡村教育第二次转型的宏观、中观和微观表现,其中宏观表现主要通过国家教育政策的意识形态导向反映出来,中观表现主要通过乡村教育对地方文化的认同和冲突这个意识生态反映出来,而微观表现则通过农民具有城市化特征的教育意识心态反映出来。第四个层次从实证层面研究了乡村社会转型对教育转型的影响。具体来说,即通过建立 Logistic 分析模型,研究了市民化水平对农民教育态度与行为的影响。第五个层次则是在前四个层次分析的基础上提出了本书的结论和建议。

二、研究判断

本书的研究主题是我国乡村社会转型对教育转型影响的机制与路径。近代以来,在各种因素的影响下,乡村教育已经发生了非常明显的变化,其变化之大可以用转型来解释。乡村教育并不是一个孤立的现象,教育与经济、社会和文化之间的联系非常密切,因此,乡村教育转型的影响因素可以归纳为社会转型因素。乡村社会转型体现在农业生产方式、农村的经济社会文化、农民赖以生存的经济基础及其生活方式、价值观念的变化等方面,而这些变化势必会对乡村教育产生非常重要的影响。因此,乡村教育转型的性质在很大程度上是受乡村社会转型的性质影响的。通过对相关文献的整理和初步的调查结果,本书提出如下基本研究判断。

(一)近代以来,我国乡村教育发生了两次重要转型

根据这一判断可引出以下分判断:

第一次转型表现为以"文字下乡"为特征的乡村教育乡村化;

第二次转型表现为以"文字上移"为特征的乡村教育城市化。

(二)"三农"发展方向构成了乡村教育转型的背景因素

根据这一判断可引出以下分判断：

农业现代化是乡村教育转型的背景因素之一；

农村城镇化是乡村教育转型的背景因素之一；

农民市民化是乡村教育转型的背景因素之一。

(三)农民的教育态度与行为已经表现出明显的城市化特征

根据这一判断可引出以下分判断：

农民对学校教育的心态已经表现出明显的城市化特征；

农民对家庭教育的心态已经表现出明显的城市化特征；

农民对社会教育的心态已经表现出明显的城市化特征。

(四)市民化水平会对农民的教育态度与行为产生显著性影响

根据这一判断可引出以下分判断：

市民化水平会对农民的学校教育态度与行为产生显著性影响；

市民化水平会对农民的家庭教育态度与行为产生显著性影响；

市民化水平会对农民的社会教育态度与行为产生显著性影响。

第一章　乡村社会转型对教育转型影响的理论探讨

第一节　"国家—社会"的关系格局

在第一次乡村教育转型期，也就是乡村建设运动时期，中国基本上还是处于农业社会，不管在经济上、社会上，还是在文化上，乡村在整个国家都处于举足轻重的地位，乡村有着非常强的"话语权"，这一阶段乡村社会的力量与国家力量处于势均力敌的状况。但是到了第二次乡村教育转型期，城市化浪潮铺天盖地席卷而来，乡村不管在经济上、社会上，还是在文化上，都处于明显的弱势地位，乡村的"话语权"已明显削弱。在这一阶段，掌握国家"话语权"的对象发生了变化，从乡村转移到了城市，乡村社会与国家在力量上的对比也已经发生了变化。正是这种变化，最终使得第二次乡村教育转型表现出了明显的城市化倾向。

当前乡村教育城市化有两种表现形态：一种是乡村学校在教育内容、教育目标等方面完全照抄照搬城市模式，这是一种"内在式乡村教育城市化"；另一种是乡村学校的布局调整，也就是乡村学校向城镇集中，这是一种"兼具内在外在式乡村教育城市化"，或者说是"釜底抽薪式乡村教育城市化"。可以说，第二种乡村教育城市化方式，也就是乡村学校的布局调整的弊端更为明显，这表现在两个方面：一方面，学校布局调整使乡村学校离开了乡村，乡村成了一个"文化孤岛"，这对当前正在进行的社会主义新农村建设是极为不利的；另一方面，从更为长远的影响来说，学校布局调整对于乡村走内生型发展道路，改变农村在现代化进程中的附属地位，建立农村的主体地位是极为不利的。在乡村学校布局调整过程中，我们可以发现国家与社会的张力所在。国家为乡村教育规划的是一条脱离乡村社区的外生型的教育城市化道路，而没有把乡村教育作为一个主体来看待，这对于乡村教育和乡村社会的长远发展是极为不利的。对于国家来说，乡村学校布局调整带来更多的是利处，而学校布局调整带来的弊端更多的是需要乡村社会来承受。不管是第一种乡村教育城市化方式，还是第二种乡村教育城市化方式，都是"强国家—弱社会"关系格局在乡村教育中的体现。

处于不同的国家—社会关系模式下，乡村教育的发展结果也会不同。强国家—强社会模式是比较理想的国家社会模式,对于促进乡村教育的发展是极为有利的。从当前乡村的国家—社会关系来看,更多的还是处于强国家—弱社会关系模式。笔者认为,从国家—社会关系理论角度来看,在强国家—弱社会关系模式之下,乡村教育完全按照国家的意识形态导向在发展,也就导致了当前乡村教育的城市化倾向。可以说,乡村教育的城市化是强国家—弱社会关系模式造成的。要想改变这种现状,就必须首先改变强国家—弱社会的关系模式,在乡村建立强国家—强社会关系模式。

第二节　"场域"与"惯习"的关系

一、"场域"形塑"惯习"

"场域"可以有不同的划分方式,从领域的角度来划分,可以分为"经济场域""社会场域""文化场域""教育场域"等等;从地域的角度来划分,可以分为"城市场域"和"乡村场域"。可以说,各个"场域"之间既相互独立又相互联系。从"场域"之间的相互联系性来说,"场域"具有开放性,没有严格的界限区分,是在与其他"场域"的互动过程中形成的。因此,从领域来说,"教育场域"势必会受到"经济场域""社会场域""文化场域"的影响;从地域来说,"乡村场域"也势必会受到"城市场域"的影响。从"场域"之间的相互独立性来说,"场域"是一个相对独立的社会空间。因此,从领域来说,"教育场域"与"经济场域""社会场域""文化场域"之间要保持一定的独立性,"教育场域"不能完全被"经济场域""社会场域""文化场域"所主导;从地域来说,"乡村场域"与"城市场域"之间要保持一定的独立性,"乡村场域"不能完全被"城市场域"所主导。

针对当前乡村教育中存在的问题,"场域"概念对于笔者的研究的重要启发是:当前乡村的"教育场域"与乡村的"经济场域""社会场域""文化场域"可以说是相脱离的,更多地与城市的"经济场域""社会场域""文化场域"发生联系。然而事实是,乡村教育不能脱离乡村的经济、社会和文化,乡村教育要着眼于为乡村经济、社会和文化发展服务。乡村教育可以借鉴城市教育中的某些做法,但是不能照抄照搬城市的教育模式,城市"教育惯习"在进入乡村"教育场域"时必须遵循输入"场域"的规则。

布迪厄认为,此场域的惯习与彼场域之间存在着"不吻合"现象。由于场域是分为不同类型或形式的,惯习也不例外;因此,不同的"场域"具有不同的惯习,把在此场域形成的惯习简单地"移植"到彼场域必然会造成"水土不服",产生各种"不合拍"现象。一种是"纵向的不合拍",另一种是"横向的不合拍"。①"纵向的不合拍"主要是从时间序列上来划分的,对此布迪厄还专门举了一个例子:"在具有革命性意义的历史局面里,客观结构中的变迁过于迅猛,那些还保留着被以往结构形塑成的心智结构的行动者就成了守旧落伍的家伙,所作所为也就有些不合时宜,目标宗旨也未免与潮流相悖。这么说吧,他们在虚无中徒劳地思想着,用着那些遗老的方式进行思考,对于这些人,我们可以有充分理由说他们'不合拍'。"②在笔者的研究中,乡村教育的城市化就是"横向的不合拍"的现实例子。"城市场域"与"乡村场域"是两个不同的场域,它们各自有不同的惯习,也就是"城市惯习"与"乡村惯习"。

在布迪厄看来,惯习具有场域性,只能在产生它的场域中"如鱼得水"地发挥作用。借用当代美国著名的文化人类学家克里福德·吉尔茨(Clifford Geertz)的话说,场域性的惯习其实是一种典型的"地方性知识"(local knowledge)。根据"地方性知识"的观念,我们在认识不同社会亚场域的过程中,既要分清亚场域的特殊性,也要注意不同惯习的场域差异性,保持场域与惯习之间的"合拍性"。③ 可以说,"城市惯习"只有处于"城市场域"中才能表现出兼容性,才能"如鱼得水"地发挥作用。对于"乡村惯习"来说也是如此。如果把"城市惯习"放在"乡村场域"中,把"乡村惯习"放在"城市场域"中,出现"水土不服"的现象都是必然的,这也是当前乡村教育面临很多困境的根源所在。

从当前乡村教育的发展中,我们经常可以发现"惯习"与"场域"的不兼容现象。农村学校布局调整就是把"乡村惯习"放在"城市场域"中的实例。从 20 世纪 90 年代中后期起,特别是 21 世纪以来,随着农村学龄人口的不断减少和城镇化水平的不断提高,我国农村地区生源不足、学校规模小、教学质量差的问题越来越突出,为了解决这些问题,我国开始了新一轮的大规模农村学校布局调整。不到 10 年的时间,中国改变了原来"村村有小学"的格局,众多农村小学校在"优化教育资源配置、改善办学条件"的原则指导下,被逐渐撤并或升级。很多小学向乡镇布局,中学向县城布局,由于学校都向城镇集中,农村学生只能进入城镇上学,也就出现了把"乡村惯习"放在"城市场域"中的现象,并引发了很多不兼容的问题。乡村教育的城市化则是把"城市惯习"简单地"移植"到"乡村场域"去的实例,当前,无论是在教学内容、教学模式上,还是在教学目标、师资条件上,乡村教育都表现出了较强的城市化特征。乡村教育处于"乡村场域",却在灌输着"城市惯习",这必然会造成"水土不服",产生各种"不合拍"现象。

---

① 毕天云. 布迪厄的"场域—惯习"论[J]. 学术探索,2004(1):32—35.
② 布迪厄,华康德. 实践与反思——反思社会学导引[M]. 北京:中央编译出版社,1998:175.
③ 毕天云. 布迪厄的"场域—惯习"论[J]. 学术探索,2004(1):32—35.

二、"惯习"建构"场域"

"惯习"也可以有不同的划分方式。从领域的角度,可以分为"经济惯习""社会惯习""文化惯习""教育惯习"等;从地域的角度,可以分为"城市惯习"和"乡村惯习"。可以说,各个"惯习"之间也是既相互独立又相互联系。从"惯习"之间的相互联系性来说,"教育惯习"会受到"经济惯习""社会惯习""文化惯习"的影响,"乡村惯习"会受到"城市惯习"的影响。从"惯习"之间的相互独立性来说,"教育惯习"与"经济惯习""社会惯习""文化惯习"之间要保持一定的独立性,"教育惯习"不能完全被"经济惯习""社会惯习""文化惯习"所主导,同时,"乡村惯习"与"城市惯习"之间也要保持一定的独立性,"乡村惯习"不能完全被"城市惯习"所主导。

针对当前乡村教育中存在的问题,"惯习"概念对于笔者研究的重要启发是:当前乡村的"教育惯习"与乡村的"经济惯习""社会惯习""文化惯习"也是脱节的,其更多的是在灌输城市的"经济惯习""社会惯习""文化惯习"。乡村教育不能脱离于乡村的经济、社会和文化,乡村教育要着眼于为乡村经济、社会和文化发展服务。乡村教育可以借鉴城市教育中的某些做法,但是不能照抄照搬城市的"教育惯习",乡村要有自己的"教育惯习",这个"教育惯习"必须与乡村的"经济惯习""社会惯习""文化惯习"紧密联系。

布迪厄强调:"惯习这个概念,揭示的是社会行动者既不是受外在因素决定的一个个物质粒子,也不是只受内在理性引导的一些微小的单子,实施某种按照完美理性设想的内在行动纲领。社会行动者是历史的产物,这个历史是整个社会场域的历史,是特定子场域中某个生活道路中积累经验的历史。"[1]所以,在布迪厄看来,场域与惯习之间的关系绝不是简单的"决定"与"被决定"的关系,而是一种形塑与建构的关系,可以说,惯习发挥着建构场域的作用,具有其主观能动性。用布迪厄的话来说就是:"性情倾向在实践中获得,又持续不断地旨在发挥各种实践作用;不断地被结构形塑而成,又不断地处在结构生成过程之中。"[2]

对于乡村教育来说,如果只是一味地灌输"城市惯习",其建构的也只能是"城市场域"。也就是说,乡村教育的城市化只能为城市培养人才,为城市服务。这导致了很多问题:一方面,对于成功升学的农村孩子来说,他们通过学校教育习得了"城市惯习",而这些"城市惯习"只能建构"城市场域",所以,他们就离开乡村进入了城市;另一方面,对于很多不能顺利升学的农村孩子来说,他们在接受完学校教育后与乡村表现出了较强的不相容性,他们已经很难再回到乡村,只有在经历了再社会化后才能真正回到乡村。从当前的乡村教育现状来说,乡村教育并没有为乡

---

[1]　布迪厄,华康德. 实践与反思——反思社会学导引[M]. 北京:中央编译出版社,1998:181.

[2]　布迪厄,华康德. 实践与反思——反思社会学导引[M]. 北京:中央编译出版社,1998:165.

村建设培养人才,这对于我国的社会主义新农村建设是极为不利的,乡村面临着严重的人才匮乏。因此,一方面,乡村教育必须灌输"乡村惯习",而不是"城市惯习";另一方面,这个"乡村惯习"必须是具有现代性的惯习,也就是现代化的"乡村教育惯习"。只有这样,才能有效发挥惯习的建构作用,通过现代化的乡村"教育惯习"来建构现代化的"乡村场域"。

第三节 精英意识形态的博弈与选择

教育与文化之间是一种相互依存、互相促进的关系,文化是教育的主要内容,而教育是文化得以传递的重要载体。从涵盖的内容上来说,文化的涵盖面要大于教育,可以说,教育内容只是文化的一部分。因此,教育对文化存在一个选择的过程。钱民辉教授在《略论多元文化教育的理念与实践》一文中指出:"民族教育对于文化是有选择的,不论在历史发展的哪一个阶段,这种选择一直受到了特定社会的精英意识形态的影响。在计划经济时期,民族教育具有较强的政治统治功能,因此,国家的意识形态是主导的,在社会由计划经济向市场经济转型以后,民族教育的经济功能和社会功能日益凸显,其文化选择也渐趋理性,出现了多元化的精英意识形态,即国家主义精英意识形态、地方主义精英意识形态和个人主义精英意识形态。"[①]可以说,乡村教育与民族教育存在很多的共性,其中最明显的共性就是它们在地位上的同质性,同样处于附属地位。也正是地位上的共性使得它们在很多理论上是互通的。[②] 乡村教育对文化的选择同样受到精英意识形态的影响,在当前的社会转型期,精英意识形态同样是多元化的。下面,笔者也将从国家主义精英意识形态、地方主义精英意识形态和个人主义精英意识形态三个方面来进行分析。

一、国家主义精英意识形态:城乡一元化教育

国家主义精英意识形态有着强烈的国家意识,认为民族教育是国家教育的一个组成部分,因此,主流文化作为民族教育选择的主要源泉,应纳入统一的教育体系和规范的知识体系中,民族教育的最终功能是培养国家的公民。这样,在教育制度上是统一整体的,在课程上是标准规范的,在教育机会上是均等的,在考试选拔上是公平竞争的,在法律上是有所保障的。概括地讲,这就是"国家整体规范化教

---

① 钱民辉. 略论多元文化教育的理念与实践[J]. 北京大学学报(哲学社会科学版),2011(3):136—143.

② 这一部分的内容,笔者是在借鉴了导师钱民辉教授关于多元化的精英意识形态对民族教育文化选择影响的阐述基础上展开论述的。

育模式"。① 在乡村教育的文化选择过程中,国家主义精英意识形态发挥着同样的作用。国家主义精英意识形态认为,城市文化是现代社会的主流文化,代表了先进文化的发展方向,而乡村文化是一种亚文化,是落后文化的代表。因此,乡村教育要按照城市教育的模式来运作,把城市文化作为乡村教育选择的主要源泉。在国家主义精英意识形态看来,在现代社会,城市文化是普适的,是现代人必须掌握的文化,而乡村文化的适用范围是非常有限的,很多内容对于现代人来说都是无用的。国家主义精英意识形态主张发展城乡一元化的教育,也就是乡村教育要朝着城市化方向发展,完全按照城市教育模式来运作。

二、地方主义精英意识形态:城乡二元一体教育

地方主义精英群体有着强烈的"自我文化意识"和融入主流文化的意识,强调文化之间的尊重和平等,也承认主流文化在现代社会、民族和个人发展中的重要作用。他们强烈希望民族教育培养出来的是"双文化"互为型人才,既能有效地服务于本民族地区,又能在主流社会中获得资源、机会,发展自己和惠及当地,因此面对主流文化提出了"多元一体"的教育构想。多元与一体是并重的,也可以是多元为辅、一体为主的教育模式。② 在乡村教育的文化选择上,地方主义精英群体也具有"双重意识":一方面,他们希望在乡村教育中能够有乡村的文化元素存在,使乡村教育能够为乡村培养有用的人才;另外一方面,他们也希望在乡村教育中能够有城市的文化元素存在,使乡村教育能够为城市培养有用的人才,从而顺利实现农村人口向城市的流动。地方主义精英群体主张发展城乡二元一体的教育。近年来,乡村教育的城市化发展趋势已经有所遏制,很多地方的乡村教育都开设了具有乡土特色的地方性课程,乡村教育获得了较快的发展。可以说,这些是在地方主义精英群体的大力推动下得以实现的。

三、个人主义精英意识形态:城乡一元化教育

无论是从理论上讲还是在实际的研究中都可发现,个人主义的意识形态与国家主义的意识形态是高度一致的。因为选择主流文化更容易增加个人的文化资本、社会适应能力和向社会流动的机会。具体来说,学校教育中的中考和高考,以及社会衡量学生教育成就的诸多标准都是以主流文化为内容的,学业成功的学生自然就成为个人主义的精英,他们的选择具有导向和象征作用。③ 现代化发展的一个显著特征就是个人的理性化特征越来越明显,情感行动越来越让位于理性行动。在乡村教育的文化选择问题上,个人主义的意识形态与国家主义的意识形态同样

---

①②③ 钱民辉.略论多元文化教育的理念与实践[J].北京大学学报(哲学社会科学版),2011(3):136-143.

是高度一致的。个人主义的意识形态通过理性权衡，会选择对自己更为有利的文化，而城市文化是整个社会的主流文化，具有普适性。对于个人来说，选择城市文化就意味着成功的可能性更大，乡村文化的习得并不能给人们带来有益于社会流动的文化资本。因此，个人主义的意识形态会在理性权衡后毫不犹豫地选择城市文化。与国家主义的意识形态一样，个人主义精英群体也主张发展城乡一元化教育。

第四节 "意识生态"与"意识心态"的关系

一、"意识生态"对"意识心态"的决定作用

"用生态学视角来探讨社会现象，其独特之处在于关注个体与整体之间的关系，这种视角避免了孤立看问题的弊端，一反过去只重视时间忽视空间的做法，因此，更符合对现代社会的分析。"①生态主义的乡村教育观产生于20世纪下半叶的美国，代表人物有大卫·奥尔(David Auer)、温德尔·拜瑞(Wendell Berry)、吉姆·卡明斯(Jim Cummins)。该理论认为地球上所有的生命均有其生存权利，它们彼此分工、相互依存、和谐共生；鼓励学生和地球及居于其上的生命建立亲密联系，这样，我们可以与其他生命和谐共处，保持文化和生态的多样性。乡村教育的理念是生态和谐而非效益至上。乡村教育的目的把今天的"过客"和"寄居者"变为"居民"，把对向上流动的关注变为对本土的留心，把无家可归变成重建家园，重塑农村居民的乡土归属感。② 生态主义的乡村教育哲学认识到了当前乡村教育发展面临的主要问题，强调农民要有乡土归属感，乡村教育要保持良好的生态。

从"意识生态"和"意识心态"的关系来说，"意识生态"对"意识心态"起决定作用，有什么样的"意识生态"就会有什么样的"意识心态"。如果"意识生态"是割裂个体与整体之间关系的，那其产生的"意识心态"也是破裂、不完整的。从当前乡村教育的"意识生态"来说，其个体与整体之间是割裂的。这种割裂体现在两个方面：第一个方面，乡村教育内容与乡村经济、社会和文化之间是脱节的，乡村教育并没有服务于乡村的经济、社会和文化发展；第二个方面，乡村学校的学生与乡村社会是相互脱离的，乡村学校的大规模布局调整，很多乡村学校向城镇集中，结果使得乡村学生的生活与学习空间都只局限于学校，他们的活动很少会与乡村社会、家庭

---

① 钱民辉.略论多元文化教育的理念与实践[J].北京大学学报(哲学社会科学版),2011(3):136-143.

② 张源.生态和谐与乡土归属——农村教育发展的内生力探析[J].科教文汇,2012(1):3-4.

有交集。第一个方面反映出的是乡村教育与城市教育之间的关系问题，也就是当前乡村教育模式城市化的问题，而第二个方面反映出的是乡村教育由于学校布局调整使得学生的家庭教育和社会教育严重缺失的问题。可以说，当前乡村教育不仅是外在于学生的，是他们所不熟悉的内容，同时也是不完整的学校教育。乡村教育的生态遭到了极大的破坏。

对于乡村教育模式城市化的原因，笔者在前面讨论得比较多，在这里，主要谈谈乡村教育中家庭教育和社会教育严重缺失的原因所在。在传统计划经济时期，我国乡村教育中的家庭教育和社会教育并没有出现明显的缺失。从家庭教育来说，虽然农民有很多不足之处，但这一阶段的家庭教育并没出现太大的问题；从社会教育来说，乡村学生与乡村社会的联系是非常紧密的，除了在学校的时间之外他们都跟乡村社会有着紧密的联系，不管是在参加农业生产的过程中，还是在与乡村社会成员的沟通接触中，他们都在接受社会教育。但是，改革开放以来，随着很多农民外出打工，乡村学生的家庭教育面临严重缺失，而乡村学校布局调整政策的实施，使乡村学校离开了乡村社会，这又使得乡村学生的社会教育面临严重缺失。其结果是乡村学生在学校教育过程中变得与家庭和乡村社会越来越格格不入。

在这两种"意识生态"的影响下，农民形成了相应的"意识心态"。乡村教育模式城市化使得农民并不认同乡村，更加认同城市，甚至会以自己是农村人而感到自卑。他们觉得留在乡村的人是没有出息的，希望自己的孩子能够进入城市学校就读，上重点学校，通过升学离开乡村，实现向城市流动，这也就成了农民的教育期望；乡村教育中家庭教育和社会教育的缺失使得农民更多地将教育的希望寄托于学校教育，如果孩子学业失败了，他们也会更多把责任归因于学校。特别是当前流行的"读书无用论"就是一种典型的乡村教育"意识心态"。这种"教育态度与行为"的形成就与乡村教育当前的"意识生态"有关。

二、"意识心态"对"意识生态"的主观能动性

在哲学史上，思维和存在的关系问题作为哲学的基本问题，是恩格斯在《路德维希·费尔巴哈和德国古典哲学的终结》中第一次明确提出来的。马克思、恩格斯及其理论科学地阐明了物质和意识、社会存在和社会意识的辩证关系。在承认物质决定意识、社会存在决定社会意识的前提下，肯定了意识对物质、社会意识对社会存在反作用，亦即意识的能动性。① 可以说，在笔者的研究中，"意识生态"与"意识心态"的概念和关系同物质与意识的概念和关系有很大的相似性。"意识生态"是一种物质、一种社会存在，而"意识心态"是一种意识、一种社会意识。它们之间的关系是"意识生态"决定"意识心态"，但同时，"意识心态"对"意识生态"存在反作

---

① 周崇信，王省惠. 再谈意识的能动性[J]. 理论探索，2001(5)：21—22.

用,也就是说,"意识心态"对"意识生态"存在主观能动性作用。

那么,"意识心态"的这种主观能动性在我们的乡村教育中有着怎样的体现呢?"意识心态"是一把"双刃剑",其主观能动性既存在积极的一面,也存在消极的一面。如果说农民的"意识心态"代表历史发展方向、符合事物发展规律,那么它就会有利于建构完整的乡村教育"意识生态";如果说农民的"意识心态"与历史发展方向背道而驰、违背事物发展规律,那么它就会阻碍建构完整的乡村教育"意识生态"。就拿"认同"这种典型的"意识心态"来讲,在乡村教育中,如果一味地认同城市文化,而排斥乡村文化,这种"意识心态"显然不符合乡村教育的自身发展规律,其结果自然会阻碍建构完整的乡村教育"意识生态"。因此,我们要做的就是对乡村教育的"意识心态"进行鉴别,弘扬有利于建构乡村教育完整"意识生态"的"意识心态",同时,摒弃阻碍建构乡村教育完整"意识生态"的"意识心态"。只有这样,"意识生态"与"意识心态"之间才能形成良性互动,才能使乡村教育朝着正确的方向发展。

第二章 民国时期的乡村社会转型与教育转型

第一节 民国时期乡村社会转型的背景

进入近代以来,在西方工业化和现代化进程的影响下,中国乡村的经济社会结构和传统文化受到了前所未有的冲击。加上国内政局的持续动荡,使得乡村各种社会问题越来越凸显,时人甚至用"乡村崩溃"来形容当时乡村的境遇。梁漱溟指出:"乡村一天一天破坏,在农工生产者虽感痛苦,因无知识,不能说话。知识分子虽有说话资格,而未易感觉若何切肤痛苦",所以"乡村尽管破坏,却从来不闻人呼痛,亦没有发生激烈的争执"。然而,"到最近年农村经济大崩溃,实达于此破坏史的最后阶段;好比利刃直刺到命根上,到底不能不痛,这才呼声四起"。[①] 可以说,"乡村崩溃"正是乡村建设运动的缘起,当时中国的乡村已经到了崩溃的边缘,逼迫人们不得不开展乡村建设运动来拯救中国的乡村。

中国当时的"乡村崩溃"可以从经济结构、社会结构和文化结构三个方面来进行阐述。从乡村经济结构的崩溃来说,农村破产现象已经非常普遍。"沿江海的省份,近城的农村,农民的收入,年年缩减,生活年年困苦。内地的省份,偏远的乡村……数十户的村落,或至人烟绝灭,数百户的农村,或只余十数……目今日农民的忍耐性,已迫近最终点,将有爆发之虞。"[②]黄展云在《营前模范农村概况》中有如此之记载:"每户男女幼稚四五人合作耕田十亩,每年收入谷四十担,除谷种肥料耕牛临时帮工须耗二十担,净入不过二十担,每担以五元计算,终年正项收入不过一百元。副产番薯及冬季菜类,至多补不过三四十元,平均佃农每人全年收入不过三十元。衣食疾病人事往来,均取给于是,生计极为困难。其次自耕农或半自耕农销足自给,然亦大者以薯米混饭为食,衣服粗足蔽体。"[③]可以说,当时农民的生活已经可以用穷困潦倒来形容,对很多农民来说,维持生计是非常困难的。

---

① 梁漱溟.乡村建设理论[M].重庆:邹平乡村书店,1939:359.
② 守愚(赵人儁).复兴农村与农民负担[J].独立评论,第66号,1933.
③ 李在全.20世纪二、三十年代福建乡村建设运动的社会背景探析[J].党史研究与教学,2002(3):59-66.

对当时的很多农民来说，要想维持生计，只能"寅吃卯粮"了。从现存的资料来看，在近代中国，无论是在南方地区还是北方地区，农村家庭中的借贷都是普遍存在的经济现象，处于一种不依赖借贷即无以为生的境地。据中国银行重庆分行在抗战前的调查，重庆市郊的农村居民有 40%都有过借贷的经历，其中以现金形式借贷的人达到 60%；卷入借款的人数，1934 年较 1933 年增长了 60%。即使在南京、上海等大中城市周边农村的农家，其借贷经济也毫不逊色。1933 年，据对南京郊县江宁县土山镇 286 户农家的调查，286 户农家全年之盈亏情形：全年有盈余者计 71 家，每家盈余之平均款额为 69.17 元；全年亏短者计 215 家，每家亏短之平均款额为 72.11 元。农民之生活，多赖举债以度日。① 当时的国民政府也认识到了乡村经济问题的严重性。1933 年，时任行政院院长的汪精卫在第 96 次院会上提出"救济农村案"说："我国以农立国，农民约占全国人口百分之八十。故农村之荣枯，农业之盛衰，关系国家之治乱，至为重大。而近年以来，我国农村经济，加速崩溃。农业产物，日见衰落。若不设法救济，国家前途，危险将不堪设想。"② 可以说，乡村经济结构的崩溃是乡村建设运动最为重要和直接的原因。

从乡村社会结构的崩溃来说，乡村经济的崩溃使得很多农民不得不流离失所。以长江中游的武昌周边农村为例，据《武昌县农村调查统计表说明书》所称："不仅壮年劳动力，即一般劳动力都离村了，因此招致了劳动力的缺乏。如武昌县洪山，二十年来约减少百分之三十。因而在平时还好，到了农忙期，劳力便大感缺乏。例如武昌县内各地方，以及于全国，均发现大略相同的现象。其结果，使农业工资的增高与季节的变动增大。"③ 南京政府实业部中央农业实验所 1933 年做了一个 22 省 1001 县的农民离村调查，结果显示全家离村的农家一共有 192 万余户，占总农户的 4.8%；有青年男女离村的农家有 350 余万户，占总农户的 8.9%。其中仅冀鲁豫三省，1933 年间，每年离村的人口各有 100 万以上。④ 大规模的农民离村现象使长久以来形成的乡村秩序很难得到正常的维持。

本来中国农民安土重迁，但由于生活的日益恶化，使他们在本地无法生活下去，于是不得不抛弃眷恋的故土，背井离乡，外出谋生。当时，摆在农民面前的无非就三条路：一是占山为王，落草为寇，沦为土匪；二是到周围城市或城镇谋生，但当时国民经济形势非常严峻，不仅农村经济日益衰落，民族工商业也很不景气，不少厂商破产倒闭。在城市失业人口不断增多的情况下，农民要在城市找一份活做谈何容易，大多数外出谋生的农民的命运是非常悲惨的；三是漂洋过海，远涉重洋，到

---

　　①③④　张忠民. 和谐的努力与幻灭——略论近代中国的"乡村建设运动"[J]. 社会科学，2008(7)：140—149.

　　②　蒋宝麟. "帝国主义"与"封建主义"：20 世纪 30 年代知识界关于乡村建设运动的论争[J]. 史学月刊，2008(5)：77—85.

海外谋生。[①] 可以说,当时摆在农民面前的这三条出路对于乡村秩序的维持都是极为不利的,乡村社会已经处于严重的失序状态,新的乡村秩序亟须建立。

从乡村文化结构的崩溃来说,乡村经济和社会的崩溃最终导致了乡村文化的崩溃。费孝通曾经指出,在中国,现代技术并没有带来物质的提高,相反,在国际工业竞争中,中国沦落到更穷困的地步。现代技术所具破坏社会完整的力量却已在中国社会中开始发生效果。未得其利,先蒙其弊,使中国人民对传统已失信任,对西洋的新秩序又难于接受,进入歧途。[②] 梁漱溟坚持认为,儒家伦理既是中国现代化的现实根基,又是避免现代化负面影响的精神资源,中国不能因现代化的现实功利而摒弃优秀的传统遗产。[③] 儒家伦理是传统中国社会的文化根基所在,是长久以来中国的乡村社会能够井然有序的文化保证。然而近代以来中国传统中的文化传统——儒家伦理逐渐被摧毁了,而新的伦理又没有及时建立起来。

正是在乡村经济结构、社会结构和文化结构的大崩溃背景下,乡村建设运动在社会力量的推动下如火如荼地展开了。至 1933 年 7 月,南京国民政府推出《县政改革案》之后,国家力量开始重视并参与进来,吸纳前时社会力量,成立了河北定县、山东邹平和菏泽、江苏江宁,以及浙江兰溪五大县政实验县,实施县政改革,推行乡村建设。乡村建设自此步入全面展开阶段,至 1935 年 2 月有 1000 多个团体机构先后参与进来。[④] 可以说,乡村建设运动最初是在社会力量的推动下开展的,后来得到了国家力量的支持与响应,从而实现了国家力量与社会力量的结合。能够得到国家力量的支持,这也是乡村建设运动如此声势浩大的重要原因。

第二节　民国时期乡村社会转型的表现

自近代以来,如何实现乡村现代化的问题一直没有离开过人们的视野,直到今天依然是一个备受关注的问题。乡村建设运动是乡村现代化的一次重要尝试和探索,是晚清以来对中国乡村现代化问题一次比较切实的关注。在乡村建设运动中,出现了各种各样的发展模式,其中规模较大、持续时间较长、影响较深远的主要有四种模式:一是梁漱溟主持下的邹平模式。梁漱溟以"伦理本位"和"职业分途"的中国社会结构特殊论为认识前提,认为中国只能走农业立国、建设乡村的道路。为

---

① 李在全.20 世纪二、三十年代福建乡村建设运动的社会背景探析[J].党史研究与教学,2002(3):59-66.

② 费孝通.乡土重建[M].台北:台北东大图书有限公司,1984:239.

③ 徐福来,李雪.刍论梁漱溟乡村建设运动的理论困境[J].南昌大学学报(人文社会科学版),2009(6):27-31.

④ 陈序经.乡村建设运动[M].上海:大东书局,1946:1.

此他提出的乡村建设方案是：以乡农学校为平台，从乡村教育、农业改良、行政改革做起，由乡村影响城市，以农业促进工业，并在河南和山东的乡村建设实践中进行了系统的探索和实验。二是晏阳初的定县模式。基于中国乡村最基本的问题是"愚""贫""弱""私"这一基本认知，晏阳初提出了一个以"平民教育"为核心内容、以"乡村科学化"为目标的乡村建设方案，并且在河北定县进行了为期10年的探索和实践。三是卢作孚的北碚模式。卢作孚主张用工业化解决经济建设、政治建设和文化建设问题，把乡村建设的目标确立为以工业化为基础的乡村现代化。四是中国共产党主导的根据地（解放区）模式。基于对近代中国社会是一个阶级社会的基本认知和对农村社会阶级结构的基本分析，中国共产党以根据地（解放区）为基地，以阶级为纽带重新组织农民，以变革农村地权为切入点，重构乡村政治、经济和社会秩序，最终成功改造了中国乡村社会，并在乡村的支持下实现了民主革命目标。[①] 各个乡村建设运动模式具有不同的特色与内容，但是其目标可以说是一致的，都是为了实现乡村的现代化发展。近代以来我国乡村教育的第一次转型发生在乡村建设运动时期，可以说，乡村建设运动在经济、社会和文化三个维度的内容构成了乡村教育第一次转型的背景。

一、经济维度转型

乡村建设运动主要起因于乡村经济结构的崩溃，这也决定了在乡村建设运动中，对于经济方面的工作是最为关注的。梁漱溟自己就认为，乡村建设的三大任务是"照天然的程序，则经济为先；必经济上进展一步，而后才有政治改进、教育改进的需要，亦才有作政治改进、教育改进的可能"[②]。可以说，经济建设在乡村建设中有着特殊的重要性，是其他建设的基础所在。梁漱溟说："所谓经济进步，无非是生产技术与经营技术的进步，此种进步，均从小规模进于大规模，从零碎生产进于大批生产。这种情形，都是竞争的结果……农业进步亦需要大规模的经营，与工业同……农业既不能走竞争吞并的路，其经营复须相当的大规模，则舍农民同意的自觉的'合作'，殆无他途。"[③]农业是农民的命根子，对于当时的国家经济结构来说，农业也是国家的命根子，因此，农业不仅仅对于农村，对于整个国家来说，都具有举足轻重的地位。乡村建设中经济的现代化主要是针对农业现代化的，农业的现代化主要围绕如何兴农展开。

在农业现代化过程中，各种合作社起了非常大的作用。可以说，合作社是推动

---

① 孙文亮. 社会主义新农村建设的路径选择：基于乡村建设史的考察[J]. 当代世界与社会主义，2010 (2)：78—82.

② 张忠民. 和谐的努力与幻灭——略论近代中国的"乡村建设运动"[J]. 社会科学，2008(7)：140—149.

③ 虞和平. 民国时期乡村建设运动的农村改造模式[J]. 近代史研究，2006(4)：95—110.

农村经济走向市场化和企业化的载体。民国乡村建设运动期间农村经济合作组织涉及内容比较广泛,如金融信用、棉花生产、农产品的供销、水利浇灌、畜牧养殖、林业生产,等等,其中,信用合作社所占的比重最大,占 70%～80%。在其他类型的合作组织中,有运销合作社、戽水合作社、畜牧合作社、垦殖合作社、林业生产合作社、养殖合作社等农村经济合作组织,这些农村经济合作组织在农村金融流通、农副产品运销、农业生产技术发展等方面发挥了积极的作用,有力地促进了当时的农村经济发展。[①] 乡村建设运动时期成立的合作社组织除了涉及内容非常广泛这个特征之外,另外一个特征是其发展速度可以用非常迅速来形容。据有关资料统计,1935 年底,全国经各县市主管机关批准备案成立的合作社有 25828 个,入社社员695639 人,其中以河北、山东、江苏、安徽、河南、湖北、湖南、江西、浙江、陕西、福建等省的数量最多,具体为:河北 5592 社 115682 人;山东 3637 社 106143 人;江苏4077 社 138369 人;安徽 2032 社 67029 人;江西 2063 社 120500 人;浙江 1972 社70666 人;河南 1774 社 94331 人;湖北 1901 社 92701 人;湖南 863 社 45436 人;陕西 823 社 73521 人;福建 332 社 11878 人。[②] 当然,合作社组织发展如此之迅速与当时民国政府的大力支持也是分不开的。现代经济的特征就是组织化,组织化能够更好地促进生产发展、提高生产效率。因此,大力发展农村合作组织对于发展农村经济是非常有帮助的,这一点在乡村建设运动中也得到了实践的证明,在农村合作组织的推动下,农村经济实现了大发展。

　　乡村建设运动对乡村工业化道路也进行了有益的探索和尝试。在《乡村建设理论》中梁漱溟曾断言:"以农业引发工业是我们的翻身之路。"他发展农村工业的理由是:"许多的研究估计,大致都证明中国人口繁密,可耕地少……所以非使农民兼事工业不可,一面生活不足,一面劳力有余,两面相迫,其必出于兼事工业一途,固属自然之势。"[③]与梁漱溟一样,晏阳初对发展乡村工业也持支持态度,认为发展乡村工业对于乡村的发展来说是非常有必要的。晏阳初指出:"中国因为是农业国,一般人很容易注意到农业,而忽略了农村工业的重要性。中国农民可以利用农闲从事手工业的生产制造,补助家庭收入,补救生计。所以农村工业在我国整个的国民经济上,应占重要的地位。资本主义势力入侵以来,大量机器制造的工业品,充斥于市场,给予农村手工业很大的打击,生产没落,工人失业,这是中国经济的一大危机。中国以往未曾——以后也将无由走入工业资本主义之路,则农村仍未尝不可以保持经济自足的局面。如果应用合作社的原则,则把分散的原始式的小手工业,组织联合起来,作共同之经营,又加以技术方面的研究改良,则农村经济之复

①　黄祐.民国时期乡村建设实验区的农村经济合作组织[J].广西社会科学,2009(5):89－92.
②　郑大华.民国乡村建设运动[M].北京:社会科学文献出版社,2000:502.
③　梁漱溟.梁漱溟全集(二)[M].济南:山东人民出版社,2005:510.

兴,方可有望。"①完全依靠农业是不能真正意义上实现自给自足的,农业的发展往往伴随着手工业的影子,传统农业社会中"男耕女织"的生产模式正是农业和手工业的完美结合。正是农业和手工业的完美结合使得农村可以实现自给自足。但是,西方工业化的发展给农村手工业带来了致命的打击,破坏了传统社会中自给自足的生产模式。要想使乡村再次实现自给自足,就必须发展乡村工业,实现农业与工业的完美结合。可以说,改革开放以来中国乡镇企业的快速发展,正是实践乡村建设运动中梁漱溟和晏阳初乡村工业化发展思路的结果。

二、社会维度转型

中西方的社会结构有着本质区别,这种区别在费孝通关于团体格局和差序格局的阐述中有过很好的解释与说明。费孝通指出:"西洋的社会有些像我们在田里捆柴,几个稻草束成一把,几把束成一扎,几扎束成一捆,几捆束成一挑。每一根柴在整个挑里都属于一定的捆、扎、把。每一根柴也都可以找到同把、同扎、同捆的柴,分拆得清楚不会乱的。在社会中,这些单位就是团体。我说西洋社会组织像捆柴就是想指明:他们常常由若干人组成一个个的团体。团体是有一定界限的,谁是团体里的人,谁是团体外的人,不能模糊,一定得分清楚。在团体里的人是一伙,对于团体的关系是相同的,如果同一团体中有组别或等级的分别,那也是事先规定的。我用捆柴来比拟,有一点不太合适,就是一个人可以参加好几个团体,而好几扎柴里都有某根柴当然是不可能的,这是人和柴不同的地方。我用这比喻是在想具体一些使我们看到社会生活中人和人的关系的一种格局。我们不妨称之为团体格局。"②"我们的社会结构本身和西洋的格局是不相同的,我们的格局不是一捆一捆扎清楚的柴,而是好像把一块石头丢在水面上所产生的一圈圈推出去的波纹。每个人都是他社会影响所推出去的圈子的中心。被圈子的波纹所推及的就发生联系。每个人在某一时间某一地点所动用的圈子是不一定相同的。"③从费孝通对团体格局和差序格局的阐述中我们可以发现:西方的团体格局更具现代性,而中国的差序格局更具传统性。

可以说,中国传统乡村的社会结构是一种差序格局关系,而西方的社会结构是一种团体格局关系。在传统的中国乡村社会,社会组织往往是建立在传统血缘和地缘关系基础上的,而乡村现代化的发展趋势必然要求改变这种现状。美国政治学家塞缪尔·亨廷顿(Samuel Huntington)认为,在传统社会向现代化变迁的过程中,各种社团组织是完全不同于以往长期受制于传统血缘和地缘关系的一种新型

---

① 宋恩荣.晏阳初全集(一)[M].长沙:湖南教育出版社,1989:452.
② 费孝通.乡土中国[M].北京:北京大学出版社,1998:25.
③ 费孝通.乡土中国[M].北京:北京大学出版社,1998:26.

组织形式,这些变化要求人们把自己对与己直接相关的集团——家庭、家族和村社——的忠诚和隶属扩展成为更大和更抽象的集团忠诚。[①] 从很大程度上来说,现代化就是走西化的道路,同时团体格局对于重建中国的乡村秩序是有帮助的,这两个方面决定了乡村建设运动中必然包含社会组织的重构,也就是由差序格局走向团体格局。

对中国乡村社会组织首先提出改造的是在山东邹平进行乡村建设的梁漱溟,他的关于重建中国社会组织构造的思想是其乡村建设理论的关键部分。梁漱溟认为西方文化的一个长处就是民主,而民主之所以在西方可行,是因为西方社会集团性强,人民惯于在团体中生活,并形成了一种主动参与社会生活的习惯。而中国所缺乏的恰恰就是这个,所以,中国的政治向来很弱,可说是一种没有政治的政治,要民主进入中国,必须有团体组织。[②] 梁漱溟、晏阳初等人都认识到了农民的分散性,中国农民始终处于"一盘散沙"的原子化状态,这种状况对于乡村的现代化是极为不利的。要想实现乡村的现代化就必须把农民组织起来,可以说,把农民组织起来是梁漱溟、晏阳初等人开展乡村建设运动的出发点,是贯穿始终的一条主线。

在乡村建设实践中,梁漱溟极力主张改造传统乡村以家庭为基本组织的社会结构,在新社会组织构造中加入"团体组织"的概念,将家庭组织扩大为更具团体合作精神的村组织、乡组织,具体说来就是村学乡学。梁漱溟设计的村学乡学是一个"政教合一"的组织,它既是乡村政治现代化方面的变革,也是一种乡村社会组织的革新。村学乡学虽然是从中国传统的乡约改造而来,其实很具现代意义。[③] 梁漱溟并没有照抄照搬西方的团体格局应用于中国的社会组织重构,而是综合考虑了中西方的元素。可以说,村学乡学组织形式是中国传统社会差序格局和西方社会团体格局"中西合璧"的产物,从中既能看到团体格局的特征,也能看到差序格局的特征。虽然梁漱溟提出的这种新的组织形式也存在很多不合理的地方,但是其"中西合璧"的借鉴方式依然非常值得今天的我们学习。

三、文化维度转型

乡村建设运动中文化转型的过程就是中国文化受西方文化影响的过程。那么中西文化有着怎样的区别呢? 梁漱溟认为,西洋文化是人对物,处理的是物我关系,其路向是向前面要求,不断地向外追求和征服求得个体的生存和种族的繁衍,其结果是理智发达,并带来科学、工业、民主、法制的发展;中国文化是人对人,处理的是人我关系,其路向是向内用力,反求诸己,寻找内心的满足与和谐,发展出来伦

---

① 塞缪尔·亨廷顿. 变动社会的政治秩序[M]. 上海:上海译文出版社,1989:30.
②③ 王欣瑞."组织"和"人"的现代化——民国乡村建设运动关于乡村社会和文化现代化的理论探索[J]. 科学经济社会,2010(1):123-127.

理道德。① 中西方文化的差异造成的结果是中国文化更加感性,更加注重人文;而西方文化更加理性,更加注重科学。也正是这种文化上的差异,使得现代性在西方更加具有成长的土壤,造成了中国在近代的落后。为了改变中国的落后现状,首先要改造旧文化,创造新文化,这也是乡村建设运动的目的所在。

　　既然中西方文化表现出来的是理性文化与感性文化的区别,乡村建设运动中的文化转型也就是由感性文化走向理性文化,体现在人身上就是个人的理性化过程。对理性个体的塑造,梁漱溟有一个比较系统的反思。首先,他基于对中西人生双重反思,对未来的人生路向做出了抉择,即走孔家之路。在此基础上他以中国本有的、不同于西方的"理性"为价值核心,并将源自近代西方的民主与科学融入其中,从而建构了一个既是中国的又是世界的现代新人,也即理性之人。② 梁漱溟的理性人概念体现出了"中西合璧"的特色,简单来说,就是将西方的科学主义融入中国的人文主义当中,从而实现了科学主义和人文主义的有效结合。关于其所独标的"理性",梁漱溟并没有给出一个统一的定义,而是随着讨论问题的转换随机做出某种解释,当然这些解释都各自揭示了他所谓的"理性"的某个侧面:(1)从道德践履角度讲,理性就是自觉而自律。1930 年的《中国民族自救运动之最后觉悟》对此有所阐释。(2)作为人的思维品性,理性是明智,而不是盲目。此论点见于 1934 年的《精神陶炼要旨》。(3)作为人的道德品性,理性是无私的。1936 年他在《论方法兼谈理智与理性》中谈及此点。(4)从心理状态讲,理性即平静通达、开明和平。在1937 年出版的《乡村建设理论》中对此有所阐发。(5)在《乡村建设理论》中他又指出,从价值内涵讲,理性包括父慈子孝等儒家伦理情谊,以及人生向上的生命指向。(6)在 1949 年出版的《中国文化要义》中,他又从其对象和功能的角度指出,与理智关乎物理并旨在探求事实相比,理性关乎人情并为人生指示方向。③ 应该说,梁漱溟对于"理性"的解释是非常有价值的,既避免了全盘西化的主张,又避免了对中国传统文化的盲目跟从,是一种全新的解释,这种"理性"对于实现乡村社会的整合是非常有帮助的。

　　梁漱溟认为,中国古代"教化"的根本精神是在学校教育之外,始终着力于民族文化的传播以唤醒一般民众的精神生活,不断地提高人的生活态度,是一种"非生产的教育""精神的教育",但我们现在的教育,重智轻人,只注重知识技能的训练,而忽视了人生行宜的教育。④ 在梁漱溟看来,中国的教育往往容易"非左即右",并没有实现人文主义与科学主义的有效结合。对于传统教育来说,过于注重"非生产教育",而忽视了"生产教育";对于当前的教育来说,在西方文化的影响下,又过于注重"生产教育",而忽视了"非生产教育"。可以说,"非左即右"的教育问题在我们

　　①④　赖水随.梁漱溟的农村文化教育思想[J].内蒙古师范大学学报(教育科学版),2006(6):61—64.
　　②③　黄造煌.梁漱溟的社会整合思想:沟通新儒学与乡村建设[J].哲学动态,2010(7):42—48.

当前的教育中依然非常普遍。为了改变教育过于注重"生产教育"的现状，在梁漱溟倡导的乡村教育中，"非生产教育"比"生产教育"更受重视。他主张通过合理的人生态度与修养方法的指点、人生实际问题的讨论、中国历史文化的分析这三个方面来实现精神上的陶冶。梁漱溟指出："三者皆以中国民族精神为核心。历史文化分析的意义在于指出中国文化的特别处——长处和短处，从而领会民族精神，合理人生态度的指点是正面讲民族精神，人生实际问题的解决则是指点如何运用民族精神。"[1]梁漱溟的这个主张充分体现了"借古通今"的意味，这也是梁漱溟一直非常强调的一点：对中国文化的改造一定要建立在中国传统文化基础之上，摒弃中国优秀传统文化的做法是不可取的。

可以说，乡村建设中的文化建设主要是为了解决乡村的"精神破产"问题。那么怎样才能解决这一问题呢？梁漱溟认为，首先必须启发农民的智慧，让他"认识古人的道理，让他已失去的合理观念恢复起来，把传统的观念变为自觉的观念；让他安定，让他看见前途"。同时，他认为，"农民自觉"虽然是乡村建设取得成功的关键，但是，仅有农民的自觉还不够，还须有代表"理性"的知识分子与其结合，成为"众人之师"。因为现在的乡村问题，农民本身并不能解决，他们只能感觉到问题的严重，但对问题的缘由不了解，他们有解决问题的愿望，而没有解决问题的方法和才能。在梁漱溟看来，不只是乡村问题，就是整个中国问题的解决，也"全在其社会中知识分子与乡村居民大并一起，所构成之一力量"[2]。可以说，不管是启发农民的智慧，还是知识分子与农民的结合，这两个方面都是需要通过乡村教育来实现的，乡村教育成了知识分子动员农民参与到乡村建设中来的主要途径。

第三节　民国时期乡村教育转型的表现

黄炎培被认为是 20 世纪初看到乡村教育重要性的中国第一人。1921 年，他在《农村教育牟言》一文中指出："今吾国学校，十之八九其所施皆城市教育也，虽然，全国国民之生活，属于城市为多呼？抑属于乡村为多呼？吾敢十之八九属于乡村也。吾尝思之，吾国方盛倡普及教育，苟诚欲普及也，思想十之八九当属于乡村。即其所设施十之八九，当属于乡村生活之教育。"[3]乡村建设与乡村教育之间存在着非常紧密的联系，我们不能离开乡村教育来谈论乡村建设，也不能离开乡村建设

---

① 梁漱溟.教育论著选[M].北京：人民教育出版社，1994：157.

② 胥仕元.教育：梁漱溟乡村建设之途径[J].当代世界社会主义问题.2005(3)：46—52.

③ 张彬，李更生.中国农村教育改革的先声——对 20 世纪 20 年代至 30 年代乡村教育运动的再认识[J].浙江大学学报(人文社会科学版)，2002(5)：124—131.

来谈论乡村教育。所谓乡村建设运动,是 20 世纪二三十年代,一群有志于救国的知识分子把眼光转向乡村,从政治、经济、文化、卫生几个方面出发,以乡村教育为手段,以乡村建设为目标开展的一系列乡村建设活动。[①] 从乡村建设运动的这个定义我们就可以发现乡村建设和乡村教育之间的紧密联系,可以说,两者之间是一种"目标—手段"关系。乡村建设运动与乡村教育的紧密联系决定了乡村教育的第一次转型就体现在乡村建设运动过程中的教育建设内容上。

教育并不仅仅是指学校教育,对于这一点,很多乡村建设运动的积极推动者都有比较明确的认识。梁漱溟认为教育有广义和狭义之分,学校教育是狭义层面上的教育,是把受教育者从社会中抽出来送进学校这一特别环境,一面减少或避免许多不必要的刺激或坏刺激,一面集中许多必需的给他。他平常谈的是广义的大教育,除学校教育外,还包括家庭、社会生活。梁漱溟指出,人类不能没有生活,有生活就不能没有社会,有社会就不能没有教育,教育是很天然的。所以统同是教育,在学校里读书是教育,在家里做活也是教育,朋友中相得的地方是教育,街上人的谈话,亦莫不是教育:教育本来是很宽泛的东西。[②] 晏阳初认为,中国农村的问题归结到一起有四大基本问题,即所谓愚、贫、弱、私。而要医治这四大问题就必须相应地实行文艺教育、生计教育、卫生教育和公民教育,并提出用学校式、社会式和家庭式教育方式来落实四大教育。可以说,在乡村建设运动中,往往是从广义的范畴上来谈论乡村教育的,因此,笔者也将分别从学校教育、家庭教育和社会教育三个方面来阐述乡村建设运动中的教育建设。

一、学校教育转型

自洋务运动以来,西方对中国经济社会的影响越来越明显,西式教育也逐渐传入中国。清末科举制废除之后,西方的新式教育开始在中国慢慢发展起来。陶行知批判了仿照西方学校系统建立起来的新式教育,认为当时的正规学校不适合农村实际。"中国的乡村教育走错了路! 他叫人离开乡间往城里跑。他教人吃饭不种稻,穿衣不种棉,做房子不造林。他教人羡慕奢华,看不起务农。他教人分利不生利。他教农夫子弟变成书呆子。他教富的变穷,穷的变得格外穷;他教强的变弱,弱的变得格外弱。前面是万丈悬崖,同志们务须把马勒住,另找生路!"[③]应该说,陶行知提出的当时乡村教育中存在的这些问题,在当前的乡村教育中依然存在,其教育思想对当前乡村教育发展依然有很大的借鉴意义。

---

① 王晓蓉.二十世纪二三十年代乡村建设运动中的职业教育实践研究[D].西安:陕西师范大学,2007:5.

② 杨孝如."创造新文化救活旧农村"——略论梁漱溟乡村民众教育思想[J].西南民族大学学报(人文社科版).2005(4):361—364.

③ 陶行知.再论中国乡村教育之根本改造——在上海青年会的演讲[A]//陶行知全集.第二卷.长沙:湖南教育出版社,1984:1.

那么,怎样的学校教育才算适合农村实际呢?他开出的其中一个药方是活教育。"生路是甚么?就是建设适合乡村实际生活的活教育!我们要从乡村实际生活产生活的中心学校;从活的中心学校产生活的乡村师范;从活的乡村师范产生活的教师;从活的教师产生活的学生,活的国民。活的乡村教育要有活的乡村教师,活的乡村教师要有农夫的身手,科学的头脑,改造社会的精神。活的乡村教育要有活的方法,活的方法就是教学做合一:教的法子根据学的法子;学的法子根据做的法子。事情怎样做,就怎样学,怎样学,就怎样教。"①从陶行知的教育思想来看,他一方面对中国的传统文化提出了批判,同时也不主张照抄照搬西方的文化和教育观点。在陶行知看来,西式教育只是一种为我所用的工具,只有建设适合乡村实际生活的活教育才是乡村教育正确的发展方向。建设适合乡村实际生活的活教育恰恰体现出了近代以来我国乡村教育第一次转型的特征,也就是乡村教育乡村化的特征。

晏阳初倡导的学校式教育并不是普通国民学校式的教育,而是专指平民学校的教育。在他看来,普通国民学校只有书本知识和空洞理想,而未去民间与平民生活接触,因此应从平民生活里找问题、找材料以求得解决方法。他主张利用农民的空闲时间,以《农民千字课》为教材进行授课。初级平民学校和高级平民学校学制均为4个月。初级学校以识字教育为主,力求提高学生的读、写、说能力。要求学生在经过4个月或96个小时的学习之后能认识1300个字。后来经过改进,把学时压缩到3个月,而识字则增加到1700余字。高级平民学校是为在初级学校毕业的青年农民设立的,主要是为了进一步传授四大教育的知识。② 可见,晏阳初的学校教育是不同于普通学校教育的,他更加注重学校教育与现实社会的紧密联系。

二、家庭教育转型

在乡村建设运动中,晏阳初先生是开展家庭教育的积极倡导者,他非常强调家庭教育的重要性。晏阳初认识到当时中国的社会是以小农经济为主的社会,人们对国家的意识比较淡薄,而家庭在中国社会尤其是农村社会里,占据重要地位,人们与家庭的情感根深蒂固,牢不可破。并且学校教育是有限的,而家庭教育是无限的,学校教育固然重要,但家庭教育与儿童的发展更显密切。③ 家庭是带有很强烈的亲情意味的,也正是这种亲情密切了人们之间的联系,弥补了人们国家意识不足带来的问题。可以说,家庭教育是学校教育和社会教育的基础,具有学校教育和社

①　陶行知.再论中国乡村教育之根本改造——在上海青年会的演讲[A]//陶行知全集.第二卷.长沙:湖南教育出版社,1984:2.

②　李红辉.晏阳初的农民教育思想及其实验[J].科学社会主义,2010(2):111-113.

③　李慧慧,满忠坤.晏阳初的家庭教育思想及启示[J].现代教育论丛,2010(10):63-66.

会教育所没有的优势。对于一个人来说,他最先接受的就是家庭教育,家庭是一个人最早的社会化机构。

晏阳初认为实施家庭教育目标有四:首先,要将各自独立自扫门前雪的家庭,变化为各家联合互助的社会团体;其次,要将各家天真热烈狭小的血族的生命爱,扩大为乡族对国家的生命爱;再次,要使农民从家庭的集会之中,得到共同生活共同集会的练习;最后,要从家庭会的组织达到全村男女老幼都受四大教育。进行家庭教育,就是要造成一种"新风气",一方面是要家庭社会化,一方面则是要家庭教育化。晏阳初指出,所谓家庭社会化是指家庭式教育在实施方面,多与社会式、学校式联络进行。所谓家庭教育化是欲改造乡村社会,必依家庭成员不同的地位,各个家庭及各家内成员年龄、兴趣、责任等,进行不同的指导。[①] 晏阳初的家庭教育目标前两点很好地体现出了由小爱到大爱的升华,后两点很好地体现出了家庭教育的组织特性,通过家庭教育的组织化方式实现了全民教育。由晏阳初的家庭社会化和家庭教育化这两个概念可以看出:一方面,晏阳初并不是孤立地看家庭教育的,家庭教育往往是和学校教育和社会教育放在一起来谈的;另一方面,家庭教育的教育方式和教育内容是因人而异、因时而异、因地而异的,体现出了家庭教育的"以人为本"。可以说,这两个方面都是非常具有进步意义的,特别是第二个方面很好地体现出了近代以来我国乡村教育第一次转型的特征,也就是乡村教育乡村化的特征。

晏阳初在系统、深入考察中国当时广大农村实际情况的基础上,认为家庭式教育内容还是"四大教育",但主要侧重于公民道德训练、卫生习惯、儿童保护、家庭预算、家庭管理、妇女保障、生育节制等方面的教育。相对于学校式、社会式教育而言,晏阳初认为家庭教育应以道德为重,用家庭方式的教育,对家庭每个成员施以公民道德的训练,使每一个成员了解一个人与社会的关系,以发扬他们公共心的观念。[②]当前,道德滑坡现象是一个非常严重的问题,使我们的社会成了一个铁笼。晏阳初在家庭教育中强调了道德教育的重要性,当前家庭教育在道德教育中的缺失正是道德滑坡的重要原因之一。所以,晏阳初的这一观点对于当前如何遏制道德滑坡现象是非常具有启发意义的。

三、社会教育转型

在晏阳初看来,虽然学校式教育和家庭式教育对于推行四大教育来说是必不可缺的,但是社会式教育有着学校式教育和家庭式教育所不具备的优势。学校式教育和家庭式教育的范围都是固定的,很多教育内容并不能通过学校教育和家庭教育来完成。中国的传统农民处于原子化的分散状态,要想对农民开展社会教育

---

①② 李慧慧,满忠坤.晏阳初的家庭教育思想及启示[J].现代教育论丛,2010(10):63—66.

就需要通过某种组织化形式来完成。晏阳初认为社会教育是青年农民在平民学校毕业后继续接受教育的形式。同学会是社会教育的主要团体,同学会的活动也是社会教育的主要内容。在文艺教学方面,如组织读书会、演说比赛会和登台演戏及阅读刊物,等等;在生计教育方面,如成立自助组、合作社,举办农产品展览会,等等;在卫生教育方面,如推动接种牛痘、防疫注射、拒毒运动,开展武术活动等等;在公民教育方面,如禁赌、修路、植树、自卫,等等。① 晏阳初社会教育的内容很好地体现出了近代以来我国乡村教育第一次转型的特征,也就是乡村教育乡村化的特征。可以说,这些教育内容都是专门根据乡村的情况而设计的,具有很强的适用性。

在学校教育、家庭教育和社会教育三种教育形式中,梁漱溟最为重视社会教育,认为社会教育发挥着学校教育和家庭教育所没有的功能。关于乡村成人教育的社会作用,梁漱溟认为可以分为平时和变时两种情况。在平时,其功用"不外为'绵续文化而求其进步'",也就是说,在于继承文化并使其不断发展。而在变时(改造时期),要在于能减少暴力至可能最小限度于其前,能完成改造达可能最大限度于其后。他认为中国当时处于社会改造期,经过辛亥革命和国民革命,旧秩序虽已被推翻,但新的秩序却尚未建立,因此,正可在此时大显功用。② 乡村建设运动所处的时期正好是社会变革期,社会变革期正是社会教育大显身手的时候,因此,在梁漱溟看来,乡村建设运动中的社会教育是大有作为的。

当今是一个知识爆炸的时代,知识的更新换代非常迅速,这要求我们不断学习和自我完善。梁漱溟很早就提出了终身教育的理念,并指出其原因在于:"其一,现代生活日益繁复,人生所需要学习者随以倍增,卒非集中童年一期所得尽学,由此而教育延及成年之趋势日见重迫。其二,社会生活复杂,儿童远于社会,未及参加,在学习上缺少直接经验,效率转低或至于不可能,势必延至成年而后可,又为要能启学习之机,唯成人乃感需要。即令集中此种学习于童年,亦徒费精力时间,势必待成年需要又以成人教育行之。其三,以现代文化进步社会变迁之速,若学习于早,俟后过时即不适用;其势非时时不断以学之不可。"③ 应该说,梁漱溟在乡村建设运动时期就能提出终身教育理念是非常难能可贵的,这对我们今天依然是非常有借鉴意义的。

在乡村建设运动中,黄炎培对职业教育是非常重视的。黄炎培把孔子的"富、庶、教"思想演变为"富教兼施",且进一步走向"富、政、教合一"的"大职业教育主义"。"救国之本在实业,实业之本在道德,教育者除脑力运用之外,而复以道德为

---

①　张惠娟. 评晏阳初的乡村教育思想[J]. 教育探索,2005(8):36—38.

②　王凯,鹿泉. 梁漱溟的乡村成人教育思想及其启示[J]. 继续教育研究,2008(6):26—28.

③　梁漱溟. 社会本位教育系统草案[A]//梁漱溟全集[M]. 第五卷. 济南:山东人民出版社,1992:393.

依归,所谓职业者,如是而已。"他认为乡村是一个整体,应该进行整体改进。1925年前后,黄炎培提出"划区施教"的农村职业教育思想,其目的就是在农村以区域为中心,而不是以学校为中心,施教者兼顾该区的经济、卫生、交通、治安等问题,把它们和教育放在一起统筹解决。"方今教育上最大问题,无过于学校与社会隔绝。教育自教育,生活自生活······从此更进行扩大教育的范围,沟通生活界线种种方法,而理想的教育,或者因之而实现。"①可以说,黄炎培"大职业教育主义"的提出对当前职业教育的发展是很有借鉴意义的,能够更为有效地提高农民的人力资本和道德水平,把农民培养成"德才兼备"的人才,更好地促进农村经济社会发展。黄炎培的"大职业教育主义"具有非常强的针对性,表现出了浓厚的乡村教育乡村化的气息。

---

① 张彬,李更生.中国农村教育改革的先声——对 20 世纪 20 年代至 30 年代乡村教育运动的再认识[J].浙江大学学报(人文社会科学版),2002(5):124—131.

第三章　当前乡村教育转型的社会转型背景

当前,中国农村正面临着快速的社会转型,这构成了我国乡村教育第二次转型的背景。中国农村社会转型的内涵是由一个农村剩余劳动力过多的,小农生产方式占主导的,以及与之相匹配的农村传统的经济、政治、文化社会向现代农业生产方式和现代农村社会的转型过程。[①] 农村的社会转型是农业、农村和农民朝着现代化方向发展的过程,但是,当前中国农村的社会转型更多的是在城市化进程的推动之下进行的,农村的发展更多的是朝着城市化方向迈进的。农村的城市化发展模式是否有利于农业、农村和农民的长远发展呢? 这是一个非常值得认真思考的问题。社会转型实际上是传统因素与现代因素此消彼长的博弈过程,对于社会转型起步较晚、社会转型的最初动力来源于其社会外部的迟发外生型国家来说,社会转型的过程往往表现为现代因素由外到内、由表及里和由名到实的生成和发展过程。[②] 农村社会转型与城市社会转型比较而言,属于迟发外生型,这就决定了农村的社会转型是一个渐进的过程。笔者认为,城市化对于农村来说是一个发展的陷阱,朝着城市化这个方向发展,农村将很难改变对于城市的附属地位。当前,江苏、山东、浙江等地正在如火如荼地进行着以迁村并点为代表的很多"农民上楼"[③]运动。在笔者的研究中,也选取了"农民上楼"这一种激进的城市化推进方式作为研究对象,通过探讨其对农业、农村和农民带来的变化来分析乡村教育第二次转型的背景。

第一节　农业现代化步伐的加快

农村城市化进程的推进,一方面使得越来越多的农民离开农村,进入城市发展;另一方面使得留在农村的农民也越来越不愿意从事农业生产,从而使得农村的农业生产面临劳动力短缺的窘况,而且这一问题有越来越严重的趋势。在这种状况之下,农业现代化成了农业发展的必然趋势。所谓农业现代化就是要实现中国

---

① 王冰. 中国农村社会转型模式、特征和趋势分析[J]. 经济学家,2007(4):97—102.

② 刘祖云. 社会转型:一种特定的社会发展过程[J]. 华中师范大学学报(哲学社会科学版),1997(6):32—37.

③ "农民上楼"是指在政府的引导下,农民搬出原来居住的平房,搬进统一建造的楼房。未参加"农民上楼"运动,留在平房的被称为"居村农民"。

农业从传统农业到现代农业的转变。这里的传统农业是指建立在主要以家庭为单位的小农经济基础上的农业生产方式;现代农业是指建立在现代农业技术基础上、以企业经营为主的农业生产方式。① 农业现代化构成了近代以来我国乡村教育第二次转型的重要背景因素之一。通过对访谈资料的分析,笔者发现,城市化进程的推进对农业带来的影响主要表现在以下几个方面。

第一,"农民上楼"给农民的农业生产带来了诸多不便,使得很多农民不再从事农业生产。"上楼"以后,很多农民从事农业生产变得很不方便。这种不便不仅体现在劳作上的不便,还体现在给农业生产习惯带来的不便,如生产工具、粮食的存放。这些不便降低了农民从事农业生产的可能性。

大家住进社区后,很多人种地就很远了,我们村还好一些,离地比较近,搬进社区后种地也不是很远。对于那些不种地外出打工的人来说也是一样,他们对住社区是比较欢迎的。但是对于那些离社区比较远的村来说就不一样了,这13个村离这最远的村有七八里路,他们住进社区后离地就远了,种地很不方便。

农村跟城市不一样,农村有地,种地的工具、机械都得有地方放,收割的粮食也要有地方放。我们村建的楼房都不高,所以地下室面积还大一些,像有些村的楼房建得高一些,地下室面积就小,家里的一些杂物就更加没有地方放了。

——S村居民A

第二,"农民上楼"降低了农民从事农业生产的积极性。一方面,工农业剪刀差使得农产品价格较低,从事农业生产只能解决基本的生存问题;另一方面,随着农业生产成本的不断提高,农民从农业上获得的收益越来越少,使得农业生产越来越不适合个人种植。城市化进程的快速推进使得很多农民选择进城打工,打工收入与务农收入的比较进一步降低了农民从事农业生产的积极性。

现在农业生产资料一直在涨价,打工一天能挣一百多,有这样的工资再去种地肯定是不合适的。农民的粮食,棒子和小麦平均(每斤)也不到一块钱,光工资支出就占了粮食收入的四分之一,再加上种子、固定资产的消耗,所以现在越来越不利于个人种地了。种植向产业化发展,既能减少投资,又能增加农民的收益。

——C村主任Z

现在很多年轻人都不愿意种地了,出去打个工一天也能挣一百多,两个人都出去打工一天就能挣两百多,比种地强多了。种地现在农药化肥也很贵,一袋复合肥就要一百八九,每亩地的收割成本也要两百多,种地成本很高,要是人工不搭钱还能有几百块钱的赚头,要是算上自己的人工费那种地就是亏的。种地还担着风险,碰上刮风下雨都会带来一些影响,所以很多人都把自己的地租给别人种,只有一些年纪大的没有办法,其他事也干不了,只能通过种地维持生活。

——S村居民A

---

① 周祝平.中国农村人口空心化及其挑战[J].人口研究,2008(2):45—52.

　　第三,"农民上楼"加速了农民的土地流转,加快了农业现代化步伐。实践表明,加快土地使用权流转,推进农业生产规模化,是改造传统农业、转变农业增长方式、发展现代农业与促进农业又好又快发展的重要举措,是实现家庭承包经营责任制与发展现代农业对接的有效途径,是深化农村改革的方向选择。[①] 随着"农民上楼"的不断深入,很多农民搬到农村社区居住之后,远离了自家的土地,他们要从事农业变得很不方便。在很多农民看来,离自家的土地远是"农民上楼"带来的一个问题,但恰恰是这个问题使农民从土地的束缚中走了出来,很多农民选择了将自家的土地流转出去。

　　社区建设有利于农民加速转型,从第一产业转向第二、第三产业,加速大户种植、小户流转。我们镇里有个村的一千多亩地就转给三个人种植,其他村民就不种地了。

——X 镇副镇长 L

　　随着农村的发展和国家农业合作社的成立,土地都集中起来,成立农庄,集体经营土地,这样可以大量减少农业劳动力,减少农业资源的消耗。

——C 村主任 Z

　　第四,农业的机械化水平明显提高,使农业朝着现代化方向迈进。"农民上楼"引发的土地大规模流转使得农业的生产越来越规模化、机械化,形成了一些像农业合作社这样的农业生产组织,从而使得农业生产越来越具有规模效益。

　　农村现在的生产方式、经营方式跟以前不一样了。以前农村都是完全靠人力去地里劳动,现在就不一样了,机械化程度较高。

——X 村书记 W

　　现在农业上都是机械化了,割、种都是机械化。农民一年下来也忙不上几天,就是浇水、施肥、打药。浇水的水管都是大队里给安好的,自己不用管。

——G 村居民 S

第二节　农村城镇化进程的推进

　　农村城镇化是学术界非常关注的一个热点问题,在大部分人看来,城镇化趋势代表了农村未来的发展方向。农村城镇化构成了近代以来我国乡村教育第二次转型的重要背景因素之一。那么,农村的城镇化发展道路是否真的有利于农村的长远发展呢?这是笔者非常关注的问题。城镇化既体现在人口、非农产业、地域景观向城镇集聚等物质形态的城镇化,又体现在人们的生活方式、价值观念、社会结构

---

① 吴浙,李静.土地流转对发展现代农业的作用分析[J].安徽农业科学,2010(5):2599－2600,2623.

等由农村向城镇文明升级的精神形态的城镇化。[①] 笔者将根据城镇化的具体内涵,从物质形态和精神形态两个层面来衡量农村城镇化进程的推进情况,并对笔者关注的问题做出尝试性的解答。

一、物质形态层面

农村城镇化进程的快速推进在物质形态层面有着众多的表现,主要体现在以下几个方面。

第一,"农民上楼"降低了农村基础设施投资的成本,使得农村的基础设施条件大为改善。长期以来,由于农村分布较为分散,村庄规模较小,不具有人口的集聚效应,从而使得农村的基础设施配置与城市之间有着非常大的差距。"农民上楼"改变了村庄和人口分散的状况,使人口的分布形成了集聚效应,降低了农村基础设施投资成本。

整个 S 社区占地 770 亩,原先我们 13 个村占地 2500 亩只多不少。你想基础设施投资到 770 亩土地上和投资到 2500 亩土地上,差别是很大的,因此建社区可以节约投资成本。社区已经通上煤气了,接下去还要通上热力。原先我们这 13 个村,分布很分散,要想让政府把煤气、热力通过去是不现实的。

——S 村书记 Z

第二,减少了农村重复投资建房,住房建设整齐划一,但是老村的居住环境日益恶劣。"农民上楼"之前,由于农民住房建设标准较低,加上农民之间相互攀比心理较为明显,使得农村重复投资住房现象严重。对于农民家庭来说,绝大部分积蓄都用到住房建设上,既增加了个人负担,又造成了农村住房低水平重复建设,导致了资金浪费。"农民上楼"之后,社区住房建设标准较高,住房建设整齐划一,使用周期较长,这减少了农村重复投资建房现象的发生。但同时,老村的居住环境是一个大问题,很多农民搬走以后,老村的居住人口越来越少,那些还住在老村,没能力"上楼"的农民怎么办? 他们的居住环境变得日益恶劣,这是很多村民所担忧的。从另一个角度来说,和城市一样,乡村城市化的同时也造就了很多"贫民窟",对于新建的农村社区来说,原先的老村就是一个个的"贫民窟"。

如果按照原先没有建社区之前的模式走,说句实话,农村要实现城市化很难。今天你盖这样的房子,明天你盖那样的房子,一届干部一个样,这样很难发展成规模,很难向城市化迈进。

——X 村书记 W

---

① 梁德阔.内生型农村城镇化的运行机制分析[J].安徽大学学报(哲学社会科学版),2006(3):132—135.

我的二姐夫今年 58 岁,一辈子盖了 5 次房,他只要有点钱就花钱盖房了,他就是一次性投资盖楼。以前老百姓住在旧村的时候,相互攀比,今天你盖这样,明天我盖那样。攀比就造成重复投资,老百姓有点钱就花在盖房上了,他就没办法发展其他的了。自从搞社区建设以来,老百姓就不需要一直在盖房上重复花钱了。

——S 村书记 Z

原先的老村没有规划好,显得乱七八糟。现在老村里还住着七八十户,有的是像我这种情况年纪大了买不起房的,有的是因为有残疾没有劳动能力的,有的是年轻时没娶上媳妇家境不好的,还有一部分是在社区买房了但是还没有搬进去。等以后大家都搬走了你不搬也得搬啊,那时还住在老村就很不方便了,水电都是个问题。

——S 村居民 A

拆了房子肯定有影响的,不拆房子会好一些。老房子留着,年轻人上社区住,老人在老房子住着,这样对左邻右舍就不会有什么影响。如果老房子拆了,会给没拆的人家带来一些不方便。

——G 村居民 A

大家住进社区之后,原先老村的房子基本上都拆掉了,这也是上面要求的,为的是节省土地。社区里原先建楼的时候需要很多土,其他地方也没有,就上老村去挖土,弄的老村一个又一个的大坑。后来很多村民垃圾没地方倒,就把垃圾倒在这些坑里,弄的老村环境很不好,住在老村的人感觉很难受。

——S 社区居民 Y

第三,农村社区第三产业的发展困难重重。农村城镇化发展离不开产业结构的调整,农村的产业结构调整主要是指农业比重不断下降,第二、第三产业逐渐开始成为主导产业。而产业结构的调整自然就离不开农村第三产业的发展,可以说,第三产业的发展程度是农村城镇化水平的重要标志。虽然"农民上楼"使人口和经济形成了集聚效应,但由于农村的消费能力较低,第三产业发展较为缓慢。

很多人因为买楼之后都没什么钱了,使得这边的人消费能力很低,所以在这边做生意也做不起来,以前开的一些店慢慢也都关掉了,那些来做生意的都说这边太穷了,什么生意都做不起来。

——S 社区居民 Y

第四,城市化进程的推进增加了村庄集体在土地上的收入。对于村庄来说,其集体收入主要依靠土地、林地等自然资源,城市化进程的推进,使得这些资源更好地得以利用。特别是城市化进程对土地的需求使乡村的土地变得更加"值钱"。村庄在集体收入提高之后也就能够出台更多的惠民举措了。

S 村让出去的这些地,镇里每年每亩给补偿 1500 元,以前是每亩 1200 元,从今年开始调整为 1500 元。据上面的人说,等以后其他村的人都搬过来以后,这些

51

村的地要重新调整,到时从其他村返还一些地给S村,这样以后镇里就不需要给S村补偿钱了。

你看像合作医疗的钱也是村里出的,我们村1400多人,每个人30,这就需要四五万,所以我们村参加合作医疗已经达到百分之百了,如果要让户里出钱,那肯定达不到百分之百。

——S村居民A

二、精神形态层面

虽然新中国成立后头30年的各种运动破坏了中国的文化生态结构,但是那种破坏并不是毁灭性的,因为被集体化、社会主义化控制、分割、固化的中国乡村的农业生产生活的传统基础,还大致存在。正如作家李锐所回忆的,当年他们来到农村时惊奇地发现,上千年前就出现的二牛抬扛式种地方式,仍然被社会主义新农村的农民沿用着,这种发现对日后众多知青作家转向寻根文学写作,产生了直接的影响。内地农村,尤其在更为偏远的少数族裔地区,其传统的文化样态,保存得更为完整。近20多年来的"经济腾飞"、社会结构的巨变,迅速、全面地冲击、改造着中国文化最后的存在生态;而大规模的农村城镇化运动,则是将仅存的多样性中国文化传统的最后存留的基础——农民—土地—居住—生产—生活相互一体的生态格局,彻底铲除了。[①] 农村城镇化进程的快速推进在精神形态层面的表现更为明显,主要体现在以下几个方面。

第一,城市化使得农村精神文化基础设施得到了很好的配备。在农村城市化之前,对于很多村庄来说,根本没有什么精神文化基础设施,这直接影响了农村的精神文化生活。农村城市化之后,这一现状得到了根本改变。这种改变体现在两个方面:一个方面是精神文化基础设施配备较为齐全,另一个方面是精神文化基础设施配备的标准较高。

在农村社区的规划中,要求每个社区都要有一处小学、一处幼儿园、2~3处健身房,还要有卫生服务中心、健身中心、商场。另外,每个社区还要建面积在2300平方米以上的服务中心大楼,里面有面向居民的服务窗口、培训学校、电子室、阅览室、棋牌室,还有办公设施。培训学校有人口理论学校、党员教育学校,等等。

——X镇副镇长L

第二,村庄的精神面貌得到很大改变,但也存在很多不文明现象。精神形态层面的城镇化最重要的体现就是村庄的精神面貌,"农民上楼"使得村庄的精神面貌发生了很多变化,这些变化体现在两方面:一方面体现在村庄的外在精神面貌,村庄环境更加美化,变得更加适宜人居;另一方面体现在村庄的内在精神面貌,村庄

---

① 姚新勇.加速农村城市化:风险高于机遇[J].探索与争鸣,2011(2):24—26.

的文化逐渐文明化。但同时,一些不文明行为依然存在。

　　我们社区离城市不近也不远,环境比较好,污染不会像城市那样严重,这就使得我们这里的生活质量以后会比城市高。

——C 村主任 Z

　　社区建设带来的是生活质量的提高和居民素质的提高,这么好的环境老百姓就不会乱倒垃圾了,比如说你原先乱吐痰,如果你去北京天安门,就不会乱吐痰,所以说环境造就人、环境改变人。

——X 镇副镇长 L

　　原先我们社区卫生环境可差了,到处都是垃圾,楼道里也很脏,后来有人来检查,才专门安排了人打扫卫生,现在有专门的清洁工、清洁车,这样才好多了。原先村民在社区里乱种菜,在绿化带里什么都种,原先村民在门口乱放东西,东西堆得跟山一样,现在都好多了。

——S 社区居民 Y

　　第三,"农民上楼"使得农村社区的精神文化活动更加丰富,但很多方面还没有建立长效机制。在农村社区也开展了一些与城市相同的精神文化活动,但很多活动还只停留在形式上。笔者认为这一方面与农民自身经济条件较差,其需求更多地停留在物质层面,使得农民自身对参与精神文化活动的积极性不高;另一方面还与对精神文化生活重要性的宣传力度不够有关,使得农民没有认识到精神文化生活的重要性。

　　建了社区之后,我们村也有腰鼓队了,这在以前那是不可想象的。

——S 村书记 Z

　　腰鼓队、门球队都是从去年开始办的,村民在农闲的时候活动就会比较丰富,这离不开上面政府的支持,都有专项了资金下拨。

——S 村居民 A

　　现在社区精神文化方面的活动还是太少,之前举办过一些文化活动,但是光有头,没有过程和结尾。可能还是因为这边的人太穷了,大家都忙于干活,没有时间和精力来参加这些文化活动,当然对精神文化生活的宣传力度也很不够。我觉得村领导班子得有专门一个人负责村里的精神文化生活才行,然后通过少数人带动多数人发展起来。

——S 社区居民 Y

第三节　农民市民化水平的提高

农民市民化也是近代以来我国乡村教育第二次转型的重要背景因素之一。从大范围来说,农民市民化包含农民工的市民化、失地农民的市民化、"居村农民"的市民化等类型。农民市民化有狭义和广义之分,狭义上的农民市民化是从与国家、政府相关联的技术层面上推进农民获得与城市居民相同的合法身份和社会权利,如受教育权、选举权、居留权、劳动与社会保障权;而广义上的农民市民化更注重从社会、文化层面上转变农民的身份、地位、价值观、社会权利和生产生活方式,体现出城乡统筹发展、城乡一体化的内在要求。① 可以说,城市化进程的快速推进对农民带来了非常大的影响,市民化道路是否有利于农民的长远发展,是笔者非常关注的问题。在本节中,笔者将借鉴法国社会学家布迪厄的资本理论,以经济资本、社会资本和文化资本三个方面来衡量农民市民化水平,并对笔者关注的问题做出尝试性的解答。

一、经济资本层面

(一)基于访谈资料的分析

农民市民化水平在经济资本层面有着众多的表现,这主要体现在以下几个方面。

第一,很多农民因为"上楼"而负债。在调查过程中笔者发现,对于大多数农民来说,家庭的积蓄不足以支付在社区买房的费用,买房之后都产生了一些债务负担。

老百姓种地一年才多少钱? 没有什么特殊的收入来源,就指望干个小工,种个六七亩地,你说除了花、除了吃和用还能剩下多少钱? 在社区买房钱肯定是不够的,当时借了一部分钱。

——G 村居民 S

第二,农民的生活成本明显提高了。对于很多农民来说,原先在农村居住的时候,可以说生活成本是很低的。但是搬到社区居住之后,随着生活设施的改善,农民的生活成本也明显提高了,生活成本的提高使得有些农民的生活质量有所下降。

有些农民因为买楼欠账比较多,他搬进社区后舍不得用煤气,就用柴火来做饭,在地下室吃饭,吃完饭再上楼去,这样的情况很多。

——S 社区居民 Y

---

① 吴业苗.居村农民市民化:何以可能? ——基于城乡一体化进路的理论与实证分析[J].社会科学,2010(7):54—62.

第三,农民的非农收入明显增加。笔者认为,非农收入的明显增加一方面可以归因于很多农民住进社区之后脱离了农业生产,摆脱了农业的束缚,从而使得他们可以专心从事非农产业,另一方面可以归因于农民因为债务和生活成本提高的压力而加大了挣钱的力度。

像现在我们还种地,很多小孩已经基本上不种地了,他们把地给人家种,自己外出打工去了。

——G村居民W

老百姓搞养殖的很少,搞种植的也很少,就是因为这边的经济发展比较好,他有地方去打工。你比如说干个小工,如泥水匠,一天能挣一百五六,老百姓就不想把精力投在农业上了。

——S村书记Z

第四,农民的居住条件大大改善,但仍然存在一些问题。"农民上楼"使得农民的居住条件有了很大的改善,这种改善不仅体现在外在居住环境上,即整个农村社区的环境更加适宜人居;也体现在内在居住环境上,农民住房条件有了很大改善。但同时笔者通过访谈也发现:有些农民特别是老年人对城镇式的住房仍然有一些不适应的地方,比如说隔代一起居住、住房拥挤、上下楼不方便,等等。

新楼设计得比较合理,通风采光都比较好。原来老百姓家里地板砖占少数,基本上都是水泥地、砖铺地,现在住楼上了,即使是穷一点、经济状况差一点的人家最起码也都是地板砖了。

——K村居民M

一家三代人都住在三室一厅的房子里很不方便。现在村里一般的家里都有六七间房子,住到社区后三间房子不太够用。像我家人少还好一点,但农村家庭人一般都比较多。年轻人都觉得住社区好,对于上了岁数的人来说,还是觉得不方便。到地里干活不方便,上下楼也不方便。

——G村居民S

(二)基于调查数据的分析

1. 收入水平

虽然改革开放以来,农民的收入水平有了大幅度的提升,但是与城市居民相比,其收入水平还是较低的。从整个被调查农民群体的家庭年收入(见表3—1)来看,家庭年收入在1万~2万元的农民所占比例最高(32.7%),其次是2万~3万元(28.4%),家庭年收入在3万元以上的农民所占比例为21.3%,家庭年收入在1万元以下的农民所占比例最低(17.6%)。可见,从整体上来说,农民的家庭年收入并不高。通过进一步的交互分析,笔者还发现:"上楼农民"与"居村农民"的家庭年收入存在显著差异($\chi^2=18.092$,Sig.$=0.000$)。"上楼农民"的家庭年收入在3万元以上的比例为26.8%,而"居村农民"的这一比例仅为17.7%;"上楼农民"的家庭年收入在 2 万元以下的比例为 42.8%，而"居村农民"的这一比例高达 55.3%。可见，从整体上来说，"上楼农民"的家庭年收入水平要高于"居村农民"。笔者认为这是因为：比较而言，"上楼农民"与农业脱离得更加彻底，从而有更多的时间和精力外出打工挣钱。

表 3-1 "居村农民"和"上楼农民"的家庭年收入

	家庭年收入情况							
	1 万元以下		1 万～2 万元		2 万～3 万元		3 万元以上	
	人数/人	比例/%	人数/人	比例/%	人数/人	比例/%	人数/人	比例/%
"居村农民"(608 人)	114	18.8	222	36.5	164	27.0	108	17.7
"上楼农民"(404 人)	64	15.8	109	27.0	123	30.4	108	26.8
卡方检验	$\chi^2=18.092$, Sig. $=0.000$							

从整个被调查农民群体的个人年收入（见表 3-2）来看，个人年收入在 1 万元以下的农民所占比例最高（56.6%），个人年收入在 2 万元以上的农民所占比例最低（16.3%）。从整体上来说，农民的个人年收入不高。通过进一步的交互分析，笔者发现："上楼农民"与"居村农民"的个人年收入也存在显著差异（$\chi^2=21.633$, Sig. $=0.000$）。"上楼农民"的个人年收入在 2 万元以上的比例为 22.3%，而"居村农民"的这一比例仅为 12.3%；"上楼农民"的个人年收入在 1 万元以下的比例为 49.3%，而"居村农民"的这一比例高达 61.5%。可见，"上楼农民"的个人年收入水平要高于"居村农民"。笔者认为这同样是因为：比较而言，"上楼农民"与农业脱离得更加彻底，从而有更多的时间和精力外出打工挣钱。

表 3-2 "居村农民"和"上楼农民"的个人年收入

	个人年收入情况					
	1 万元以下		1 万～2 万元		2 万元以上	
	人数/人	比例/%	人数/人	比例/%	人数/人	比例/%
"居村农民"(608 人)	374	61.5	159	26.2	75	12.3
"上楼农民"(404 人)	199	49.3	115	28.5	90	22.3
卡方检验	$\chi^2=21.633$, Sig. $=0.000$					

那么农民对目前收入水平的满意程度如何呢？笔者通过调查发现：从整个被调查农民群体的满意程度（见表 3-3）来看，多数农民（53.0%）表示对收入水平的满意程度一般。"上楼农民"与"居村农民"对目前收入水平的满意程度存在显著差异（$\chi^2=17.468$, Sig. $=0.000$）。"上楼农民"满意的比例为 17.3%，而"居村农民"

满意的比例仅为 9.5％；"上楼农民"不满意的比例为 29.0％，而"居村农民"不满意的比例高达38.0％。可见，"上楼农民"对收入的满意度要高于"居村农民"，当然这种满意程度的差异主要是由收入水平的差异造成的。

表 3-3 "居村农民"和"上楼农民"对收入水平的满意度

	对收入水平的满意度					
	不满意		一般		满意	
	人数 /人	比例 /％	人数 /人	比例 /％	人数 /人	比例 /％
"居村农民"(608 人)	231	38.0	319	52.5	58	9.5
"上楼农民"(404 人)	117	29.0	217	53.7	70	17.3
卡方检验	$\chi^2 = 17.468, \text{Sig.} = 0.000$					

　　笔者认为，"农民上楼"运动使得农民群体内部的分化出现了地域性的区隔，使农村的两极分化在地域上显现了出来。在"农民上楼"运动之前，农民群体内部的分化并没有从地域上体现出来，富裕型农民和贫困型农民在居住的地域上是交错的。在"农民上楼"运动的过程中，从整体上来说，有条件上楼的往往是富裕型农民，而贫困型农民受经济条件的限制，只能选择继续住在原先的村庄。这就造成了"上楼农民"与"居村农民"在地域上的区隔，出现了类似于城市那样富人区与贫民区的划分。久而久之，会形成社会学家埃利亚斯（Norbert Elias）所谓的"内局群体"与"外局群体"，并使群体之间的边界越来越清晰，从而使群体之间的流动异常困难。可以说，这对于我国当前在农村构建社会主义和谐社会是极为不利的。

　　从整个被调查农民群体年收入中农业收入所占比例（见表 3-4）来看，49.6％的农民表示差不多一半，42.0％的农民表示比例很低，只有 8.4％的农民表示比例很高。这说明从这个指标来说农民群体在整体上对农业的依赖度是很低的。年收入中农业收入所占比例的高低能够很好地反映出其市民化水平，因为对于市民来说，其所有收入均为非农收入。虽然"上楼农民"表示年收入中农业收入所占比例（45.3％）要高于"居村农民"的这一比例（39.8％），这说明"上楼农民"更加接近于市民，其市民化水平更高一些，但是卡方检验并不显著（$\chi^2 = 3.066, \text{Sig.} = 0.216$）。

表 3-4 被调查农民年收入中农业收入所占比例

年收入中农业收入所占比例	人数/人	比例/％
比例很高	85	8.4
差不多一半	502	49.6

续表

年收入中农业收入所占比例	人数/人	比例/%
比例很低	425	42.0
合计	1012	100.0

对于农民来说,农业收成的好坏往往与自然环境有很大的关系,这就使得风调雨顺的时候农业能获得丰收,而出现自然灾害的年份就容易造成农业减产,从而导致农民收入的降低,对于以农业为生的农民来说,其收入往往具有不稳定性。因此,收入的稳定性也是衡量市民化水平的一个重要指标。

从整个被调查农民群体的收入稳定性(见表 3-5)来看,50.9%的农民表示收入稳定,虽然表示收入稳定的比例已经超过了一半,但是仍然有高达 49.1%的农民表示收入不稳定,这说明从这个指标来说农民群体在整体上市民化水平还不高。笔者通过交互分析发现:"上楼农民"与"居村农民"的收入稳定情况存在显著差异($\chi^2=15.242$, Sig. $=0.000$)。"上楼农民"收入稳定的比例为 58.4%,而"居村农民"的这一比例为 45.9%。可见,"上楼农民"的收入比"居村农民"更加稳定。

表 3-5 "居村农民"和"上楼农民"收入的稳定性

	收入稳定性			
	不稳定		稳定	
	人数/人	比例/%	人数/人	比例/%
"居村农民"(608 人)	329	54.1	279	45.9
"上楼农民"(404 人)	168	41.6	236	58.4
卡方检验	$\chi^2=15.242$, Sig. $=0.000$			

2. 生活水平

从整个被调查农民群体的收支情况来看,多数农民属于收支平衡,这一比例达到了 64.1%,同时有 23.7%的农民属于支大于收,只有 12.2%的农民属于收大于支。可见,对于大多数农民来说,赚的钱基本上只够用的,能够结余的钱并不多。通过进一步的分析,笔者还发现:"上楼农民"与"居村农民"的收支情况不存在显著差异($\chi^2=2.983$, Sig. $=0.225$)。多数农民(89.1%)的收入可以保障最基本的生活,"上楼农民"收入可以保障最基本生活的比例(91.3%)要高于"居村农民"的这一比例(87.7%),但是卡方检验的显著性水平很低($\chi^2=3.378$, Sig. $=0.066$),所以"上楼农民"与"居村农民"在收入能否保障最基本的生活上存在的差异并不明显。

表3-6　"居村农民"和"上楼农民"收入保障最基本生活情况

	收入保障最基本生活情况			
	不可以		可以	
	人数/人	比例/%	人数/人	比例/%
"居村农民"(608 人)	75	12.3	533	87.7
"上楼农民"(404 人)	35	8.7	369	91.3
卡方检验	$\chi^2=3.378$, Sig. $=0.066$			

改革开放以来,农村的生活水平有了极大的提高,那么当前农民的生活水平处于什么水准呢? 笔者的问卷对这一问题进行了分析。从整个被调查农民群体的生活消费水平(见表3-7)来看,大多数农民(80.1%)的生活消费水平一般,而生活消费水平比较高的比例只有4.1%。可见,从整体上来说,当前农民的生活消费水平并不高,这当然与农村的整体经济发展水平不高有很大的关系。通过进一步的分析,笔者还发现:"上楼农民"与"居村农民"的生活消费水平不存在显著差异($\chi^2=2.442$, Sig. $=0.295$)。

表3-7　被调查农民的生活消费水平

生活消费水平	人数/人	比例/%
较低	160	15.8
一般	811	80.1
较高	41	4.1
合计	1012	100.0

改革开放以来,随着农民生活水平的日益提高,各种生活设施也开始不断进入农民家庭。从整个被调查农民群体的生活设施的拥有情况来看,97.3%的农民拥有彩电,75.8%的农民拥有电冰箱,94.8%的农民拥有洗衣机,39.0%的农民拥有空调,64.6%的农民拥有电话,95.3%的农民拥有手机,40.7%的农民拥有电脑,12.6%的农民拥有轿车。可见,从生活设施的拥有情况来看,被调查农民群体的市民化水平还是比较高的,这也反映出农民的生活水平有了很大程度的提升。通过进一步的研究,笔者发现了以下四个特点。第一,"上楼农民"与"居村农民"在电冰箱的拥有上存在显著差异($\chi^2=17.361$, Sig. $=0.000$)。"上楼农民"拥有电冰箱的比例为82.7%,而"居村农民"的这一比例为71.2%。可见,"上楼农民"拥有电冰箱的比例要高于"居村农民"。第二,"上楼农民"与"居村农民"在空调的拥有上存在显著差异($\chi^2=103.483$, Sig. $=0.000$)。"上楼农民"拥有空调的比例为58.2%,而"居村农民"的这一比例为26.3%。可见,"上楼农民"拥有空调的比例要远远高于"居村农民"。第三,"上楼农民"与"居村农民"在电脑的拥有上存在显著差异

（χ^2＝30.868，Sig.＝0.000）。"上楼农民"拥有电脑的比例为51.2%，而"居村农民"的这一比例为33.7%。可见，"上楼农民"拥有电脑的比例明显高于"居村农民"。第四，"上楼农民"与"居村农民"在轿车的拥有上存在显著差异（χ^2＝4.431，Sig.＝0.035）。"上楼农民"拥有轿车的比例为15.3%，而"居村农民"的这一比例为10.9%。可见，"上楼农民"拥有轿车的比例要高于"居村农民"，但是其显著性水平并不是很高，只是在0.05水平上显著。

3. 居住条件

可以说，改革开放以来，农民居住条件的改善是有目共睹的。从整个被调查农民群体的居住条件（见表3-8）来看，77.9%的农民认为居住条件一般，认为居住条件比较好的只占被调查农民群体的11.4%。通过进一步的分析，笔者发现："上楼农民"与"居村农民"的居住条件存在显著差异（χ^2＝44.386，Sig.＝0.000）。"上楼农民"居住条件比较差的比例为6.2%，而"居村农民"的这一比例为13.8%；"上楼农民"居住条件比较好的比例为18.6%，而"居村农民"的这一比例为6.6%。可见，"上楼农民"的居住条件要好于"居村农民"。

表3-8 "居村农民"和"上楼农民"的居住条件状况

	居住条件状况					
	比较差		一般		比较好	
	人数/人	比例/%	人数/人	比例/%	人数/人	比例/%
"居村农民"（608人）	84	13.8	484	79.6	40	6.6
"上楼农民"（404人）	25	6.2	304	75.2	75	18.6
卡方检验	χ^2＝44.386，Sig.＝0.000					

那么农民对居住条件的满意程度如何呢？从整个被调查农民群体对居住条件的满意程度（见表3-9）来看，56.5%的农民对居住条件的满意度一般，28.4%的农民对居住条件表示满意，15.1%的农民对居住条件表示不满意。通过进一步的分析，笔者发现："上楼农民"与"居村农民"对居住条件的满意程度存在显著差异（χ^2＝51.242，Sig.＝0.000）。"上楼农民"对居住条件不满意的比例为8.7%，而"居村农民"的这一比例为19.4%；"上楼农民"对居住条件满意的比例为39.6%，而"居村农民"的这一比例为20.9%。可见，"上楼农民"对居住条件的满意度要高于"居村农民"。

表 3-9　"居村农民"和"上楼农民"对居住条件的满意度

| | 居住条件满意度 | | | | | |
| | 不满意 | | 一般 | | 满意 | |
	人数/人	比例/%	人数/人	比例/%	人数/人	比例/%
"居村农民"(608 人)	118	19.4	363	59.7	127	20.9
"上楼农民"(404 人)	35	8.7	209	51.7	160	39.6
卡方检验	$\chi^2 = 51.242, Sig. = 0.000$					

对于孩子在家里是否有单独的房间这个问题(见表 3-10),79.9% 的调查对象表示有,这说明大部分农民和孩子之间在居住上还是保持着一定的空间独立性的。通过进一步的分析,笔者发现:"上楼农民"与"居村农民"在这一点上存在显著差异($\chi^2 = 28.047, Sig. = 0.000$)。"上楼农民"的孩子在家里有单独房间的比例为 88.1%,而"居村农民"的这一比例为 74.5%。可见,"上楼农民"的孩子有单独房间的比例要高于"居村农民"的孩子。

表 3-10　"居村农民"和"上楼农民"的孩子在家里单独房间的拥有情况

| | 孩子在家里单独房间的拥有情况 | | | |
| | 没有 | | 有 | |
	人数/人	比例/%	人数/人	比例/%
"居村农民"(608 人)	155	25.5	453	74.5
"上楼农民"(404 人)	48	11.9	356	88.1
卡方检验	$\chi^2 = 28.047, Sig. = 0.000$			

对于孩子在家里是否有固定的学习场所这个问题(见表 3-11),79.4% 的调查对象表示有,这说明大部分农民孩子在家里是有固定学习场所的。通过进一步的分析,笔者发现:"上楼农民"与"居村农民"在这一点上也是存在显著差异的($\chi^2 = 27.536, Sig. = 0.000$)。"上楼农民"的孩子在家里有固定学习场所的比例为 87.6%,而"居村农民"的这一比例为 74.0%。可见,"上楼农民"的孩子有固定学习场所的比例要高于"居村农民"的孩子。

表 3-11　"居村农民"和"上楼农民"的孩子在家里固定学习场所的拥有情况

| | 孩子在家里固定学习场所的拥有情况 | | | |
| | 没有 | | 有 | |
	人数/人	比例/%	人数/人	比例/%
"居村农民"(608 人)	158	26.0	450	74.0
"上楼农民"(404 人)	50	12.4	354	87.6
卡方检验	$\chi^2 = 27.536, Sig. = 0.000$			

4. 劳动权益

从整个被调查农民群体从事农业生产的情况(见表 3-12)来看,71.0%的农民还从事农业生产。通过进一步的交互分析,笔者发现:"上楼农民"与"居村农民"在这一点上存在显著差异($\chi^2=82.120$,Sig.$=0.000$)。"上楼农民"还从事农业生产的比例仅为55.2%,而"居村农民"的这一比例高达81.6%。可见,对于很多"上楼农民"来说,他们已经脱离了农业生产,已经不再是传统意义上的农民了。

表 3-12 "居村农民"和"上楼农民"从事农业生产情况

	从事农业生产情况			
	不从事		从事	
	人数/人	比例/%	人数/人	比例/%
"居村农民"(608 人)	112	18.4	496	81.6
"上楼农民"(404 人)	181	44.8	223	55.2
卡方检验	$\chi^2=82.120$,Sig.$=0.000$			

从整个被调查农民群体土地流转情况(见表 3-13)来看,71.3%的农民表示土地没有流转,16.1%的农民表示土地部分流转,12.5%的农民表示土地已经全部流转。通过进一步的交互分析,笔者发现:"上楼农民"与"居村农民"在土地流转情况上存在显著差异($\chi^2=45.975$,Sig.$=0.000$)。"上楼农民"土地没有流转的比例为59.9%,而"居村农民"的这一比例为78.9%;"上楼农民"土地全部流转的比例为19.3%,而"居村农民"的这一比例为8.1%。从这一指标来说,"上楼农民"的市民化水平更高一些。

表 3-13 "居村农民"和"上楼农民"土地流转情况

	土地流转情况					
	没有流转		部分流转		全部流转	
	人数/人	比例/%	人数/人	比例/%	人数/人	比例/%
"居村农民"(608 人)	480	78.9	79	13.0	49	8.1
"上楼农民"(404 人)	242	59.9	84	20.8	78	19.3
卡方检验	$\chi^2=45.975$,Sig.$=0.000$					

从整个被调查农民群体缴纳保险的情况(见表 3-14)来看,77.6%的农民表示有缴纳保险。通过进一步的交互分析,笔者发现:虽然"上楼农民"缴纳保险的比例(80.0%)高于"居村农民"缴纳保险的比例(76.0%),这说明"上楼农民"更加接近于市民,其市民化水平更高一些,但是卡方检验并不显著($\chi^2=2.192$,Sig.$=0.139$)。

表 3-14　被调查农民缴纳保险情况

缴纳保险情况	人数/人	比例/%
没有缴纳	227	22.4
有缴纳	785	77.6
合计	1012	100.0

从整个被调查农民群体签订劳动合同的情况（见表 3-15）来看，73.0%的农民表示没有签过劳动合同。通过进一步的交互分析，笔者发现："上楼农民"与"居村农民"在有无签订劳动合同上存在显著差异（$\chi^2 = 10.137$，Sig. $= 0.001$）。"上楼农民"签过劳动合同的比例为 32.4%，而"居村农民"的这一比例为 23.4%。可见，"上楼农民"签过劳动合同的比例要高于"居村农民"，这说明"上楼农民"的劳动权益更有保障。

表 3-15　"居村农民"和"上楼农民"签订劳动合同情况

	签订劳动合同情况			
	没有签过		签过	
	人数/人	比例/%	人数/人	比例/%
"居村农民"（608 人）	466	76.6	142	23.4
"上楼农民"（404 人）	273	67.6	131	32.4
卡方检验	$\chi^2 = 10.137$，Sig. $= 0.001$			

5. 债权债务

对于调查对象的债务情况这个问题（见表 3-16），65.7%的调查对象表示没有债务，18.0%的调查对象表示债务很少，12.7%的调查对象表示债务一般，还有 3.6%的调查对象表示债务很多。通过进一步的交互分析，笔者发现："居村农民"有债务的比例（36.8%）要高于"上楼农民"有债务的比例（30.4%），但是"上楼农民"与"居村农民"在债务情况上差异的显著性水平并不高（$\chi^2 = 4.408$，Sig. $= 0.036$）。

表 3-16　"居村农民"和"上楼农民"债务拥有情况

	债务拥有情况			
	没有		有	
	人数/人	比例/%	人数/人	比例/%
"居村农民"（608 人）	384	63.2	224	36.8
"上楼农民"（404 人）	281	69.6	123	30.4
卡方检验	$\chi^2 = 4.408$，Sig. $= 0.036$			

对于调查对象的债权情况这个问题（见表 3-17），53.4%的调查对象表示别人

没有欠自己债务,25.1%的调查对象表示债权很少,17.8%的调查对象表示债权一般,还有3.8%的调查对象表示债权很多。通过进一步的交互分析,笔者发现:"上楼农民"与"居村农民"在这一点上存在显著差异($\chi^2=6.908$,Sig. $=0.009$)。"上楼农民"有债权的比例为41.6%,而"居村农民"的这一比例为50.0%。可见,"居村农民"有债权的比例要高于"上楼农民"。

表3-17 "居村农民"和"上楼农民"债权拥有情况

	债权拥有情况			
	没有		有	
	人数/人	比例/%	人数/人	比例/%
"居村农民"(608人)	304	50.0	304	50.0
"上楼农民"(404人)	236	58.4	168	41.6
卡方检验	$\chi^2=6.908$,Sig. $=0.009$			

通过对调查对象债权债务的分析,笔者发现一个很有意思的现象:"居村农民"有债权和债务的比例都要高于"上楼农民",这是一个值得探讨的问题。对于一个农民家庭来说,一般的情况应该是:如果农民家庭债务多的话其债权就会少,反之,如果农民家庭债权多的话其债务就会少。笔者认为出现"居村农民"有债权和债务的比例都要高于"上楼农民"的现象是因为:与"上楼农民"比较而言,一方面,"居村农民"在改善居住条件和生活条件上的花费要少一些,使得他们能够有更多的积蓄,从而拥有较多的债权;另一方面,"居村农民"的经济资本要弱一些,很多"居村农民"不能达到收支平衡,这就使得他们有了不少债务。

二、社会资本层面

(一)基于访谈资料的分析

农民市民化水平在社会资本层面有着众多的表现,主要体现在以下几个方面。

第一,农民的邻里社会资本发生了明显变化,原先村庄的关系格局被打破了。对于农民家庭来说,邻里是一种非常重要的初级社会群体。亲密的邻里关系是传统农村社会的重要表现形式,在传统农村社会,邻里与家庭一直处于一种相互依存的关系。"农民上楼"打破了传统农村社会固有的邻里关系,邻里之间的依存关系被打破,"农民上楼"之后的农村邻里关系慢慢朝着现代社会"陌生化""隔离化"的邻里关系转变。

到社区后就要重新搭邻居了。这个怎么说呢?要是都是一个村的,搭邻居倒也无所谓,虽然原先不是隔壁,但也都熟悉。但社区里住着好多村里的人,很多人都不认识,就不能像以前一样拉家常了。搬到社区后就不那么方便了,大家都不熟悉。

——G村居民S

村民之间的交往少了。原先在老村的时候附近住的都是一个生产队的,村里的红白事也是由各个生产队自己负责的,那时村民之间交往比较多。但现在哪怕对门住的也不一定是一个生产队的,虽然大家住进社区了,但现在村里的红白事也还是各个生产队自己负责,所以即使是住对门相互之间交往也比较少。现在还处于过渡期,等以后将来都住楼以后,估计会以楼为单位来负责红白事,城里都是以楼为单位的。

——S村居民A

我在社区住了这么长时间发现有这么一个现象:村民之间有点跟拉帮结派一样,这几家关系好就好,不好的互相都不说话,以前在S村住的时候不是这样的。我觉得出现这种现象的原因在于:住楼以后相互之间的距离比以前近了,好像大家都想拉一帮人为自己助威。现在住在S村的还有一百多户,这些人平时连见也见不着,基本上没有联系,我们住进社区后也不会上S村里去。与在老村的时候相比,社区里居民之间的串门也少了,在一个楼里住的原先在村里的时候也不一定熟,也就属于见了面说两句的情况。

——S社区居民Y

第二,农民的婚姻资本明显改善。对于很多现代社会的女性来说,"有房有车"是择偶的重要条件,而且随着经济社会的日益发展,现在很多女性更是提出了"有好房有好车"的条件。对于农村社会来说也是一样,女性择偶条件的"物质化"倾向也越来越明显。"农民上楼"明显改善了农民的外在物质条件,这对于提升农民的婚姻资本是很有帮助的。

我们村里以前那些因为个人情况比较差找不上媳妇的,买楼了之后都找上媳妇了,而且都还找得不错。村里原先有个青年,没买楼之前去女方家相亲,人家女孩不愿意,后来那个青年在社区买楼后,女方主动托媒人来说愿意了,女方就是因为男的在社区里有个房才愿意的。

——S社区居民Y

第三,"农民上楼"减少了村民之间的矛盾。"农民上楼"之前,村民之间经常会因为一些小事而起摩擦。"农民上楼"之后,一方面,由于村民自身素质的提升、村庄基础设施条件的改善,村民之间的矛盾也越来越少了;另一方面,村民之间的接触比往常更少了,这也减少了村民之间产生矛盾的可能性。

原先在旧村里,由于道路不好,排水不通畅,阴天下雨的时候,整天要去处理老百姓之间的矛盾。现在就不用处理这些事情了,老百姓住在一楼、二楼、三楼,都是地下排水了,这样就不会因为排水出现矛盾了。

——S村书记Z

第四,"农民上楼"使得农民家庭的居住格局发生变化。"农民上楼"之前,村民居住的房子还是比较宽敞、富足的,但是"农民上楼"以后居住格局出现了变化,这种变化体现在两个方面：一方面，以前住的是平房，而现在住的是楼房，这带来了一些问题；另一方面，房屋的分配也带来一定的问题。这两方面表现出来的问题在下面的访谈资料中有很好的反映。

像我这样上了岁数的倒不盼着住楼，因为上下楼不方便，你看现在住着平房出入多方便啊，所以有些年纪大的搬进社区后他就住在地下室，这样他就不需要上下楼了。

——S 村居民 A

住着也不方便，如果把老房子都拆了，一家三代人都住在三室一厅的房子里很不方便。现在村里一般的家里都有六七间房子，住到社区后三间房子不太够用。像我家人少还好一点，但农村家庭人一般都比较多。

——G 村居民 S

（二）基于调查数据的分析

1. 职业与地位

从整个被调查农民群体的户口类型（见表 3-18）来看，8.2% 的调查对象已经有了非农业户口，从户籍制度上来看他们已经不再是农民了。通过进一步的交互分析，笔者发现："上楼农民"与"居村农民"在户口类型上存在显著差异（$\chi^2 = 13.775$，Sig. $= 0.000$）。"上楼农民"获得非农业户口的比例为 12.1%，而"居村农民"的这一比例为 5.6%。可见，"上楼农民"有非农业户口的比例要高于"居村农民"，从这一点来说，"上楼农民"的市民化水平更高一些。

表 3-18　"居村农民"和"上楼农民"的户口类型

	户口类型			
	农业户口		非农业户口	
	人数/人	比例/%	人数/人	比例/%
"居村农民"（608 人）	574	94.4	34	5.6
"上楼农民"（404 人）	355	87.9	49	12.1
卡方检验	$\chi^2 = 13.775$，Sig. $= 0.000$			

从整个被调查农民群体的社会地位（见表 3-19）来看，63.8% 的调查对象认为自己的社会地位处于中层，34.2% 的调查对象认为自己的社会地位处于下层，只有 2.0% 的调查对象认为自己的社会地位处于上层。通过进一步的交互分析，笔者发现："上楼农民"与"居村农民"在社会地位上存在显著差异（$\chi^2 = 8.662$，Sig. $= 0.013$）。"上楼农民"认为自己的社会地位处于下层的比例为 30.4%，而"居村农民"的这一比例为 36.7%；"上楼农民"认为自己的社会地位处于中层的比例为 66.3%，而"居村农民"的这一比例为 62.2%；"上楼农民"认为自己的社会地位处于上层的比例为 3.2%，而"居村农民"的这一比例为 1.2%。可见，从整体上来看，"上楼农民"对自

身社会地位的评价要高于"居村农民",当然其显著性水平并不高,只是在 0.05 水平上显著。

表 3-19　"居村农民"和"上楼农民"对自身社会地位的评价

	对自身社会地位的评价					
	下层		中层		上层	
	人数/人	比例/%	人数/人	比例/%	人数/人	比例/%
"居村农民"(608 人)	223	36.7	378	62.2	7	1.2
"上楼农民"(404 人)	123	30.4	268	66.3	13	3.2
卡方检验	$\chi^2 = 8.662, \text{Sig.} = 0.013$					

根据笔者的调查结果,有 35.9% 的调查对象没有打工,60.1% 的调查对象在本地打工,4.1% 的调查对象在外地打工,如表 3-20 所示。可以看出:调查地的农民以在本地打工居多,很多农民实现了"既不离土又不离乡""早出晚归"的打工模式。对于调查地的农民来说,他们完全没有必要外出打工,因为一方面在本地打工的就业机会很多,另一方面在本地打工的收入并不比外出打工的低,而且本地打工成本要低于外出打工的成本。通过进一步的交互分析,笔者发现:"上楼农民"与"居村农民"在是否外出打工上不存在显著差异($\chi^2 = 1.026, \text{Sig.} = 0.599$)。

表 3-20　被调查农民外出打工情况

外出打工情况	人数/人	比例/%
没有打工	363	35.9
在本地打工	608	60.1
在外地打工	41	4.1
合计	1012	100.0

从整个被调查农民群体的职业地位(见表 3-21)来看,53.9% 的调查对象认为自己的职业属于中层,44.6% 的调查对象认为自己的职业属于下层,只有 1.6% 的调查对象认为自己的职业属于上层。通过进一步的交互分析,笔者发现:"上楼农民"与"居村农民"在职业地位上存在显著差异($\chi^2 = 16.896, \text{Sig.} = 0.000$)。"上楼农民"认为自己的职业属于下层的比例为 38.4%,而"居村农民"的这一比例为 48.7%;"上楼农民"认为自己的职业属于中层的比例为 58.7%,而"居村农民"的这一比例为50.7%;"上楼农民"认为自己的职业属于上层的比例为 3.0%,而"居村农民"的这一比例为0.7%。可见,从整体上来看,"上楼农民"对自身职业地位的评价要高于"居村农民"。

表 3-21　"居村农民"和"上楼农民"对自身职业地位的评价

	对自身社会地位的评价					
	下层		中层		上层	
	人数/人	比例/%	人数/人	比例/%	人数/人	比例/%
"居村农民"(608 人)	296	48.7	308	50.7	4	0.7
"上楼农民"(404 人)	155	38.4	237	58.7	12	3.0
卡方检验	$\chi^2=16.896, Sig.=0.000$					

根据笔者的调查结果,有 64.5% 的调查对象表示每天工作时间超过 8 小时。通过进一步的交互分析,笔者发现:"上楼农民"与"居村农民"在工作时间上存在显著差异($\chi^2=11.873$,Sig.$=0.001$)。"上楼农民"每天工作时间不超过 8 小时的比例为 41.8%,而"居村农民"的这一比例为 31.3%(见表 3-22)。可见,"上楼农民"每天工作时间不超过 8 小时的比例要高于"居村农民"。

表 3-22　"居村农民"和"上楼农民"每天工作时长情况

	每天工作时长情况			
	不超过 8 小时		超过 8 小时	
	人数/人	比例/%	人数/人	比例/%
"居村农民"(608 人)	190	31.3	418	68.7
"上楼农民"(404 人)	169	41.8	235	58.2
卡方检验	$\chi^2=11.873, Sig.=0.001$			

从整个被调查农民群体的休假情况(见表 3-23)来看,40.9% 的调查对象表示遇到法定节假日不一定能正常休假,38.4% 的调查对象表示遇到法定节假日不能正常休假,只有 20.7% 的调查对象表示遇到法定节假日能正常休假。通过进一步的交互分析,笔者发现:"上楼农民"与"居村农民"在休假情况上存在显著差异($\chi^2=16.877$,Sig.$=0.000$)。"上楼农民"遇到法定节假日不能正常休假的比例为 31.7%,而"居村农民"的这一比例为 42.9%;"上楼农民"遇到法定节假日能正常休假的比例为 25.7%,而"居村农民"的这一比例为 17.3%。由此可见,"上楼农民"正常休假的情况要好于"居村农民",从这一点来说,"上楼农民"的市民化水平要高于"居村农民"。

表3-23　"居村农民"和"上楼农民"法定节假日休假情况

	法定节假日休假情况					
	不能休假		不一定能休假		能休假	
	人数/人	比例/%	人数/人	比例/%	人数/人	比例/%
"居村农民"（608人）	261	42.9	242	39.8	105	17.3
"上楼农民"（404人）	128	31.7	172	42.6	104	25.7
卡方检验	$\chi^2=16.877$，Sig.＝0.000					

2. 社会交往

通过对问卷调查数据的分析,有76.6％的调查对象表示与左邻右舍经常交往,22.5％的调查对象表示与左邻右舍偶尔交往,0.9％的调查对象表示与左邻右舍没有交往,如表3-24所示。可见,调查对象与左邻右舍之间的交往还是比较频繁的。虽然"居村农民"与左邻右舍经常交往的比例（78.5％）要高于"上楼农民"的这一比例（73.8％）,这反映出了"上楼农民"与城市居民的相似性,但是卡方检验并不显著（$\chi^2=2.979$，Sig.＝0.225）。

表3-24　被调查农民与邻居交往情况

与邻居交往情况	人数/人	比例/%
没有交往	9	0.9
偶尔交往	228	22.5
经常交往	775	76.6
合计	1012	100.0

有76.9％的调查对象表示与亲戚朋友经常交往,22.5％的调查对象表示与亲戚朋友偶尔交往,0.6％的调查对象表示与亲戚朋友没有交往,如表3-25所示。这同样反映出调查对象与亲戚朋友之间的交往是比较频繁的。通过进一步的分析笔者发现:"上楼农民"与"居村农民"在这一点上并不存在显著差异（$\chi^2=0.128$，Sig.＝0.938）,而是表现出了较多的一致性。

表3-25　被调查农民与亲戚朋友交往情况

与亲戚朋友交往情况	人数/人	比例/%
没有交往	6	0.6
偶尔交往	228	22.5
经常交往	778	76.9
合计	1012	100.0

有 59.0% 的调查对象表示与城市人偶尔交往,21.5% 的调查对象表示与城市人没有交往,19.5% 的调查对象表示与城市人经常交往,如表 3-26 所示。可见,调查对象与城市人的交往并不多,大多数只是偶尔交往。虽然"上楼农民"与城市人有交往的比例(80.7%)要高于"居村农民"的这一比例(77.0%),但是卡方检验并不显著($\chi^2 = 2.009$,Sig. $= 0.366$)。

表 3-26　被调查农民与城市人交往情况

与城市人交往情况	人数/人	比例/%
没有交往	218	21.5
偶尔交往	597	59.0
经常交往	197	19.5
合计	1012	100.0

根据笔者的调查结果,43.9% 的调查对象表示交往人数最多的是邻居,31.1% 的调查对象表示交往人数最多的是工作同事,25.0% 的调查对象表示交往人数最多的是亲戚,如表 3-27 所示。亲戚代表的是亲缘关系,邻居代表的是地缘关系,工作同事代表的是业缘关系。可见,调查对象交往最多的是地缘关系,其次是业缘关系,最后才是亲缘关系。通过进一步的分析笔者发现:"上楼农民"与"居村农民"在这一点上并不存在显著差异($\chi^2 = 0.827$,Sig. $= 0.661$)。

表 3-27　被调查农民交往人数最多的群体

交往人数最多的群体	人数/人	比例/%
亲戚	253	25.0
邻居	444	43.9
工作同事	315	31.1
合计	1012	100.0

如果调查对象遇到困难首先会向谁求助呢? 51.9% 的调查对象选择亲戚,23.1% 的调查对象选择邻居,17.0% 的调查对象选择朋友,4.4% 的调查对象选择工作同事,3.6% 的调查对象选择村干部,如表 3-28 所示。在分析过程中,笔者发现了一个很有意思的现象:调查对象选择"交往人数最多的是亲戚"的比例是最低的,但是选择"遇到困难时首先向亲戚求助"的比例又是最高的。这恰恰反映出了血缘关系的特殊性:这种特殊性不是体现在平时的社会交往当中,而是体现在人们需要帮助的时刻。

表 3-28　被调查农民遇到困难首先求助的对象

遇到困难首先求助的对象	人数/人	比例/%
亲戚	525	51.9
朋友	172	17.0
邻居	234	23.1
村干部	36	3.6
工作同事	45	4.4
合计	1012	100.0

3. 政治参与

"在我们的政治意识和行为上有两种不同的观念。简单来说,一种观念强调的想法是:为了提升'公共产品',应该在日常生活中共享,在互惠的基础上行动。另外一种观念把参与看作交换的行动,是实现获得权力从而增加实现私人利益的可能性的手段。"[1]在现实生活中,私人利益的获得更多地需要通过参与来实现。对于在过去一年中参加社区或村里的选举活动情况这个问题,61.1%的调查对象表示参加过。通过进一步的交互分析,笔者发现:"上楼农民"与"居村农民"在这一点上存在显著差异($\chi^2 = 14.865$, Sig. $= 0.000$)。"上楼农民"参加过的比例为68.3%,而"居村农民"的这一比例为56.3%,如表 3-29 所示。由此可见,"上楼农民"参加社区或村里的选举活动的情况要好于"居村农民",其政治参与积极性更高,从这一点来说,"上楼农民"的市民化水平要高于"居村农民"。那么如何来解释这一现象呢? Arthur H. Miller 等人指出:"不同群体之间不同的政治参与一般都用可利用的资源理论来解释。更多的资源,被假定为会促使人们参与更多的政治活动。"[2]从这个视角来说,"上楼农民"可以利用的资源要多于"居村农民",由此造成了两者在政治参与程度上的差异。David L. Leal 对在美国的非美国公民的拉丁人的政治参与程度进行了相关研究,得出结论:"那些更懂政治、计划加入美国籍、有更强的民族一致性、更熟悉英语、比较年轻的移民更有可能参与政治。在对非美国公民人口的政治参与的预测上,传统的社会经济地位测量和在美国居住时间长短并没有显著影响。"[3]这也说明,传统的从资源拥有情况来解释政治参与的方法并不一定是有效的。

---

① Scaff L A. Two concepts of political participation[J]. The Western Political Quarterly,1975,28(3):447-462.

② Miller A H,Malanchuk O. Group consciousness and political participation[J]. American Journal of Political Science,1981,25(3):494-511.

③ Leal D L. Political participation by latino non-citizens in the United States[J]. British Journal of Political Science,2002,32(2):353-370.

表 3-29　"居村农民"和"上楼农民"过去一年中参加社区或村里的选举活动情况

	过去一年中参加社区或村里的选举活动情况			
	没有参加过		参加过	
	人数/人	比例/%	人数/人	比例/%
"居村农民"(608 人)	266	43.8	342	56.3
"上楼农民"(404 人)	128	31.7	276	68.3
卡方检验	$\chi^2 = 14.865, Sig. = 0.000$			

从整个被调查农民群体参加社区或村里选举活动的意愿(见表 3-30)来看，73.6%的调查对象表示愿意参加。通过进一步的交互分析，笔者发现："上楼农民"与"居村农民"在参加社区或村里选举活动的意愿上存在显著差异($\chi^2 = 3.917$, Sig. =0.048)。"上楼农民"愿意参加的比例为 77.0%，而"居村农民"的这一比例为 71.4%。可见，"上楼农民"愿意参加的比例要高于"居村农民"，说明"上楼农民"的政治参与意愿更强，从这一指标来说，"上楼农民"的市民化水平比"居村农民"高一些。但是同时笔者也发现，这一显著性水平并不高，只是在 0.05 水平上显著。

表 3-30　"居村农民"和"上楼农民"参加社区或村里选举活动的意愿

	参加社区或村里选举活动的意愿			
	不愿意		愿意	
	人数/人	比例/%	人数/人	比例/%
"居村农民"(608 人)	174	28.6	434	71.4
"上楼农民"(404 人)	93	23.0	311	77.0
卡方检验	$\chi^2 = 3.917, Sig. = 0.048$			

对于"有必要成立维护农民利益的组织吗"这个问题，92.6%的调查对象表示有必要，如表 3-31 所示。可见，大部分农民还是希望能够有专门的组织来维护他们的利益的，这也说明很多农民认为自己的利益没有得到很好的维护，从而需要通过组织来维护自己的正当利益。通过进一步的交互分析，笔者发现："上楼农民"与"居村农民"在这一点上不存在显著差异($\chi^2 = 0.519$, Sig. =0.471)。

表 3-31　被调查农民对成立维护农民利益组织必要性的认识

对成立维护农民利益组织必要性的认识	人数/人	比例/%
没有必要	75	7.4
有必要	937	92.6
合计	1012	100.0

4. 家庭关系

从整个被调查农民群体孩子数量(见表 3-32)来看,59.8%的调查对象表示家里有 2 个孩子,37.5%的调查对象表示家里有 1 个孩子,还有 2.7%的调查对象表示家里的孩子有 3 个及以上。通过进一步的交互分析,笔者发现:"上楼农民"与"居村农民"在这一点上不存在显著差异($\chi^2=2.091$,Sig. $=0.352$)。

表 3-32　被调查农民孩子的数量

孩子的数量	人数/人	比例/%
1 个	379	37.5
2 个	605	59.8
3 个及以上	28	2.7
合计	1012	100.0

对于"孩子主要由谁照顾"这个问题,89.2%的调查对象表示孩子主要由父母照顾,7.6%的调查对象表示孩子主要由祖辈老人照顾,还有 3.2%的调查对象表示孩子主要由除父母和祖辈老人之外的其他人照顾,如表 3-33 所示。通过进一步的交互分析,笔者发现:"上楼农民"与"居村农民"在这一点上不存在显著差异($\chi^2=0.688$,Sig. $=0.709$)。

表 3-33　被调查农民孩子主要由谁照顾

孩子主要由谁照顾	人数/人	比例/%
祖辈老人	77	7.6
父母	903	89.2
其他人	32	3.2
合计	1012	100.0

从整个被调查农民群体每天陪孩子的时间情况(见表 3-34)来看,58.4%的调查对象表示每天陪孩子的时间一般,21.3%的调查对象表示每天陪孩子的时间很多,20.3%的调查对象表示每天陪孩子的时间很少。通过进一步的交互分析,笔者发现:虽然"上楼农民"每天陪孩子时间很多的比例(25.0%)要高于"居村农民"的这一比例(18.9%),但是卡方检验的显著性水平并不高($\chi^2=5.468$,Sig. $=0.065$)。

表 3-34 "居村农民"和"上楼农民"每天陪孩子的时间情况

	每天陪孩子的时间情况					
	很少		一般		很多	
	人数/人	比例/%	人数/人	比例/%	人数/人	比例/%
"居村农民"(608人)	129	21.2	364	59.9	115	18.9
"上楼农民"(404人)	76	18.8	227	56.2	101	25.0
卡方检验	$\chi^2=5.468$, Sig. $=0.065$					

对于"您和您爱人之间的关系怎么样"这个问题,76.3%的调查对象表示比较好,21.9%的调查对象表示一般,还有1.8%的调查对象表示比较差,如表3-35所示。可见,从整体上来说,调查对象与爱人之间的关系还是比较好的。通过进一步的交互分析,笔者发现:"上楼农民"与"居村农民"在这一点上不存在显著差异($\chi^2=1.536$, Sig. $=0.464$)。

表 3-35 被调查农民与爱人之间的关系

与爱人之间的关系	人数/人	比例/%
比较差	18	1.8
一般	222	21.9
比较好	772	76.3
合计	1012	100.0

对于"您和孩子的关系怎么样"这个问题,82.0%的调查对象表示比较好,17.2%的调查对象表示一般,还有0.8%的调查对象表示比较差,如表3-36所示。可见,从整体上来说,调查对象与孩子之间的关系还是比较好的。虽然"居村农民"与孩子关系比较好的比例(83.6%)要高于"上楼农民"的这一比例(79.7%),但是卡方检验并不显著($\chi^2=3.842$, Sig. $=0.146$)。

表 3-36 被调查农民与孩子之间的关系

与孩子之间的关系	人数/人	比例/%
比较差	8	0.8
一般	174	17.2
比较好	830	82.0
合计	1012	100.0

三、文化资本层面

（一）基于访谈资料的分析

农民市民化水平在文化资本层面有着众多的表现，主要体现在以下几个方面。

第一，村民素质得到明显提升，但也还是存在一些不文明行为。可以说，环境对人的影响是很大的，什么样的环境培养什么样的人。"农民上楼"使得村民的素质有了明显提升，这种提升不仅体现在环境对农民的直接影响上，还体现在通过更加优良的学校教育、家庭教育和社区教育对下一代的影响上。随着时间的推移，村民的整体素质将得到更大的提升，在素质上越来越向市民靠近。同时，也依然存在一些不文明行为。

一住上楼之后，居住环境改善了，居民的素质也随之提升了，大家对自己的形象啊、卫生啊什么的都有了很大提升。以前在村里经常会因为争一些地方有骂街的现象，现在基本上没有了。你比如说社区里弄点花木什么的，孩子经常去破坏，把一些牌子、玻璃也砸了。绿化带里用来撑花的杆子没过多久就被村民偷走了，你看这是什么素质？现在孩子在社区里搞一些破坏，家长都不去管，这反映出家长的素质还是不行。要想达到人人都明白有责任爱护这个社区的素质还需要一段时间。

——S 社区居民 Y

从大的发展方向来说，农村社区建设是一个很好的趋势，可以改变农民的生产方式、生活方式和思想观念。物质水平提高了，精神生活丰富了，教育投入增加了，才能使人的素质一代比一代高。

——K 村书记 L

第二，村民的自我认同越来越向市民靠近。自我认同是在社会分类基础上通过主体性建构的结果，即在社会分类或话语框架中完成自我主体身份建构，实现自我的社会认同，更多的是回答"我是谁"的困惑，或者说"我从哪里来，我要到哪里去""我曾经是谁，我现在不是谁"。认同在社会学、社会心理学领域是一个重要的议题，把认同置放到现代性语境中来思考是现代社会学者比较感兴趣的事实。[①]"农民上楼"缩小了农村和城市之间的差别，从而使得农民对自我的认同越来越向市民靠近。

住进社区后，我觉得自己越来越像城里人了，觉得农村和城里没什么区别了。

——S 社区居民 Y

第三，村民的价值观念、精神文化生活越来越向市民靠近。村民原先住在农村时，信息来源比较闭塞，使得村民的观念较为落后。"农民上楼"之后，村民的价值

---

① 潘泽泉. 自我认同与底层社会建构：迈向经验解释的中国农民工[J]. 社会科学，2010(5)：74-79.

观念发生了很大的变化,越来越具有现代市民意识,村民的生活也越来越具备现代生活元素,像汽车这样的高档消费品也开始慢慢进入农民家庭。同时,与之前相比,村民的精神文化生活也得到了明显改善,越来越丰富多彩。

没有建社区以前,作为我们村来讲,有1500人,算是比较大的村,可是一辆私家车也没有。住上楼以后,买车的越来越多了。

——K村书记L

原先在村里的时候晚上没有路灯,黑乎乎的,大家就不愿意出来。现在晚上社区里灯火辉煌的,广场上也有健身器材,出来玩玩多好,这对提升村民的精神文化生活绝对是有好处的。

——S社区居民Y

(二)基于调查数据的分析

1. 文化技能

从整个被调查农民群体的受教育程度(见表3-37)来看,67.3%的调查对象受教育程度为初中,14.2%的调查对象受教育程度为高中,11.0%的调查对象受教育程度为小学及以下,只有7.5%的调查对象受教育程度为大专及以上。可见,从整体来说,调查对象的受教育程度整体上并不高,大多数只拥有初中学历。通过进一步的交互分析,笔者发现:"上楼农民"与"居村农民"在受教育程度上存在显著差异($\chi^2 = 20.782$, Sig. $= 0.000$)。"上楼农民"拥有高中学历的比例达到了17.1%,而"居村农民"的这一比例仅为12.3%;"上楼农民"拥有大专及以上学历的比例达到了10.9%,而"居村农民"的这一比例仅为5.3%。可见,从整体上来说,"上楼农民"的受教育程度明显要高于"居村农民",从这一点来说,"上楼农民"的市民化水平比"居村农民"更高一些。

表3-37 "居村农民"和"上楼农民"的受教育程度

	受教育程度							
	小学及以下		初中		高中		大专及以上	
	人数/人	比例/%	人数/人	比例/%	人数/人	比例/%	人数/人	比例/%
"居村农民"(608人)	79	13.0	422	69.4	75	12.3	32	5.3
"上楼农民"(404人)	32	7.9	259	64.1	69	17.1	44	10.9
卡方检验	$\chi^2 = 20.782$, Sig. $= 0.000$							

　　"工作技能并不是直接可以转让的,所以需要通过一般的或针对特定工作的培训和劳动力市场信息的获取来进一步加大对人力资本的投资。"[①]对于"您参加过劳动技能和职业培训吗"这个问题,61.2%的调查对象表示没有参加过。可见,以农民为对象的劳动技能和职业培训还是非常欠缺的。通过进一步的交互分析,笔者发现:"上楼农民"与"居村农民"在参加劳动技能和职业培训上存在显著差异($\chi^2=19.016$,Sig.$=0.000$)。"上楼农民"参加过劳动技能和职业培训的比例为47.0%,而"居村农民"的这一比例为33.4%,如表3-38所示。可见,"上楼农民"参加劳动技能和职业培训的情况明显要好于"居村农民",这也使得"上楼农民"拥有比"居村农民"更加雄厚的人力资本。

表3-38　"居村农民"和"上楼农民"参加劳动技能和职业培训情况

	参加劳动技能和职业培训情况			
	没有参加过		参加过	
	人数/人	比例/%	人数/人	比例/%
"居村农民"(608人)	405	66.6	203	33.4
"上楼农民"(404人)	214	53.0	190	47.0
卡方检验	$\chi^2=19.016$,Sig.$=0.000$			

　　2. 自我认同

　　对于"您认为自己现在是哪里人"这个问题,73.1%的调查对象还是认为自己是农村人,24.6%的调查对象认为自己是半个城市人,只有2.3%的调查对象认为自己是城市人,如表3-39所示。可见,从整体上说,农民群体自我认同为市民的比例很低。通过进一步的交互分析,笔者发现:"上楼农民"与"居村农民"在这一点上存在显著差异($\chi^2=53.760$,Sig.$=0.000$)。"上楼农民"认为自己是农村人的比例为60.6%,而"居村农民"的这一比例为81.4%;"上楼农民"认为自己是半个城市人的比例为35.6%,而"居村农民"的这一比例为17.3%;"上楼农民"认为自己是城市人的比例为3.7%,而"居村农民"的这一比例为1.3%。可见,与"居村农民"比较而言,"上楼农民"更加认同自己是城市人,这也说明"上楼农民"的市民化水平更高。

　　① Poot J. Adaptation of migrants in the New Zealand labor market[J]. International Migration Review,1993,27(1):121-139.

表 3-39　"居村农民"和"上楼农民"自我定位情况

	自我定位情况					
	农村人		半个城市人		城市人	
	人数/人	比例/%	人数/人	比例/%	人数/人	比例/%
"居村农民"(608 人)	495	81.4	105	17.3	8	1.3
"上楼农民"(404 人)	245	60.6	144	35.6	15	3.7
卡方检验	$\chi^2=53.760, Sig.=0.000$					

对于"您觉得您对当地的发展贡献大吗"这个问题,68.4%的调查对象表示贡献一般,25.0%的调查对象表示贡献很小,只有 6.6%的调查对象表示贡献很大,如表 3-40 所示。可见,从整体上说,农民群体就自身对社会贡献的自我评价不高。通过进一步的交互分析,笔者发现:"上楼农民"与"居村农民"在对贡献的自我评价上不存在显著差异($\chi^2=1.979, Sig.=0.372$)。

表 3-40　被调查农民对当地发展贡献的自我评价

对当地发展贡献的自我评价	人数/人	比例/%
很小	253	25.0
一般	692	68.4
很大	67	6.6
合计	1012	100.0

3. 态度偏好

对于"您喜欢城市人的工作方式吗"这个问题,60.0%的调查对象表示喜欢程度一般,20.3%的调查对象表示不喜欢,19.8%的调查对象表示喜欢。可见,从整体上来说,农民群体对城市人工作方式的喜欢程度并不高。虽然"居村农民"表示不喜欢城市人工作方式的比例(22.4%)要高于"上楼农民"的这一比例(17.1%),但是卡方检验的显著性水平很低($\chi^2=4.652, Sig.=0.098$),如表 3-41 所示。

表 3-41　"居村农民"和"上楼农民"对城市人工作方式的喜好度

	对城市人工作方式的喜好度					
	不喜欢		一般		喜欢	
	人数/人	比例/%	人数/人	比例/%	人数/人	比例/%
"居村农民"(608 人)	136	22.4	351	57.7	121	19.9
"上楼农民"(404 人)	69	17.1	256	63.4	79	19.6
卡方检验	$\chi^2=4.652, Sig.=0.098$					

对于"您喜欢城市人的生活方式吗"这个问题,60.5%的调查对象表示喜欢程度一般,20.2%的调查对象表示不喜欢,19.4%的调查对象表示喜欢。可见,从整体上来说,农民群体对城市人的生活方式的喜欢程度并不高。通过进一步的交互分析,笔者发现:"上楼农民"与"居村农民"在这一点上存在显著差异($\chi^2 = 12.559$, Sig. $= 0.002$)。"上楼农民"不喜欢城市人生活方式的比例为15.6%,而"居村农民"的这一比例为23.2%;"上楼农民"对城市人生活方式喜欢程度一般的比例为66.8%,而"居村农民"的这一比例为56.3%;"上楼农民"喜欢城市人生活方式的比例为17.6%,而"居村农民"的这一比例为20.6%,如表3-42所示,笔者通过分析发现了一个很有意思的现象:"居村农民"喜欢和不喜欢城市人生活方式的比例都要高于"上楼农民",可以看出"居村农民"在对城市人生活方式的喜好上的两极分化更为明显。这反映出了"居村农民"群体的矛盾心理:他们一方面因为与城市人生活方式的巨大差异而产生排斥心理,另一方面又因为向往城市人的生活方式而产生接纳心理。从而出现了这样的现象:比较而言,"居村农民"群体排斥城市人生活方式的比例较高,同时接纳城市人生活方式的比例也较高。

表3-42　"居村农民"和"上楼农民"对城市人生活方式的喜好度

	对城市人生活方式的喜好度					
	不喜欢		一般		喜欢	
	人数/人	比例/%	人数/人	比例/%	人数/人	比例/%
"居村农民"(608人)	141	23.2	342	56.3	125	20.6
"上楼农民"(404人)	63	15.6	270	66.8	71	17.6
卡方检验	$\chi^2 = 12.559$,Sig. $= 0.002$					

对于"您觉得城市人对您的态度友好吗"这个问题,65.5%的调查对象觉得友好程度一般,21.3%的调查对象觉得友好,同时有13.1%的调查对象觉得不友好。可见,从整体上来说,农民群体对城市人友好程度的评价并不高。通过进一步的交互分析,笔者发现:"上楼农民"与"居村农民"在这一点上存在显著差异($\chi^2 = 13.284$,Sig. $= 0.001$)。"上楼农民"觉得不友好的比例为9.4%,而"居村农民"的这一比例为15.6%;"上楼农民"觉得友好的比例为25.7%,而"居村农民"的这一比例为18.4%,如表3-43所示。可见,与"居村农民"比较而言,"上楼农民"对城市人友好程度的评价更高一些,这也反映出"上楼农民"与城市人的社会距离更近一些。

表 3-43 "居村农民"和"上楼农民"对城市人态度的评价

	对城市人态度的评价					
	不友好		一般		友好	
	人数/人	比例/%	人数/人	比例/%	人数/人	比例/%
"居村农民"(608 人)	95	15.6	401	66.0	112	18.4
"上楼农民"(404 人)	38	9.4	262	64.9	104	25.7
卡方检验	$\chi^2=13.284, \text{Sig.}=0.001$					

对于"您对当地政府的工作满意"这个问题,54.2%的调查对象表示满意程度一般,27.1%的调查对象表示满意,18.7%的调查对象表示不满意。可见,从整体上来说,农民群体对政府工作的满意程度并不高。通过进一步的交互分析,笔者发现:"上楼农民"与"居村农民"在这一点上存在显著差异($\chi^2=22.928$, Sig.=0.000)。"上楼农民"表示不满意的比例为14.6%,而"居村农民"的这一比例为21.4%;"上楼农民"表示满意的比例为34.9%,而"居村农民"的这一比例为21.9%,如表3-44所示。可见,与"居村农民"比较而言,"上楼农民"对政府工作的满意度更高一些。

表 3-44 "居村农民"和"上楼农民"对当地政府工作的满意度

	对当地政府工作的满意度					
	不满意		一般		满意	
	人数/人	比例/%	人数/人	比例/%	人数/人	比例/%
"居村农民"(608 人)	130	21.4	345	56.7	133	21.9
"上楼农民"(404 人)	59	14.6	204	50.5	141	34.9
卡方检验	$\chi^2=22.928, \text{Sig.}=0.000$					

4. 农民意愿

对于"您期望将来自己是哪里人"这个问题,54.4%的调查对象表示无所谓,31.5%的调查对象表示期望自己将来是城市人,14.0%的调查对象表示期望自己将来还是农村人。可见,从整体上来说,农民群体的市民化意愿并不高。通过进一步的交互分析,笔者发现:"上楼农民"与"居村农民"在这一点上存在显著差异($\chi^2=12.829$, Sig.=0.002)。"上楼农民"期望自己将来是农村人的比例为10.4%,而"居村农民"的这一比例为16.4%;"上楼农民"期望自己将来是城市人的比例为36.9%,而"居村农民"的这一比例为28.0%,如表3-45所示。可见,与"居村农民"比较而言,"上楼农民"更加期望自己将来成为城市人,"上楼农民"的市民化意愿更加强烈。

表 3-45　"居村农民"和"上楼农民"对自我身份的期望

	对自我身份的期望					
	农村人		城市人		无所谓	
	人数/人	比例/%	人数/人	比例/%	人数/人	比例/%
"居村农民"(608 人)	100	16.4	170	28.0	338	55.6
"上楼农民"(404 人)	42	10.4	149	36.9	213	52.7
卡方检验	$\chi^2=12.829, Sig.=0.002$					

对于"您希望自己的户口属于哪里"这个问题,47.5%的调查对象表示无所谓,27.8%的调查对象表示希望自己是城市户口,24.7%的调查对象表示希望自己是农村户口。从这里也能看出农民群体的市民化意愿并不高。通过进一步的交互分析,笔者发现:"上楼农民"与"居村农民"在这一点上存在显著差异($\chi^2=8.304, Sig.=0.016$)。"上楼农民"希望自己是农村户口的比例为 21.5%,而"居村农民"的这一比例为 26.8%;"上楼农民"希望自己是城市户口的比例为 32.4%,而"居村农民"的这一比例为 24.7%,如表 3-46 所示。从这里的分析结果能看出:与"居村农民"相比,"上楼农民"更加希望自己是城市户口,这也反映出"上楼农民"的市民化意愿更加强烈。

表 3-46　"居村农民"和"上楼农民"对自身户口的期望

	对自身户口的期望					
	农村户口		城市户口		无所谓	
	人数/人	比例/%	人数/人	比例/%	人数/人	比例/%
"居村农民"(608 人)	163	26.8	150	24.7	295	48.5
"上楼农民"(404 人)	87	21.5	131	32.4	186	46.0
卡方检验	$\chi^2=8.304, Sig.=0.016$					

对于"以下地区您更愿意住在哪里"这个问题,42.4%的调查对象表示更愿意住在小城镇,34.9%的调查对象表示更愿意住在农村,22.7%的调查对象表示更愿意住在大城市。从这里的分析能看出:小城镇或许是农民的理想居住场所。通过进一步的交互分析,笔者发现:"上楼农民"与"居村农民"在这一点上存在显著差异($\chi^2=27.132, Sig.=0.000$)。"上楼农民"更愿意住在农村的比例为 25.7%,而"居村农民"的这一比例为 41.0%;"上楼农民"更愿意住在小城镇的比例为 46.0%,而"居村农民"的这一比例为 40.0%;"上楼农民"更愿意住在大城市的比例为 28.2%,而"居村农民"的这一比例为 19.1%,如表 3-47 所示。从这里的分析结果能看出:与"居村农民"相比,"上楼农民"更愿意住在小城镇和大城市。

表 3-47　"居村农民"和"上楼农民"对居住地区的意愿

	对居住地区的意愿					
	农村		小城镇		大城市	
	人数/人	比例/%	人数/人	比例/%	人数/人	比例/%
"居村农民"(608人)	249	41.0	243	40.0	116	19.1
"上楼农民"(404人)	104	25.7	186	46.0	114	28.2
卡方检验	$\chi^2 = 27.132, Sig. = 0.000$					

　　从整个被调查农民群体的务农意愿(见表 3-48)来看,52.3%的调查对象表示将来是否务农要看情况,26.9%的调查对象表示将来不愿意务农,20.8%的调查对象表示将来愿意务农。可见,从整体上来说,农民群体的务农意愿并不强烈,这与农民很难通过务农来实现致富的目的有很大的关系。通过进一步的交互分析,笔者发现:"上楼农民"与"居村农民"在这一点上存在显著差异($\chi^2 = 9.142, Sig. = 0.010$)。"上楼农民"不愿意务农的比例为 31.7%,而"居村农民"的这一比例为 23.7%;"上楼农民"愿意务农的比例为 17.8%,而"居村农民"的这一比例为 22.9%。从这里的分析结果能看出:与"上楼农民"相比,"居村农民"的务农意愿更加强烈。从这一指标来说,"上楼农民"的市民化意愿要强于"居村农民"。

表 3-48　"居村农民"和"上楼农民"的务农意愿

	务农意愿					
	不愿意		愿意		看情况	
	人数/人	比例/%	人数/人	比例/%	人数/人	比例/%
"居村农民"(608人)	144	23.7	139	22.9	325	53.5
"上楼农民"(404人)	128	31.7	72	17.8	204	50.5
卡方检验	$\chi^2 = 9.142, Sig. = 0.010$					

　　从整个被调查农民群体流转土地的意愿(见表 3-49)来看,46.5%的调查对象表示是否流转土地要看情况,32.5%的调查对象表示不愿意把土地流转出去,20.9%的调查对象表示愿意把土地流转出去。可见,从整体上来说,农民群体流转土地的意愿并不强烈。虽然说农民很难通过务农来实现致富的目的,但是很多农民并不愿意把土地流转出去。这是因为对于农民来说,土地是他们的最后一道保障线,只要土地在,他们的基本生活就不成问题。通过进一步的交互分析,笔者发现:"上楼农民"与"居村农民"在这一点上存在显著差异($\chi^2 = 15.830, Sig. = 0.000$)。"上楼农民"不愿意把土地流转出去的比例为 26.2%,而"居村农民"的这

一比例为 36.7%;"上楼农民"愿意把土地流转出去的比例为 25.7%,而"居村农民"的这一比例为 17.8%。从这里的分析结果能看出:与"居村农民"相比,"上楼农民"流转土地的意愿更加强烈。从这一指标来说,"上楼农民"的市民化意愿要强于"居村农民"。

表 3-49　"居村农民"和"上楼农民"的土地流转意愿

	土地流转意愿					
	不愿意		愿意		看情况	
	人数/人	比例/%	人数/人	比例/%	人数/人	比例/%
"居村农民"(608 人)	223	36.7	108	17.8	277	45.6
"上楼农民"(404 人)	106	26.2	104	25.7	194	48.0
卡方检验	$\chi^2 = 15.830, Sig. = 0.000$					

5. 文化参与

从整个被调查农民群体拥有的书籍情况(见表 3-50)来看,56.4% 的调查对象表示拥有的书籍数量一般,33.1% 的调查对象表示拥有的书籍数量很少,只有10.5% 的调查对象表示拥有的书籍数量很多。可见,从整体上来说,农民群体拥有的书籍数量不是很多。通过进一步的交互分析,笔者发现:"上楼农民"与"居村农民"在拥有的书籍数量上存在显著差异($\chi^2 = 20.088, Sig. = 0.000$)。"上楼农民"拥有的书籍数量很少的比例为 29.2%,而"居村农民"的这一比例为 35.7%;"上楼农民"拥有的书籍数量很多的比例为 15.6%,而"居村农民"的这一比例为 7.1%。从这里的分析结果能看出:与"居村农民"比较而言,"上楼农民"拥有的书籍数量更多。

表 3-50　"居村农民"和"上楼农民"书籍拥有情况

	书籍拥有情况					
	很少		一般		很多	
	人数/人	比例/%	人数/人	比例/%	人数/人	比例/%
"居村农民"(608 人)	217	35.7	348	57.2	43	7.1
"上楼农民"(404 人)	118	29.2	223	55.2	63	15.6
卡方检验	$\chi^2 = 20.088, Sig. = 0.000$					

从整个被调查农民群体读书读报情况(见表 3-51)来看,37.3% 的调查对象表示很少读书读报,37.2% 的调查对象表示读书读报的频率一般,25.6% 的调查对象表示经常读书读报。可见,从整体上来说,农民群体读书读报的频率并不高。通过

进一步的交互分析,笔者发现:"上楼农民"很少读书读报的比例(33.9%)低于"居村农民"的这一比例(39.5%),经常读书读报的比例(29.2%)高于"居村农民"的这一比例(23.2%),这说明"上楼农民"读书读报的频率要高于"居村农民",但是卡方检验的显著性水平($\chi^2 = 5.463$, Sig. $= 0.065$)并不高。

表 3-51 "居村农民"和"上楼农民"读书读报频率

	读书读报频率					
	很少		一般		经常	
	人数/人	比例/%	人数/人	比例/%	人数/人	比例/%
"居村农民"(608 人)	240	39.5	227	37.3	141	23.2
"上楼农民"(404 人)	137	33.9	149	36.9	118	29.2
卡方检验	$\chi^2 = 5.463$, Sig. $= 0.065$					

对于调查对象每年在文化娱乐上的花费这个问题,56.4%的调查对象表示花费很少,39.5%的调查对象表示花费一般,只有 4.1%的调查对象表示花费很多,如表 3-52 所示。可见,从整体上来说,农民群体每年在文化娱乐上的花费并不高。通过进一步的交互分析,笔者发现:"上楼农民"与"居村农民"在这一点上不存在显著差异($\chi^2 = 3.410$, Sig. $= 0.182$)。

表 3-52 被调查农民每年在文化娱乐上的花费

每年在文化娱乐上的花费	人数/人	比例/%
很少	571	56.4
一般	400	39.5
很多	41	4.1
合计	1012	100.0

对于"在过去的一年中您参加过文化娱乐活动吗"这个问题,76.0%的调查对象表示没有参加过,如表 3-53 所示。可见,从整体上来说,农民群体很少参加文化娱乐活动。通过进一步的交互分析,笔者发现:"上楼农民"与"居村农民"在参与文化娱乐活动上存在显著差异($\chi^2 = 17.693$, Sig. $= 0.000$)。"上楼农民"过去一年参加过文化娱乐活动的比例为 30.9%,而"居村农民"的这一比例为 19.4%,如表 3-54 所示。从这里的分析结果能看出:与"居村农民"相比,"上楼农民"参加文化娱乐活动的情况更为乐观。

表 3-53　被调查农民在过去一年中参加文化娱乐活动情况

在过去一年中参加文化娱乐活动情况	人数/人	比例/%
没有参加过	769	76.0
参加过	243	24.0
合计	1012	100.0

表 3-54　"居村农民"和"上楼农民"过去一年参加文化娱乐活动情况

	过去一年参加文化娱乐活动情况			
	没有参加过		参加过	
	人数/人	比例/%	人数/人	比例/%
"居村农民"(608 人)	490	80.6	118	19.4
"上楼农民"(404 人)	279	69.1	125	30.9
卡方检验	$\chi^2=17.693, \mathrm{Sig.}=0.000$			

第四章　国家、地方与个人：当前乡村教育转型的表现

乡村教育问题一直是学术界和全社会都非常关注的问题，随着社会主义新农村建设的广泛开展，乡村教育发展中存在的一些问题也越来越凸显，特别是乡村教育的城市化问题，这也是近代以来我国乡村教育第二次转型的显著特征。那么乡村教育城市化的特征在乡村中有哪些表现呢？这是本章希望能够回答的问题。在本章中，笔者分别从宏观、中观和微观三个层次对乡村教育城市化的表现进行阐述。

第一节　乡村中的国家：乡村教育转型的宏观表现

国家对乡村教育的政策能够从宏观层面很好地反映出乡村教育转型的显著特征。教育活动是在教育政策的引导之下展开的，因此，教育要想取得长远的发展，肯定离不开正确的教育政策的引导。教育政策是与人们获取知识和职业技能的过程有关的政府法规和程序，它是一个国家和民族智力发展和科学进步的基础。教育政策按照强制程度可分为教育法律和教育规范；按照调整的内容可以分为师资政策、教育财政政策、教育评估政策、招生分配政策等；按照调整的领域可以分为基础教育政策、职业教育政策、高等教育政策、农村教育政策、成人教育政策等。[①] 笔者在本节中将对当前乡村教育政策的价值取向、实施结果及其发展趋势等内容进行深入研究。

一、乡村教育政策的价值取向

在教育政策的研究中，政策的价值取向是最为核心的研究内容，贯穿于教育政策的整个发展过程。政策取向是指国家公共权力部门在研究和制定公共政策时所遵循的价值原则，以及政策本身内蕴着的一定的伦理追求、道德原则和价值判

---

① 钟娟.我国教育政策的变迁研究[J].继续教育研究,2010(10):101－104.

断。[①] 可以说，教育政策的价值取向是教育政策的灵魂所在，会直接影响教育政策的内容，并进一步影响到教育结果。教育政策的价值取向是多元的，教育政策在制定过程中有多个价值基础存在。笔者在这一部分讨论的是乡村教育政策的价值取向问题，应该说，乡村教育政策的价值取向也是多元的。

教育政策主体的价值依次以元价值[②]、隐价值和显价值三种由深及浅、由里及表的价值形态呈现出来。所谓元价值，是指主体的最深层价值，它是关于这样一种愿望的概念，这种愿望是如此确定、如此深入，以至谁也不用怀疑，它常常以不明说的或未经检验的假定形式进入个体或集体生活之中，对个体或集体的各个层面的价值产生强有力的、无意识的影响。元价值具有一种可感知的权威性，引导主体"不由自主"地按其要求去思考和行动。隐价值是教育政策主体在思考、决策和行动中所秉持的、习而不察的价值观。隐价值实际上正是主体个人真实而具体的价值表现形式，在政策运作过程中，主体会对各种价值进行比较，进而倾向于做出那种在整体后果上对自身具有最大内在价值的政策决策和行动。显价值则是教育政策主体所信奉的一种价值观念。[③] 笔者借鉴了这一分类方式，将乡村教育政策的价值取向分为三类：元价值、隐价值和显价值。下面笔者将分别对两次乡村教育转型期教育政策的价值取向及理想的乡村教育政策的价值取向进行探讨，如表 4-1 所示。

表 4-1 两次乡村教育转型期教育政策的价值取向

	元价值	隐价值	显价值
第一次转型期的教育政策	现代化	乡村化	乡村化
第二次转型期的教育政策	现代化	城市化	城市化
理想的乡村教育政策	现代化	现代化	现代化

首先来看乡村教育的第一次转型期，也就是乡村建设运动时期。乡村建设运动时期处于传统社会向现代社会转型的初级阶段，现代化代表了历史的发展趋势。虽然当时乡村的发展程度离现代化还有非常大的差距，但是从梁漱溟、晏阳初、卢作孚等乡村建设运动的积极推动者身上，我们可以发现他们对乡村现代化的执着。当时乡村的转型体现在经济结构、社会结构和文化结构各个方面，而乡村教育与乡

---

① 廖兴. 从教育制度伦理视角论农民工子女教育相关制度[J]. 当代教育论坛(宏观教育研究)，2008
(11)：11—13.

② "元价值"这个概念是从哲学本体论意义上来谈的。根据德国哲学家海因里希·约翰·李凯尔特
(Heinrich John Rickert)的观点，"元价值"是指"作为价值的价值"。蔡华教授在笔者的预答辩中指出，"元"
是基础的样貌，具有普遍意义，是一种普遍存在，是不可改变的。

③ 刘永芳. 价值范式及其对教育政策主体的价值分析[J]. 扬州大学学报(高教研究版)，2004(3)：
7—10.

村的经济结构、社会结构和文化结构之间有着千丝万缕的联系，这也决定了乡村教育的发展要与经济结构、社会结构和文化结构相适应。所以，乡村教育第一次转型期的教育政策的元价值表现为现代化。

在乡村建设运动时期，乡村教育政策的隐价值和显价值是一致的，都表现为强烈的乡村化。从黄炎培、梁漱溟、晏阳初、陶行知等乡村教育运动的积极推动者身上，我们能够很强烈地感受到他们对教育城市化的不满。1921年，黄炎培在《农村教育·牟言》中指出，"今吾国学校，十之八九其所施皆城市教育也，虽然，全国国民之生活，属于城市为多呼？抑属于乡村为多呼？吾敢十之八九属于乡村也。吾尝思之，吾国方盛倡普及教育，苟诚欲普及也，思想十之八九当属于乡村。即其所设施十之八九，当属于乡村生活之教育。"①陶行知批判了仿造西方学校系统建立起来的新式教育，认为当时的正规学校不适合农村实际。"中国的乡村教育走错了路！他叫人离开乡间往城里跑。他教人吃饭不种稻，穿衣不种棉，做房子不造林。他教人羡慕奢华，看不起务农。他教人分利不生利。他教农夫子弟变成书呆子。他教富的变穷，穷的变得格外穷；他教强的变弱，弱的变得格外弱。前面是万丈悬崖，同志们务须把马勒住，另找生路！"②可以说，对于乡村教育的积极推行者来说，他们认为，只有乡土化才是乡村教育的真正出路。

接着来看乡村教育的第二次转型期。③这一时期处于中国由传统社会向现代社会转型的中级阶段，现代化依然代表了历史的发展趋势，中国的经济结构、社会结构和文化结构依然处于由传统向现代转型的过程中。虽然两次乡村教育转型期的社会转型程度已经发生了非常大的变化，但其现代化的性质是共同的。如果说乡村建设运动时期的社会转型是从无到有的转变，那么当前的社会转型就是从初级向中级的转变。两次社会转型之间的差异更多地体现在量变上，而没有发生质变。笔者认为，如果用"现代化"这个词不能很好地体现出两次社会转型之间的差

---

① 张彬，李更生. 中国农村教育改革的先声——对20世纪20年代至30年代乡村教育运动的再认识[J]. 浙江大学学报(人文社会科学版)，2002(5)：124－131.

② 陶行知. 再论中国乡村教育之根本改造——在上海青年会的演讲[A]//陶行知全集. 第二卷[M]. 长沙：湖南教育出版社，1984：1.

③ 笔者认为，既然乡村教育的第二次转型是以教育的城市化为特征的，其时间范畴就应该起始于中国开始快速城市化进程之后。基于此，笔者把乡村教育第二次转型期的时间范畴界定为自20世纪90年代以来直到现在为止，其时间跨度大概在20年左右。

别的话，我们可以用"现代性"①这个词来描述两次社会转型之间存在的差别。其差别在于，第一次社会转型的现代性程度很低，而第二次社会转型的现代性高一些。因此，虽然两次乡村教育转型从时间上来说已经相隔很远，但是现代化依然是当前乡村教育政策的元价值。

当前乡村教育政策的隐价值和显价值是一致的，都表现为强烈的城市化，乡村教育政策的目标就是乡村教育能够跟城市教育一样。从当前的乡村教育政策来说，并没有把乡村教育作为一个主体来看，更多地把乡村教育看成城市教育的附属产品，认为城市教育就是乡村教育的明天。这种乡村教育的城市化发展倾向在教育模式、教育内容、教育目标、师资条件上都有着非常明显的体现。之所以会出现这样的状况是有其社会背景的，当前乡村的社会转型更多地表现为城市化，也就是乡村在朝着城市化的方向发展，农民在朝着市民化的方向努力。教育与经济、社会和文化之间有着千丝万缕的联系，正是这种联系使得社会转型的方向和性质在很大程度上可以影响甚至决定教育转型的方向和性质，乡村社会转型的城市化特性使乡村教育的转型也呈现出城市化的特色。

为什么两次乡村教育转型期教育政策的隐价值和显价值都发生了转变，也就是由第一次教育转型期的乡村化价值取向变成了第二次转型期的城市化价值取向呢？笔者认为，这与乡村在整个国家的地位的变化有关。在第一次乡村教育转型期，也就是乡村建设运动时期，中国基本上还是处于农业社会，不管是在经济上、社会上还是文化上，乡村在整个国家都处于举足轻重的地位，乡村有着非常强的"话语权"。但是到了第二次乡村教育转型期，城市化浪潮铺天盖地席卷而来，乡村不管是在经济上、社会上还是文化上，都处于明显的弱势地位，乡村的"话语权"已明显削弱。在两次乡村教育转型期，掌握国家"话语权"的对象已经发生了变化，从乡村转移到了城市。也正是这种变化，最终使得两次乡村教育转型期的教育政策的隐价值和显价值都发生了转变。

---

①　笔者在这里要对"现代化"与"现代性"这两个词的区别做一辨析，主要有三点：第一，现代性是一个相对静态的概念，而现代化是一个相对动态的概念。现代化是一个过程性的概念，是指走向现代这么一个过程，现代化的过程是分为多个阶段的，在不同的阶段是有不同的侧重点的。所以对于刚开始走向现代化的道路时，更多地把现代化理解为西方化、工业化，也是可以理解的，这可以说是现代化过程当中的初级阶段，是侧重发展经济的阶段，也是现代化必经的一个阶段。从西方现代化的过程中我们就能够很好地理解这一点，马克思也说过经济基础决定上层建筑，一个国家的发展往往是由经济的发展来带动其他各个方面的发展的。而现代性指的是一种属性，是一种积淀。第二，现代性与现代化本来就是紧密结合在一起的两个概念，一个国家的现代性是不可能脱离这个国家现代化的发展程度的，现代化发展的水平决定了现代性的具体内涵，脱离现代化去谈现代性是没有意义的，等于空中楼阁，没有一蹴而就的现代性。在我们构建现代性的过程当中，要切实考虑现代化的发展程度。第三，现代化与现代性是一种类似于物质与意识的关系，现代化决定现代性，有什么样的现代化水平就决定了具有什么样的现代性，同时现代性又具有主观能动性，会反作用于现代化，现代性会加快现代化的发展进程。

那么,理想的乡村教育政策的价值取向是怎样的呢? 事物的发展是分阶段的,在社会转型过程中,城市化也只是发展的一个阶段而已。可以说,中国城市的发展在朝着西方化的路子走,而乡村的发展则在朝着城市化的路子走。对乡村来说,在某个特定阶段或者某些方面,学习城市的发展模式不失为一条捷径,但是如果乡村在模仿的过程中丧失了自我则是本末倒置了,可以说是"捡了芝麻丢了西瓜"。当代社会转型的特征是现代化而不是城市化,我们不否认城市化与现代化存在一些共性,所以在某个特定阶段或者某些方面乡村城市化也是一个不错的选择。但是如果乡村一味地选择城市化则是选错了方向,最终结果只能是使乡村在现代化浪潮中迷失方向。对于乡村教育来说也是一样,乡村教育在某个特定阶段或者某些方面按照城市化的方向发展也是可以的,但是城市化并不是乡村教育未来的发展方向,乡村教育不能在城市化这条道路上"走火入魔"。可以说,现代化是乡村未来的发展方向,也就是当前我们所提出的建设社会主义新农村,现代化也是乡村教育正确的发展方向。笔者借鉴建设社会主义新农村这个提法,把乡村教育的正确发展路径称为"建设社会主义新农村教育",其发展方向以乡村教育的现代化为特征。

只有当政府主体的元价值、隐价值和显价值的内容、目标趋于一致,并使教育政策在运行过程中的相关主体价值得到一致性的认同时,教育政策的有效价值才能实现,即教育政策具有正价值。当政府主体的元价值、隐价值和显价值指向不一致时,教育政策与主体的需要产生矛盾,这种矛盾在影响到教育政策的制定、实施过程的同时,也必然关系到教育政策的价值,其产生的正面价值和负面价值如果刚好相互抵消,则教育政策具有零价值。而当政府主体的元价值、隐价值和显价值指向完全不同并发生激烈冲突时,教育政策则会受到严重扭曲乃至损害相关主体的利益,教育政策从而呈现出负价值状态。① 理想的教育政策应该是能够实现正价值的,为了达到这样的目标,必须使教育政策的元价值、隐价值和显价值的内容、目标趋于一致。既然现代化是当前社会发展的方向,乡村教育政策的元价值、隐价值和显价值也应该是现代化的。因此,对于乡村教育政策来说,当务之急是改变元价值、隐价值和显价值内容、目标不一致的现状,将乡村教育政策的隐价值和显价值由当前的城市化转变为现代化。而要实现这样的转变,光从教育入手是不行的,只有从经济、社会和文化全方位入手,也就是改变当前乡村的经济、社会和文化朝着城市化方向发展的趋势,使乡村的经济、社会和文化朝着现代化方向发展。只有这样,才能真正实现乡村教育政策价值取向的转变。

---

① 刘永芳.价值范式及其对教育政策主体的价值分析[J].扬州大学学报(高教研究版),2004(3):7—10.

二、乡村教育政策的实施结果

教育政策实施的结果取决于元价值、隐价值和显价值之间一致性的程度及其较量结果，看谁能最后胜出。在现代化、城市化和乡村化这三种当前乡村教育的价值取向的较量中，城市化价值取向占据了上风，使得当前乡村教育的城市化倾向非常明显。当前乡村教育政策的主要目标是实现城乡教育均衡化发展[①]，但是在实施过程中却出现了一些城乡教育非均衡化发展的现象，也就是明显的乡村教育城市化发展趋势。笔者认为主要有以下几点。[②]

首先，乡村教育正在消失。为实现城乡教育均衡化发展所采取的各种措施有一个共同的特征，那就是乡村教育被整合成了城市教育。在现代化和城市化的发展大潮流之下，乡村教育被预设为是落后的，城市教育代表了教育发展的先进方向。很多人认为，农村学生的学业成就不如城市学生，其原因正是在于乡村教育的落后性。因而要实现城乡教育的均衡发展，就必然要使乡村教育朝着城市教育的方向迈进，也就出现了乡村教育城市化的发展趋势。在乡村教育城市化的发展过程中，乡村教育逐渐失去了其固有的乡村特性。乡村教育的一个重要功能就是传承乡村文化，可以说，传承乡村文化是乡村教育最为根本的一个功能，而乡村教育朝着城市化方向发展使其丧失了这一功能。对农村学生来说，在现代化和城市化的发展趋势之下，学习城市文化无疑是非常有必要的，然而学习乡村文化也是非常有必要的。在城乡教育均衡发展过程中，我们可以发现政府与社会的张力所在。政府为乡村教育规划的是一条脱离农村社区的外生型的教育现代化道路，而没有把乡村教育作为一个主体来看待，这对于乡村教育和农村社会的长远发展是极为不利的。

我国著名的社会学家费孝通先生提出了文化自觉理论。文化自觉是指生活在一定文化中的人对其文化有"自知之明"，明白它的来历、形成过程、所具的特色和

---

① 对于城乡教育均衡化发展，笔者导师钱民辉教授提出了自己的看法——"对城乡教育均衡化的理念还需要再做进一步的斟酌，应该说均衡化是一个相对的概念，如果说实现了城乡教育均衡化发展只是在某些方面和某种程度上有了一定的改善和提高，并不能说在结构意义上出现了真正的均衡化现象。因为在城市也不可能做到教育结构的均衡化，基础教育阶段还存在着优质校、普通校和差等校，同一城市还存在着城区之间的学校差异，即使在同一学校内还存在着实验班、普通班。基础教育阶段本不应该这样分等分层，何况联合国教科文组织早在 20 世纪 70 年代就提出了'学会学习、学会做事、学会与别人相处、学会生存'这样的教育目标，而我们的基础教育却不适当地引进了竞争机制，还进行了分等分层。除了背诵、考试之外，学生学会了什么？在今天我们是不是应当反思教育均衡化发展与人的全面发展是一个什么关系？城乡教育均衡化发展是不是消除差异、多元与不同，建立统一分等分层的考试教育体系？"（引自钱民辉《2011 年北京城乡教育均衡化发展的政策与实施效果分析（初稿）》一文）这也是笔者非常赞同的观点，城乡教育均衡化的操作层面当前更多地表现为乡村教育的城市化，这对乡村教育的长远发展是不利的。

② 乡村教育正在消失、教育目的更加单一化、家庭背景作用越来越凸显、教育不公平现象并没有真正消除这四个城乡教育非均衡发展现象是导师钱民辉教授在与笔者讨论的过程中提出的，笔者在这个框架之下进行了具体阐述。

它发展的趋向,不带任何"文化回归"的意思,不是要"复旧",同时也不主张"全盘西化"或"全盘他化"。自知之明是为了加强对文化转型的自主能力,取得决定适应新环境、新时代时文化选择的自主地位。① 费孝通的文化自觉理论对乡村教育无疑具有重要的启示意义,乡村文化和城市文化既存在相互认同的一面,也存在相互冲突的一面。因而对于乡村教育来说,既不能一味地强调传播乡村文化,也不能一味地强调传播城市文化,而是要在城市文化和乡村文化之间找到一个平衡点。乡村教育既要能够为我国的现代化、城市化发展提供有用人才,也要能够为社会主义新农村建设提供有用人才。从当前乡村教育的发展现状来看,这个平衡点显然是没有找好,乡村教育表现出了明显的城市教育发展趋向。可以说,这一发展趋向对于乡村教育的长远发展来说是极为不利的,其结果只能是乡村教育走向消亡。

其次,教育目的更加单一化。教育是带有目的的,不同的教育目的可以产生不同的教育类型。从大类上来说,教育类型可以分为应试教育和素质教育。不管是应试教育还是素质教育,都有其存在的合理性,我们不能主观臆断哪一种教育类型是好的,哪一种教育类型是不好的。在教育过程中,应试教育和素质教育都有其正功能,同时也都存在一定的负功能。我们应该客观地看待应试教育和素质教育,在教育过程中正确处理两者之间的关系。可以说,应试教育和素质教育是相互包含的关系,在应试教育中应该体现出素质教育,而在素质教育中也应该存在一定的应试教育。在我国,由于各种历史和现实因素的影响,在学校教育中,往往是突出了应试教育,弱化了素质教育。素质教育的口号已经喊了很多年了,但是在现实中,大部分学校还是以应试教育为主,在素质教育上只是做一些表面文章。这样的现状与升学这根指挥棒是有直接联系的,只有从制度层面上进行改革才能改变学校教育突出应试教育弱化素质教育的现状。

在我国的教育过程中,教育目的单一化是一个长期存在的问题。城乡教育均衡发展政策的实施,并没有改变这一现状,反而使得乡村教育的目的变得更加单一化。对于乡村教育来说,由于受各种因素的影响,很多学生并不能如愿实现升学的目的,因而乡村教育的目的表现得更加多元化。乡村教育不仅要为部分学生顺利实现升学提供良好的教育条件,使他们能够"跳出农门";同时也要为不能顺利实现升学的学生提供良好的教育条件,使他们能够更好地服务于农村,成为推动农村快速发展的专门人才。城乡教育均衡发展政策的实施,使得乡村教育为城市的现代化、城市化进程提供人才的教育目的越来越凸显,让大部分学生实现升学成了乡村教育的主要目的。应该说,教育目的的单一化对于乡村教育和农村的长远发展是不利的。

第三,家庭背景作用越来越凸显。造成城乡教育分层现象的原因是多方面的,

---

① 费孝通. 反思. 对话. 文化自觉[J]. 北京大学学报(哲学社会科学版),1997(3):15-22.

既有家庭外部的原因，也有家庭内部的原因。对于城乡教育分层现象，人们往往强调家庭外部的原因，也就是国家层面和学校层面的原因，认为国家的教育政策对乡村教育不利，同时乡村学校的教育资源比较匮乏，从而导致农村学生在教育过程中处于不利地位。近年来，城乡教育均衡发展政策的实施，使得国家层面和学校层面的原因逐渐弱化，人们开始关注家庭内部的原因，也就是家庭背景对教育分层的影响。家庭背景反映出了家庭的社会分层，可以说，社会分层与教育分层是相互作用的，家庭的社会分层会影响到子女的教育分层，而子女的教育分层又是决定他们未来社会分层的重要因素。这样，社会分层与教育分层通过一定的代际关系进行了传递。

家庭背景对子女教育的影响主要体现在显性和隐性两个方面：显性影响是指家庭能够直接为子女教育提供的帮助，主要表现在家庭经济资本和社会资本的作用上；隐性影响是指家庭对子女教育的潜在影响，主要表现在家庭文化资本的作用上。无论是经济资本和社会资本，还是文化资本，城乡家庭都存在明显的差距。虽然国家大力推进城乡教育均衡发展，对乡村教育采取了倾斜政策，加大了对乡村教育的投入力度，乡村学校的教育资源也越来越丰富，但是并没能很好地缩小城乡之间的教育差距，其原因正在于城乡家庭背景存在明显的差距，家庭背景的差异使得农村学生在起跑线上就落后于城市学生。

最后，教育不公平现象并没有真正消除。从功能论视角来看，教育对社会是具有正功能的，而从冲突论视角来看，教育是实现社会再生产的手段。在布迪厄之前，人们往往从功能论的视角出发，把教育看作了满足个人社会化的需要，使人类的文化能够一代一代传承下去。而布迪厄独辟蹊径，从冲突论的视角对教育进行了分析。布迪厄认为传统的教育理论总试图把文化再生产从社会再生产的功能中分离出，它们把"教育系统"定义为保证从过去继承下来的文化一代一代传下去的所有组织性或习惯性机制的总和，这其实是无视符号关系本身在权力关系再生产中的作用。[①] 从表面上看，上层社会向下层社会敞开了大门，但对于农村人来说，通过现行的教育制度进入上层社会的数量是非常有限的，大部分农村人并不能通过现行的教育制度实现社会流动。精英的产生往往是在精英群体内部再生产出来的，而不是从非精英群体进入精英群体。

长期以来城市与农村形成了两个截然不同的场域，在城市和农村这两个场域中的人们各自共享着不同的文化、价值观念、行为准则。城市一直在人类生活中占据着主导地位，城市文化代表了整个社会的主文化，而乡村文化则成了亚文化。乡村的学校教育一直秉持服务于主文化的宗旨，很少包含反映乡村文化的内容。对

---

① 布尔迪约，帕斯隆. 再生产——一种教育系统理论的要点[M]. 邢克超，译. 北京：商务印书馆，2002：19.

农村学生来说,他们处于一种尴尬的境地,因为一方面他们在学校所接受的文化与他们生活中的文化基本上是脱离的,另一方面他们又别无选择,不得不接受学校灌输给他们的这些文化。可以说,农村学生在现有的教育体系中一直处于一种非常不利的地位。如果不改变这一现状,而只是实行城乡教育的均衡发展政策,是很难改变城乡之间存在的教育不公平现象的。在这种状况下,城乡教育均衡发展政策的实施反而会固化甚至是扩大教育不公平的现象。

三、中国乡村教育政策的发展趋势

城乡教育均衡发展的出发点是好的,也在一定程度上促进了乡村教育的发展,但是在具体执行的过程中却偏离了原先的初衷。笔者认为,对于城乡教育均衡发展问题,我们要注意以下四方面内容。第一个方面,城乡教育的均衡发展问题是不可能在短期内解决的,虽然现在取得了一定的成效,但是要想真正解决城乡教育的均衡发展问题还需要我们长期的共同努力。第二个方面,如果城乡教育均衡发展政策在执行过程中真正是把乡村教育作为主体,其对乡村教育的长远发展是有利的。但是,如果城乡教育均衡发展政策在执行过程中并没有把乡村作为主体,而是朝着乡村教育城市化这个方向发展,其对乡村教育的长远发展带来的危害会更大,甚至可以说其危害是致命性的,其结果是乡村教育的消失。第三个方面,城乡教育均衡发展并不是一个单纯的教育问题,更是一个社会问题。因此要想真正解决城乡教育均衡发展问题,不能仅仅从教育本身着手,还需要从社会结构、社会制度等层面着手。可以说,仅仅通过教育本身是很难真正实现城乡教育均衡发展的。第四个方面,笔者提出的城乡教育均衡发展过程中存在的这些非均衡现象并非局部地区所独有,在我国的城乡教育均衡发展过程中可以说是普遍存在的。如何有效解决城乡教育均衡发展过程中出现的非均衡现象,是当前摆在我们面前的一个亟须解决的问题。如果不能有效解决这些非均衡现象,势必严重影响城乡教育均衡发展政策实施的效果。那么如何才能有效解决城乡教育均衡发展过程中存在的这些非均衡现象呢?笔者认为,中国未来乡村教育政策应该按照乡村教育现代化的导向来制定。可以说,乡村教育的发展方向既不是城市化,也不是乡村化,只有朝着现代化的道路前进才是乡村教育正确的发展方向。

第二节 乡村中的地方:乡村教育转型的中观表现

乡村教育对地方文化既存在认同的一面,也存在冲突的一面,这能够从中观层面很好地反映出乡村教育转型的显著特征。笔者在本节当中也正是从这两个方面来论述的。

一、乡村教育对地方文化的认同

（一）文化认同[①]的理论解释

1. 社会趋同论

社会趋同论认为，现代化过程是所有社会、所有民族都将经历的普遍的进化过程，尽管各国现代化的国情不同，起点也不尽相同，发展的具体道路和方式可能会各有不同，但它们会经历同样的阶段，并形成大体相同的社会特征，即经济上的工业化、政治上的民主化、组织管理上的科层化、城市化和文化上的世俗化。[②] 根据社会趋同论的理解，我们可以看到，农村和城市在经济社会发展上的差距只是发展阶段的不同而已，只要农村朝着现代化的方向发展，城市的今天就是农村的明天。虽然社会趋同论的观点在很大程度上是片面的，忽视了各地经济社会的差异性，但是在全球化、现代化日益盛行的今天，似乎谁也摆脱不了这个"诅咒"。可以说，现代化代表了人类社会的发展方向，成了农村和城市共同的发展目标，正是这个共同的发展目标使得农村和城市强化了文化认同。

2. 社会化理论

社会学中所讲的社会化主要是指人的社会化。人的社会化是一个人学习社会的文化，增加自己的社会性，由生物人变为社会人的过程。这里所说的"社会的文化"，包括了他生活于其中的群体（社会）的多种形式的文化，主要是该群体、该社会的价值观和各种规范。[③] 不管是从个人的角度还是从整个社会的角度来说，人的社会化都是必需的。从个人的角度来说，个人只有完成了社会化才能使人与人之间的交往、沟通、合作成为可能，一个人才能在社会中立足；从整个社会的角度来说，一个社会要想顺利地实现代际延续就必须对社会成员进行社会化。对于人类社会来说，有很多社会化内容是相同的，每个人都只有经历这些社会化才能由自然人转变为社会人。正是这一特征使得乡村教育与城市教育中包含着共同的文化元素，从而强化了两者之间的文化认同。

3. 城市化理论

我们把人口向城市聚集，城市数量不断增加，城市规模不断扩大的过程称为城市化。一般说来，它是指农村人口改变其居住地，从农村迁入城市的过程。从更深层的意义来讲，城市化又是农村人生活方式的变化过程。[④] 随着经济社会的快速发展，我国的城市化进程不断加快，城市化进程加速了农村人口向城市的流动。这

---

① 北京大学蔡华教授在笔者的预答辩中指出，国内学界将"identity"这一英文单词翻译为"认同"是不准确的，是一种误用现象。这一单词的准确意思是"身份"，因此，在使用"认同"这个词时要注意其确切含义。

② 王思斌. 社会学教程（第二版）[M]. 北京：北京大学出版社，2003：285.

③ 王思斌. 社会学教程（第二版）[M]. 北京：北京大学出版社，2003：47.

④ 王思斌. 社会学教程（第二版）[M]. 北京：北京大学出版社，2003：176.

种流动主要表现为两种类型，一种类型是通过各种途径实现由农民向市民的转变；另一种类型是像农民工这样的候鸟式流动。这两种类型的流动方式在客观上都促进了城乡在经济、社会和文化上的往来。从文化的角度来说，一方面，他们需要学习城市文化以更好地融入城市社会；另一方面，他们作为联结城乡的纽带加速了城市文化向农村地区的传播。可以说，正是这种城市化进程强化了农民对城市文化的认同。

（二）文化认同的表现

随着现代化、城市化进程的加速推进，农民对城市文化的认同越来越强烈。当然这种文化认同更多的是单方面的认同，农民对城市文化的认同正是这种认同，使得农民对城市文化的需求越来越强烈；也正是这种认同，使得乡村文化与城市文化表现出了较强的相容性。当前农民能否顺利实现向上层社会流动，很大程度上取决于他对城市文化的掌握情况，这使得乡村教育传播城市文化的重要性越来越突出。但是，乡村教育与城市教育在各个方面存在的明显差距，使得农民不能很好地学习城市文化，从而使得他们在现代化、城市化进程中处于较为不利的弱势地位。罗尔斯（John Bordley Rawls）在《正义论》中提出："为了平等地对待所有人，增加真正的同等的机会，社会必须更多地注意那些天赋较低和出生于较不利的社会地位的人们。"[1]为了使农民能够更好地融入现代化、城市化进程当中，应该在乡村教育中融入城市元素，使农民能够更好地接受城市文化。当前，在乡村教育明显处于弱势地位的背景下，应该缩小乡村教育和城市教育之间存在的差距，对乡村教育进行适当的倾斜，加大教育内容、教育过程的统一化、标准化力度，从而使农村学生可以享受与城市学生一样的学校教育，更好地掌握城市文化。

二、乡村教育与地方文化的冲突

（一）文化冲突的理论解释

1. 传统—现代二分理论

传统—现代二分法是社会学学科中研究社会类型的一种分析角度，也是研究社会变迁的重要工具。德国社会学家滕尼斯（Tnnies Ferdinand）使用"公社"与"社会"两个概念来区别传统社会与现代社会。在"公社"里，人们的相互关系建立在亲密的、不分你我的私人关系的基础上；在"社会"里，人们的联系则是建立在目的、利益及以此为条件的人们之间保持一定距离的基础上。[2]法国社会学家迪尔凯姆则使用"机械团结"和"有机团结"两个概念来区分传统社会与现代社会。机械团结是这样一种社会联结纽带：它通过强烈的集体意识将同质性的个体结合在一

---

① 约翰·罗尔斯. 正义论[M]. 何怀宏，何包钢，廖申白，译. 北京：中国社会科学出版社，1988：101.
② 贾春增. 外国社会学史[M]. 北京：中国人民大学出版社，2000：67.

起，人们可以在原始社会或传统农村社区中发现这种团结的典型表现；有机团结是一种建立在社会成员异质性和相互依赖基础上的社会联结纽带，人们可以从现代社会中的工业化城市中找到这种团结的典型形式。① 从社会类型上来看，我们可以发现，农村基本上属于传统社会，而城市基本上属于现代社会。传统社会与现代社会有着明显的差异，这种差异不仅表现在经济结构和社会结构上，还表现在文化结构上，从而使得农村文化与城市文化有着明显的差异。

2."内局群体"与"外局群体"理论

社会学家埃利亚斯提出了"内局群体"与"外局群体"的概念。所谓"内局群体"是居于内核、把持文化表达的群体，而"外局群体"是处于边缘地位，接受并巩固文化表达所体现出来的权力关系的群体。② 埃利亚斯提出的这两个概念比较适用于边界清晰、存在不对等关系的群体之间，市民与农民之间的关系就比较适合用这对概念来表述。在整个社会当中，市民作为"内局群体"把持着文化表达，对整个社会的文化氛围、价值取向、公共舆论具有主导作用；而农民作为"外局群体"处于边缘地位，接受并巩固文化表达所体现出来的权力关系，他们无法触及和影响整个社会的核心价值体系，只能根据"内局群体"的取向行动。市民与农民的这种地位关系决定了城市对农村存在文化殖民，而正是这种文化殖民使得农村与城市的文化冲突在所难免。由于市民作为"内局群体"掌握着话语权，使得我们的乡村教育表现为一种城市化的教育，乡村教育成了城市教育的附属产品。对农民来说，他们接受的是城市的文化，这些文化对他们来说是外在的，是强加在他们身上的。

3. 亚文化群体理论

亚文化是相对于主文化而言的。主文化是指在一定族群中占主导或统治地位的文化，也称主流文化；相对地，亚文化是指在这一范围内处于次要地位的文化。③市民群体把持着文化表达的权力，他们的价值观念、行为规范代表着主文化，这一群体构成了主文化群体；而农民群体在整个社会中基本上没有话语权，处于边缘地位，构成了亚文化群体。农民这个亚文化群体在某种程度上往往被市民主文化群体视为"另类"。城市与农村的巨大差异，使得农民群体与市民群体在价值观念、生活习惯、行为规范等方面的差异很明显，这些差异的存在使得市民群体很难认同并接纳农民群体，而农民群体也很难认同市民群体并积极融入这个群体。市民主文化在乡村教育中得到了很好的体现，乡村教育更多地传播着来自城市的主文化，而很少包含农村自身的元素。这使得乡村教育与农村文化出现了明显的背离，乡村教育的现实根基被破坏，从而使得乡村教育表现出了明显的文化冲突现象。

---

① 贾春增. 外国社会学史[M]. 北京：中国人民大学出版社，2000：139—141.
② 杨善华. 当代西方社会学理论[M]. 北京：北京大学出版社，1999：334.
③ 王思斌. 社会学教程（第二版）[M]. 北京：北京大学出版社，2003：42.

（二）文化冲突的表现

农村作为一个传统社会，与城市这个现代社会存在着诸多的文化冲突，这些文化冲突在乡村教育中主要表现为乡村教育更多的是在传播来自城市的文化元素。由于乡村教育传播的内容与农村学生生活的文化环境没有内在的联系，使得乡村教育的很多内容对农村学生来说是很难理解、很难接受的，是一种"外在的知识"。有学者曾经对义务教育阶段语文教材的插图、课文内容、人物特征和语言进行了分析，并指出乡村教材"无论是内容还是形式上，都有一定的文化偏向，这种偏向主要是城市生活的价值取向"[①]。与农村文化相脱离的乡村教育对农村学生来说是极为不利的，这也是乡村教育在整个教育体系中一直处于附属地位的重要原因。同时，乡村教育传播的城市文化对很多农民来说是"没有实际用处的"，而乡村教育又没能有效地发挥传承农村文化的功能，这就使得农村文化越来越枯竭，农村慢慢成了"文化孤岛"。

可见，乡村教育的城市化倾向带来了两个明显问题：一个是乡村教育与农村文化相脱离的问题，乡村教育传播的更多的是城市文化，这使得乡村教育很难摆脱在教育体系中的附属地位；另一个是乡村教育没能有效地发挥传承农村文化的功能，这个问题与第一个问题是相关联的，这直接导致了农村文化的萎缩。考虑到存在的这两个问题，在乡村教育中，应该改变当前乡村教育传播的内容主要来自城市主文化的现状，尽量多一些农村元素，更多地反映农村学生熟悉的生活，更多地传授农村所需的知识，增强乡村教育与农村文化的融合度，真正改变乡村教育在整个教育体系中的弱势地位，实现农村文化的有效传承，从而使乡村教育能够更好地服务于社会主义新农村建设。

第三节　乡村中的个人：乡村教育转型的微观表现

农民对教育的态度与行为能够从微观层面很好地反映出乡村教育转型的显著特征。在现代化日益发展的今天，对于个人的健康成长来说，学校教育、家庭教育和社会教育作为教育的组成部分，都是不可或缺的。家庭教育、学校教育、社会教育无论在教育内容、教育方法上，还是在教育形式和教育效果上，都有其各自的特点。每种教育都有其无可比拟的长处，又有其各自的不足。[②] 大量的研究和实践表明，只有当家庭教育、学校教育和社会教育相互配合、协调一致，形成教育合力时，教育才会收到最佳的效果。在本节中，笔者也正是从学校教育、家庭教育和社

---

① 余秀兰.中国教育的城乡差异——一种文化再生产现象的分析[M].北京:教育科学出版社,2004:11.

② 冯波.学校教育、家庭教育与社会教育"三结合"的意义[J].时代教育(教育教学版),2009(1):112.

会教育这三个方面来对农民的教育态度与行为展开研究的。

一、农民对学校教育的态度与行为

从狭义的角度来说，教育往往指的是学校教育，很多狭义上的教育活动都发生在学校里。在教育领域当中，人们最为关注的往往也是学校教育。学校教育是学生在教师的领导下，通过系统的科学文化知识的学习，不断"超越生活化"和"超越儿童化"的过程。[①] 可以说，学校教育是个人社会化的重要场所，在个人的成长过程中发挥着不可替代的作用。

（一）农民对学校教育的观念

公众教育观念是指公众在日常生活中自发形成的对教育的认识，是公众在当前教育实践中形成的一种以社会心理状态为表现的意识形态，它投射着人们对教育的社会期望，表征着人们对教育价值的认知与评价。同时，作为一种社会心理基础，公众的教育观念对教育改革与发展是一种社会心理支持和社会心理氛围，对教育改革起到保障作用。[②] 可以说，教育观念对教育发展的重要性是不言而喻的。那么，现阶段农民对学校教育的态度与行为处于一种怎样的状况呢？城市化进程的不断加快使得农民的学校教育观念发生了哪些变化呢？

对于"您认为孩子的学习谁的责任更重"这个问题，45.1%的调查对象认为是孩子自己，30.3%的调查对象认为是家长，24.6%的调查对象认为是学校，如表4-2所示。可见，从整体上说，农民群体更多地认为学习是孩子自己的事，这也就表现了很多农民对孩子的学习持一种不过问的态度。城市的情况则完全不同，城市的学生家长非常强调其在孩子学习中的责任。笔者认为，出现这样的城乡差异原因在于：不管是从经济资本，还是从社会资本和文化资本的角度来说，城市家庭资本更加雄厚，他们能够更好地承担起孩子学习的责任。通过进一步的交互分析，笔者发现："上楼农民"与"居村农民"在这一点上不存在显著差异（$\chi^2 = 3.018$，Sig. = 0.221）。但是通过数据的比较还是能够看出"上楼农民"与"居村农民"之间存在的差异："上楼农民"认为对于孩子的学习孩子自己责任更重的比例（43.1%）低于"居村农民"的这一比例（46.4%），而认为对于孩子的学习家长责任更重的比例（33.4%）要高于"居村农民"的这一比例（28.3%）。可见，比较而言，"上楼农民"更加凸显家长对孩子学习的责任，而"居村农民"在孩子的学习上则更加依靠孩子自己，从这一点来说，"上楼农民"与城市居民更加具有同质性。可以说，随着农村城市化进程的不断推进，农民对孩子教育的重视程度会不断上升。

[①] 霍巍，王泽亮. 反思与重建：论学校教育的特殊价值[J]. 教育导刊，2009(6)：8—11.

[②] 蔡笑岳，杨柳艳. 公众教育观念的内隐结构及现状研究——基于广州地区的样本分析[J]. 广州大学学报(社会科学版)，2011(3)：28—34.

表 4-2　被调查农民对孩子学习责任主体的认识

孩子的学习谁的责任更重	人数/人	比例/%
孩子自己	456	45.1
家长	307	30.3
学校	249	24.6
合计	1012	100.0

可以说,随着高等教育向大众化方向发展,同时伴随着大学生就业难的问题越来越凸显,在当下的农村,"读书无用论"思潮越来越盛行。当前愈演愈烈的新"读书无用论"的出现不仅是一个教育问题,也有其深刻的经济、政治与文化根源,是各种因素综合作用的结果,具有内在必然性。[①] 受经济生活压力的影响,农民往往表现出较为明显的功利性,当读书已经很难改变命运时,他们对读书的热情也就不复存在了。现实情况是否果真如此呢? 在笔者的问卷调查中,对于"您认为读书有用吗"这个问题,96.6%的调查对象认为有用,2.7%的调查对象认为说不清楚,只有0.7%的调查对象认为没用,如表 4-3 所示。可见,虽然当下读书对社会流动的作用越来越弱,但是农民群体对读书的作用还是持肯定态度的。当然这与农民群体除了读书之外也没有更好的实现社会流动的方式有很大的关系,所以农民还是把社会流动的希望寄托在读书上。通过进一步的交互分析,笔者发现:"上楼农民"与"居村农民"在这一点上不存在显著差异($\chi^2 = 0.480$, Sig. $= 0.787$),这说明"上楼农民"与"居村农民"在这一点上的一致性程度还是比较高的。

表 4-3　被调查农民对读书作用的认识

对读书的态度	人数/人	比例/%
有用	978	96.6
没用	7	0.7
说不清楚	27	2.7
合计	1012	100.0

应试教育和素质教育的争论在中国教育界持续了很长时间,直到现在这种争论依然还没有结束。人们达成的共识往往是:素质教育是应然,而应试教育是实然。也就是说,大家都认为应该实施素质教育,但是在实施过程中又是按照应试教育来执行。之所以出现这种奇怪的现象,与高考这根指挥棒不无关系。要想改变当前学校教育依然以应试教育为主这一现状,就必须从制度上进行改革。在与 G 中学教师 W、教师 B 访谈过程中,他们都向笔者谈论了自己对素质教育和应试教

---

① 王文龙.读书无用论不仅仅是一个教育问题[J].学术论坛,2010(5):190—193.

育的看法。

这个不是学校能决定的，上面的评价机制摆在那边，评价机制不改变，素质教育就很难开展起来。前几年省教育厅曾进行素质教育改革，但最后走的还是老路。2003年国家教育部实施了新课改，当时新课改的要求是取消偏、难、怪题，结果是越改越偏、越改越难、越改越怪。我就很纳闷，我们的专家到底是怎么调查的？他们到底是怎么编的教材？我举个例子，我们以前学数学的时候，不等式内容是选学，利用不等式组解题全部是选学内容，考试是肯定不会出现的。你看现在的学生，这个是必考题，相当难，百分之九十的这个年龄段的学生接受不了。学生对很多题目感到迷惑不解，他这个年龄段达不到这个水平，以前很多选学的内容现在都成必学了。还有像英语教材也有问题，农村和城市的情况不一样，城市的孩子小学三年级就开始学习英语了，比如26个字母和一些简单的口语，基础就好一些，农村学校是小学阶段不学英语，到了初一才开始学习英语，而农村和城市的英语教材是统一的。我们以前上初一的时候是薄薄的一本教材，单词量和语法都很少，现在的学生是厚厚的一本教材，单词量和语法很多，很多学生天天背都背不过来，有些老师说就算是他们也背不过来。现在的学生太累了，说句实话我觉得现在的学生很可怜，但是老师也没有办法。新课改之后，一个是难，一个是多。学生负担太重，减负减负现在是越减负担越重。你像小学虽然没有升学的压力，但是教育主管部门要给学校排名次，学校就要抓教学，学校要给老师排名次，老师就要抓教学。问题根源不在学校，也不在老师，归根结底还是评价机制的问题，评价机制不改变，这些问题很难得到解决。就像高考就是一个指挥棒，这个指挥棒指向哪里我们就往哪里走。现在家长对孩子的要求很高，他们也认同现行的评价机制，他们认为我的孩子考不上大学，这个教育就是失败的。现在跟教育的主管部门反映这些问题的渠道太少了，新课改这么长时间了这些问题依然存在。我上次去北京，碰见一个浙江的高中老师，我就跟他交流浙江的教育问题，我发现浙江那边的应试教育比这边还要严重。那个老师就说一个是课时量大，周末经常加班。那几年正好是山东省实施减负，规定早上几点之前不能到校，周末不能加班。我跟他说了这个情况之后，他还非常羡慕我们这边。

——G中学教师W

国家为实施素质教育也采取了一些措施，比如说给初中分配升高中的名额，但是很多地方上的教育主管部门认为，主要还是应该通过学生学习成绩的好坏来评价学校的好差，这使得学校只注重抓成绩，为了有好的成绩学校就抓老师，老师就抓学生。老师之间也存在比较，比如说有三个语文老师，这三个语文老师就要根据教学成绩排个一二三。现在老师一方面都在想方设法提高课堂效率，让学生更好地掌握知识；另一方面，课上的时间是有限的，所以很多老师就布置很多作业，让学生课后多学习。对于很多老师来说并不愿意多布置作业，布置了作业还要检查，学生没有完成的还要批评他,老师还得注意批评的方式方法,这对老师来说也是比较烦心的事。为什么老师不愿意做但还是不得不这么做呢? 这与学校对老师的评价、考核机制有关系。虽然上面规定不能排名次,但实际上从全国来说给学生排名次是普遍现象。当然这个现象据我了解在小学要好一些,在初中是很严重的。

——G 中学教师 B

那么农民对应试教育和素质教育又是持什么样的态度呢? 在笔者的问卷调查中,对于"对学生来说实践能力和学习成绩哪个更重要"这个问题,61.5%的调查对象认为实践能力更重要,38.5%的调查对象认为学习成绩更重要,如表 4-4 所示。可见,从整体上说,大部分农民已经不再持"唯成绩论",他们已经认识到实践能力在现实社会的重要性。当然这也必然会存在应然与实然的脱离,虽然农民认为素质教育比较重要,但是他们在行动上依然更注重学习成绩。通过进一步的交互分析,笔者发现:"上楼农民"与"居村农民"在这一点上也不存在显著差异($\chi^2 = 0.929$,Sig. $= 0.335$)。

表 4-4　被调查农民对实践能力和学习成绩的认识

实践能力和学习成绩哪个更重要	人数/人	比例/%
实践能力更重要	622	61.5
学习成绩更重要	390	38.5
合计	1012	100.0

农民作为接受乡村教育的主体,他们对"离农教育"和"留农教育"持怎样的态度呢? 对于"您认为农村的学校教育应该怎么定位"这个问题,60.3%的调查对象认为应该定位在为农村提供人才,39.7%的调查对象认为应该定位在为城市提供人才,如表 4-5 所示。可见,从整体上说,大部分农民是持乡村教育"为农论"的,而当前乡村教育的现状与大部分农民的这一意愿可以说是完全背离的,当前的乡村教育更多地走以城市为导向的城市化道路,乡村教育更多地在为城市培养人才。如果乡村教育一味强调"离农教育",这对农村的发展是极为不利的,很难改变农村教育相对城市教育的附属地位,只能使农村教育慢慢消亡。一味强调"离农教育"是当前乡村教育面临很多困境的根源所在,如何改变乡村教育的这一定位已经成了当前亟须解决的重大问题。通过进一步的交互分析,笔者发现:"上楼农民"与"居村农民"在这一点上不存在显著差异($\chi^2 = 0.972$,Sig. $= 0.324$)。

表4-5　被调查农民对农村学校教育如何定位的认识

对农村学校教育如何定位的认识	人数/人	比例/%
定位在为农村提供人才	610	60.3
定位在为城市提供人才	402	39.7
合计	1012	100.0

（二）农民的学校教育行动

"万般皆下品，唯有读书高"这句话是对人们自古以来重视教育的生动写照，古人也都希望能够通过读书进入上层社会。虽然"读书无用论"在农村的扩散越来越广泛，但是人们对孩子的教育还是非常重视的。从整个被调查农民群体对孩子教育的重视程度（见表4-6）来看，91.6%的调查对象是重视的，7.7%的调查对象重视程度一般，只有0.7%的调查对象是不重视的。可见，农民群体对孩子的教育是非常重视的。通过进一步的交互分析，笔者发现："上楼农民"与"居村农民"在对孩子教育的重视程度上不存在显著差异（$\chi^2=3.829$，Sig. ＝0.147）。

表4-6　被调查农民对孩子教育的重视程度

对孩子教育的重视程度	人数/人	比例/%
重视	927	91.6
一般	78	7.7
不重视	7	0.7
合计	1012	100.0

虽然从观念上来说，农民群体对孩子的教育非常重视，认为教育对孩子的成长起着无可替代的作用，但是农民在孩子的教育上采取的实际行动却非常少。这一情况与很多农民认为学习是孩子自己的事是相一致的，正是由于他们不认为自己是孩子学习的责任主体，所以对孩子学习采取的行动也就比较少。由于受各种原因的影响，农民群体往往表现出"力不从心"的一面，虽然他们知道教育对孩子的重要性，但是他们往往是爱莫能助。笔者认为，农村城市化进程的推进，使农民对孩子教育"力不从心"的原因发生了微妙的变化。在农村大规模推进城市化之前，农民对孩子教育的"力不从心"往往是因为经济资本和文化资本的欠缺。经济资本的欠缺是指家庭经济条件较差，不能为孩子提供良好的学习条件；文化资本的欠缺是指受自身文化水平的限制，农民没有能力对孩子的学习进行辅导。随着农村城市化进程的推进，农民的经济资本和文化资本都有了很大程度的提高，这时候农民对孩子教育的"力不从心"往往是因为社会资本的欠缺，社会资本的欠缺主要是因为很多农民都忙于挣钱，没有时间和精力去过问孩子的学习，弱化了亲子之间的沟通和交流。

在孩子的教育问题上，家庭教育和学校教育都是不可或缺的。家庭教育和学校教育怎样才能更好地配合是一个非常重要的问题,在这个过程中学生家长与学校的沟通是必不可少的。那么学生家长与学校的沟通处于一种怎样的现状呢?从整个被调查农民群体与孩子所在学校的沟通情况来看,58.9%的调查对象表示沟通频率一般,20.9%的调查对象表示沟通很少,20.2%的调查对象表示沟通很多。可见,从整体上来说,农民群体与孩子所在学校的沟通频率并不高。当然这一现象在城市家庭中也是明显存在的,现在很多人往往是忙于工作,很少向学校过问孩子的学习情况,从而弱化了学校教育与家庭教育的配合。通过进一步的交互分析,笔者发现:"上楼农民"与孩子所在学校的沟通很少的比例(17.8%)低于"居村农民"的这一比例(23.0%),而沟通很多的比例(22.8%)则要高于"居村农民"的这一比例(18.4%),如表4-7所示。这说明比较而言,"上楼农民"与孩子所在学校的沟通频率要高于"居村农民",但是卡方检验的显著性水平并不高($\chi^2 = 5.448$, Sig. $= 0.066$)。

表4-7 "居村农民"和"上楼农民"与学校沟通情况

	与学校沟通情况					
	很少		一般		很多	
	人数/人	比例/%	人数/人	比例/%	人数/人	比例/%
"居村农民"(608人)	140	23.0	356	58.6	112	18.4
"上楼农民"(404人)	72	17.8	240	59.4	92	22.8
卡方检验	$\chi^2 = 5.448$, Sig. $= 0.066$					

学校开家长会是学校与家长沟通的常见方式之一,有利于帮助学生家长了解学生在学校的表现情况,更好地实现学校教育与家庭教育的配合。农民参加家长会频率的高低能够很好地反映出其与学校的具体沟通状况。从整个被调查农民群体参加家长会的频率来看,44.5%的调查对象表示参加频率一般,37.8%的调查对象表示参加很多,17.7%的调查对象表示很少参加,如表4-8所示。可见,从整体上来说,农民群体参加家长会的频率并不高,这一方面反映出家长对孩子学习的不关心,另一方面也反映出学校教育与家庭教育配合的缺失。通过进一步的交互分析,笔者发现:"上楼农民"与"居村农民"在参加家长会频率上不存在显著差异($\chi^2 = 2.250$, Sig. $= 0.325$)。

表4-8 被调查农民参加家长会频率

参加家长会频率	人数/人	比例/%
很少	179	17.7
一般	450	44.5
很多	383	37.8
合计	1012	100.0

对于农民参加家长会的情况，学校的老师是怎么看的呢？G 中学教师 T 的访谈资料，可以从另外一个侧面说明农民对参加学校家长会的态度。

> 我们学校开家长会还是比较多的，一个学期能开三四次，家长基本上都能参与，这一块还是比较好的，因为家长不好意思不来。他们平时很少来学校，再不来孩子也会有想法，只要有时间家长基本都会来。家长对子女教育从主观上来说是重视的，从客观上来说还是不行，不具备相关的能力和条件。农村的环境和城市的环境还是不一样的。开家长会跟家长的沟通还是比较顺畅的，家长对孩子的期望也是比较高的，但是他们不知道该怎么办。另一个就是家长总是找理由，说自己太忙，希望老师加强对孩子的管理。现在家庭教育的重要性越来越凸显，孩子能否有所成就，很大程度上归因于家庭教育。光指望学校教育是不行的，因为学校教育的侧重点还是文化课的内容，很多良好习惯的养成还是需要家庭教育。我观察了很多学生，发现有一个共性：凡是成绩前几名的学生基本上不需要老师管，而那些需要老师管的学生往往成绩都不好。

> ——G 中学教师 T

波普金（Popkin Samuel）认为，农民在进行经济决策时，同样受市场规律支配，他们犹如资本主义的公司一样，瞻前顾后，权衡长期和短期的收益，最后做出利益最大化的选择。[①] 随着农民经济资本的大幅度提高，其对孩子教育的投入力度也在不断加大。2006 年，零点研究咨询集团的一项调查显示，中国家庭教育花费已接近家庭总收入的 1/3，农村家庭每年用在子女身上的教育花费连续两年增长率超过 20%。在 2007 年度城乡居民生活质量调查中，零点对 3355 名城乡居民进行的调查结果显示，四成居民（41.8%）认为"与所受到的教育质量相比，当前的教育花费是不值得的"，认为教育花费物有所值者仅占 16%，并且学历越高的群体中，认为"不值得"的人的比例越高。[②] 根据零点的调查结果，笔者发现：一方面是人们对教育的投入比较大，占家庭收入的比例比较高；另一方面人们对教育投入的质疑也比较大。

人们对教育投入的质疑势必会影响教育投入情况。零点的调查离笔者的调查也已经过去有几年的时间了，那么当前人们对子女的教育投入处于怎样的状况呢？从整个被调查农民群体对孩子的教育投入来看，52.1% 的调查对象表示教育投入一般，43.4% 的调查对象表示投入很多，只有 4.5% 的调查对象表示投入很少，如表 4-9 所示。可见，从整体上来说，农民群体对孩子的教育投入并不是太多，这恰恰说明人们对子女教育投入的热情已经降温很多了。通过进一步的交互分析，笔

① Samuel P. The Rational Peasant：The Political Economy of Rural Society in Vietnam[M]. Los Angeles：University of California Press，1979.

② 王俊秀. 中国家庭教育投入的拐点[J]. 社区，2008(12)：16—17.

者发现:"上楼农民"与"居村农民"在对孩子的教育投入上不存在显著差异(χ^2 = 4.218,Sig. =0.121)。

表 4-9　被调查农民对孩子的教育投入情况

对孩子的教育投入	人数/人	比例/%
很少	46	4.5
一般	527	52.1
很多	439	43.4
合计	1012	100.0

给孩子购买学习辅导书是家庭教育投入的一个组成部分,虽然这部分投入在家庭教育投入中所占比重并不是太高,但也能反映出家长对孩子教育投入的状况。从整个被调查农民群体给孩子购买学习辅导书的情况来看,53.0%的调查对象表示购买数量一般,37.5%的调查对象表示购买数量很多,9.5%的调查对象表示购买数量很少,如表 4-10 所示。可见,从整体上来说,农民群体给孩子购买学习辅导书并不多。通过进一步的交互分析,笔者发现:"上楼农民"与"居村农民"在给孩子购买学习辅导书上不存在显著差异(χ^2=1.707,Sig. =0.426)。

表 4-10　被调查农民给孩子购买学习辅导书情况

给孩子购买学习辅导书的数量	人数/人	比例/%
很少	96	9.5
一般	536	53.0
很多	380	37.5
合计	1012	100.0

(三)农民对学校教育的期望

"望子成龙,望女成凤",可以说是很多父母对子女的期望。所谓期望,亦称期待、预期、希望。美国心理学家维克多·弗隆姆(Victor Vroom)于 1964 年在他的经典著作《工作与激励》一书关于期望理论的论述中指出,人总是渴求满足一定的需要并设法达到一定的目标。这个目标在尚未实现时,表现为一种期望。因此,教育期望也就是主体在设定了一定的教育目标情况下,在目标尚未达到时所具有的一种期待或期望。[①] 从科尔曼开始,教育期望被认为是家庭内部社会资本的重要指标,因为家庭期望高低往往与父母对孩子的关注和投入成正比。科尔曼认为,在传统社会中,儿童在成长过程中会受到家庭和邻里中成年人的"持续关注",这构成

---

① 李姗姗,于伟.农民教育期望——高等教育改革一种可能的阐释[J].河北师范大学学报(教育科学版),2010(1):104-107.

了儿童成长的重要社会资本。① 从整个被调查农民群体对孩子的教育期望来看，48.5%的调查对象表示希望孩子以后能读到博士，29.4%的调查对象表示希望孩子以后能读到本科，12.6%的调查对象表示希望孩子以后能读到硕士，5.9%的调查对象表示希望孩子以后能读到大专，另外还有3.2%的调查对象表示希望孩子以后能读到高中，0.3%的调查对象表示希望孩子以后能读到初中，如表4-11所示。可见，从整体上来说，农民群体对孩子的教育期望还是比较高的。

表 4-11　被调查农民对孩子的教育期望

对孩子的教育期望	人数/人	比例/%
小学	0	0
初中	3	0.3
高中	32	3.2
大专	60	5.9
本科	298	29.4
硕士	128	12.6
博士	491	48.5
合计	1012	100.0

为什么在读书对促进社会流动的作用渐趋微弱的情况下农民对孩子的教育期望依旧较高呢？笔者认为，这同样与农民向上层社会流动的机会过少有关。除了读书，农民没有更好的让子女实现向上层社会流动的途径。比较而言，教育对部分农民来说依然是一条有效的实现社会流动的途径。通过进一步的交互分析，笔者发现："上楼农民"希望孩子能读到博士的比例（51.0%）高于"居村农民"的这一比例（46.9%），希望能读到本科的比例（25.7%）低于"居村农民"的这一比例（31.9%）。由此可见，从整体上来说，"上楼农民"对孩子的教育期望更高一些，但是其显著性水平很低（$\chi^2 = 9.538$, Sig. $= 0.089$）。笔者认为，这与"上楼农民"更加希望自己的孩子能够实现社会流动有关。

虽然随着教育城乡一体化进程的推进，乡村教育和城市教育的差距逐渐缩小，但是这种差距的缩小更多地体现在硬件设施上差距的缩小。从软件上来说，城乡教育的差距在不断扩大，形成了一条不可能跨越的鸿沟，这在很大程度上影响了农村学校的教育质量。因此，在其他条件相同的情况下，选择就读于农村学校，也就意味着"鲤鱼跳龙门"的成功率大大下降了。对于"如果能选择，您希望孩子在农村的学校还是城市的学校上学"这个问题，80.5%的调查对象表示希望孩子在城市的

---

① Coleman J S. Social capital in the creation of human capital. [J] The American Journal of Sociology, 1988 (94): 95-120.

学校上学,如表4-12所示。可见,大部分农民还是希望自己的孩子能够在城市的学校上学,这与城市学校的硬件环境和软件环境都较好有关。通过进一步的交互分析,笔者发现:"上楼农民"与"居村农民"在这一点上不存在显著差异($\chi^2 = 0.837$, Sig. $= 0.360$)。

表4-12 被调查农民希望孩子在哪里上学

希望孩子在哪里上学	人数/人	比例/%
希望在农村学校上学	197	19.5
希望在城市学校上学	815	80.5
合计	1012	100.0

学校应试教育的不断强化,使得学校之间的分层现象也越来越严重,形成了重点学校与非重点学校之分。重点学校与非重点学校在硬件和软件上都存在显著的差异,因此重点学校也就更受学生家长青睐,这也反映出家长对孩子教育的较高期望。对于"如果能选择,您希望孩子在重点学校还是非重点学校上学"这个问题,95.4%的调查对象表示希望孩子在重点学校上学。可见,绝大多数农民希望自己的孩子能够在重点学校上学。通过进一步的交互分析,笔者发现:"上楼农民"与"居村农民"在这一点上不存在显著差异($\chi^2 = 0.142$, Sig. $= 0.706$),这两个农民群体在这一点上存在较为明显的一致性。对于重点学校与非重点学校的差异,G中学教师D在访谈中向笔者讲述了自己的看法。

应该把学校建得都差不多,不要再把学校分成重点学校、普通学校了。城里学校有什么,农村学校也有,这样就不会出现择校现象了。然后让学生们就近入学,我觉得这样的教育对孩子们来说是很幸福的。

——G中学教师D

在计划经济时期,农民安心地在自己的一亩三分地上从事农业生产,他们的心态是平静而祥和的,他们对农村和农业有着他们自己独特的感情。农村城市化进程的推进破坏了这种平静与祥和,可以说,现在的农民已经对农村和农业失去了兴趣,农民不仅希望自己能够脱离农村和农业,更希望自己的孩子能够脱离农村和农业。农民在心态上发生的这种改变使笔者不得不对农村和农业的发展忧心忡忡,对于一个大家都想离开的地方来说,它未来的希望在哪里呢?在笔者的问卷中,71.8%的调查对象表示希望孩子以后在城市发展,25.6%的调查对象表示无所谓,只有2.6%的调查对象表示希望孩子以后在农村发展,如表4-13所示。从这里的分析能看出:大多数农民还是希望自己的孩子以后在城市发展,这也反映了农民的市民化意愿很高。这么高的市民化意愿对农村的发展来说是好还是坏呢?笔者认为,市民化对农民来说本身就是一个陷阱,这并不是大多数农民的正确发展方向,只能是强化农民的边缘人地位。通过进一步的交互分析,笔者发现:"上楼农民"与

"居村农民"在这一点上不存在显著差异（$\chi^2 = 1.285$，Sig.$= 0.526$）。

表 4-13　被调查农民对孩子将来在哪里发展的态度

希孩子将来在哪里发展	人数/人	比例/%
农村	26	2.6
城市	727	71.8
无所谓	259	25.6
合计	1012	100.0

对于"您愿意您的孩子以后从事农业吗"这个问题，81.0%的调查对象表示不愿意。可见，大部分农民希望自己的孩子以后能够脱离农业。通过进一步的交互分析，笔者发现："上楼农民"与"居村农民"在这一点上不存在显著差异（$\chi^2 = 2.344$，Sig.$= 0.126$）。可以说，农业是农村发展的根基所在。改革开放以来，家庭联产承包责任制极大地激发了农民的生产积极性，促进了农业的极大发展。但是，随着时代背景发生变化，家庭联产承包责任制的优越性是否依旧存在呢？笔者认为：家庭联产承包责任制的提出是有其时代意义的，在当时的时代背景之下是有利于农业和农村的大发展的，但是这种优越性正在慢慢减弱。受各种因素的影响，现在在农村从事农业生产的基本上都是老人或者妇女，农民对务农的积极性已经不复存在，以家庭为单位的小规模经营农业与时代背景已经表现出了极大的不协调性。当前，国家也正在积极探索新的土地流转模式，试图改变已有的家庭联产承包责任制带来的一些弊端。

（四）农民对学校教育的满意度

虽然当前农村教育面临着一系列刻不容缓、亟须解决的问题，但是从历史的角度来看，我们不得不承认农村教育发生了翻天覆地的变化。当然现在我们也很难说这种变化对农村教育的发展来说就是好的，很多都需要历史来判断。对于农村教育发生的这些翻天覆地的变化，农民是否满意呢？这是笔者所关心的问题。在学校教育中，教师扮演着非常重要的角色，是学校教育的直接承担者，教师能力高低在很大程度上可以决定学校的教育质量。当前乡村教育的师资队伍可以说存在不少问题，从工作态度上来说，有不少教师并不安心于工作，而是想着什么时候能够离开乡村学校；从教学能力上来说，有的教师由于学历层次偏低、年龄老化等原因，严重限制了自身的教学能力。这些问题在笔者对 G 中学教师 W 的访谈中都有所反映。

G 中学已经差不多 10 年没有进新教师了，10 年前 G 中学有 180 多个老师，10年内只进过个别老师，一部分老师退休了，一部分分流到小学了，一部分教学能手上城里的学校了，加上代课老师的清退，现在只剩 80 多个老师。从老师方面来说出现了两个现象，第一个现象是现在慢慢开始出现年龄结构老化，很多老教师一方面教学素质要差一些，另外一方面随着时间推移教学热情也跟不上，这直接导致他们培养的学生基础也较差。第二个现象是能走的优秀教师基本上走得差不多了，没走的基本上就属于不具备或者还没具备走的能力或者快退休了。当然不一定是优秀教师就能走，因为这个还存在一些其他因素，调动不是完全看政绩，就像我们的官员升迁一样，有政绩的不一定都能得到升迁。

——G 中学教师 W

可以说，城乡学校在师资配置上存在着明显的差距，乡村学校的教师明显表现出学历层次低、观念落后、知识结构老化、中高级职称比例低等特征。那么农民群体对乡村学校师资条件是否满意呢？从整个被调查农民群体对孩子学校老师的满意度来看，73.0%的调查对象表示满意，24.8%的调查对象表示满意度一般，只有2.2%的调查对象表示不满意，如表4-14所示。可见，从整体上来说，农民群体对孩子学校老师的满意度是比较高的。通过进一步的交互分析，笔者发现："上楼农民"与"居村农民"在对孩子学校老师的满意度上不存在显著差异（$\chi^2 = 1.030$，Sig.$= 0.597$）。

表 4-14　被调查农民对孩子学校老师的满意度

对孩子学校老师的满意度	人数/人	比例/%
不满意	22	2.2
一般	251	24.8
满意	739	73.0
合计	1012	100.0

对于学校教育来说，学校的教学条件也是决定教育质量的一个重要因素。在与 G 中学 W 教师的访谈过程中，他非常形象生动地向笔者讲述了学校教学条件的重要性。

比如说不做实验的话，很多学生就不理解，这样教学效果就差。我教生物就很有体会，学生如果做过实验，他们对教学内容就能很好地理解，很直观、很形象；如果没有做过实验，他们就只能很抽象地去想这是怎么回事。我住的小区里有个××中学的学生，有一次他问一个教学内容是怎么回事，我跟他泛泛地讲他就很难理解。做实验对老师来说可以省很多事，让学生能更好地理解教学内容。

——G 中学教师 W

从整个被调查农民群体对孩子学校教学条件的满意度来看，59.5%的调查对象表示满意，35.1%的调查对象表示满意度一般，只有5.4%的调查对象表示不满意，如表4-15所示。可见，从整体上来说，农民群体对孩子学校教学条件的满意度还是比较高的，这与近些年农村教育的硬件设施有了很大改善有关。这一点在笔者调查的 Y 市就能很好地反映出来。Y 市实施了教育装备现代化工程，完成了农村学校教学仪器更新,启动了标准化实验室、仪器室、图书配置工程及图书室配置建设,基本达到了省定标准,全市所有学校实现了"班班通"。[①] Y市经济社会发展情况较好,所以其对农村教育的投入还是比较大的,从而使得农民对农村教育较为满意。通过进一步的交互分析,笔者发现:"上楼农民"与"居村农民"在对孩子学校教学条件的满意度上不存在显著差异($\chi^2 = 3.308$, Sig. $= 0.191$)。

表 4-15 被调查农民对孩子学校教学条件的满意度

对孩子学校教学条件的满意度	人数/人	比例/%
不满意	55	5.4
一般	355	35.1
满意	602	59.5
合计	1012	100.0

可以说,教育质量是学校发展的生命力所在,现在盛行的"择校热"就是出于对学校教学质量的考虑。当然这个教育质量更多的是从学校的教学成绩来说的,而对于乡村学校来说,由于教学内容的城市化,使得教师在教学过程中面临各种困难,学生的学习成绩也很难得到提升。这一点在笔者与S幼儿园教师Z的访谈中得到了很好的反映。

城里的孩子见识多,懂的也多,农村的孩子接触的东西太少。我们幼儿园上公开课的时候,同样的老师在城里给孩子们上课引导得很好,在这里上课很多孩子就很难接受,这就是知识面上的差异造成的。教材不是根据农村的情况来制定的,而是跟城里一样的教材,教材里面的有些内容对农村的孩子来说就不是很适合,你跟农村的孩子讲有些东西根本不好讲,因为他从来没见过这些东西。平时给孩子上课的时候,碰到有些内容孩子根本没见过,我就只好告诉孩子要好好学习,将来进城可以亲眼看一看、摸一摸这些东西,这对孩子来说就是一个"善意的谎言"。如果教材里面的东西在农村也都有,那孩子就很好理解了,这样的教材对农村孩子来说才是适合的。所以说归根到底原因还是在于农村的发展远远不如城市,所以应该通过发展农村来开阔农村孩子的视野,让农村和城市的差别更小。对于有些很现代化的东西,老师也只是在书上或者电视上看到过,对于孩子来说就更难理解了。

——S幼儿园教师Z

从整个被调查农民群体对孩子学校教育质量的满意度来看,62.5%的调查对象表示满意,34.0%的调查对象表示满意度一般,只有3.5%的调查对象表示不满意,如表4-16所示。可见,从整体上来说,农民群体对孩子学校教育质量的满意度

① 引自《Y市教育事业发展第十二个五年规划》。

还是比较高的。通过进一步的交互分析,笔者发现:"上楼农民"与"居村农民"在对孩子学校教育质量的满意度上不存在显著差异($\chi^2 = 0.952$, Sig. $= 0.621$)。

表 4-16 被调查农民对孩子学校教育质量的满意度

对孩子学校教育质量的满意度	人数/人	比例/%
不满意	35	3.5
一般	344	34.0
满意	633	62.5
合计	1012	100.0

对很多农民来说,特别是那些持"唯成绩论"的农民来说,孩子的学习成绩是十分重要的。那么笔者调查的农民群体对孩子学习成绩的满意度如何呢? 46.0%的调查对象表示满意度一般,30.3%的调查对象表示满意,23.6%的调查对象表示不满意。可见,从整体上来说,农民群体对孩子学习成绩的满意度并不高。通过进一步的交互分析,笔者发现:"上楼农民"与"居村农民"在对孩子学习成绩的满意度上存在显著差异($\chi^2 = 10.770$, Sig. $= 0.005$)。"上楼农民"对孩子学习成绩不满意的比例为 21.3%,而"居村农民"的这一比例为 25.2%;"上楼农民"对孩子学习成绩满意度一般的比例为 42.6%,而"居村农民"的这一比例为 48.4%;"上楼农民"对孩子学习成绩满意的比例为 36.1%,而"居村农民"的这一比例为 26.5%,如表 4-17所示。可见,"上楼农民"对孩子学习成绩满意的比例要高于"居村农民"。笔者认为这与"上楼农民"对孩子的教育期望更高有关系。

表 4-17 "居村农民"和"上楼农民"对孩子学习成绩满意度

	对孩子学习成绩满意度					
	不满意		一般		满意	
	人数/人	比例/%	人数/人	比例/%	人数/人	比例/%
"居村农民"(608 人)	153	25.2	294	48.4	161	26.5
"上楼农民"(404 人)	86	21.3	172	42.6	146	36.1
卡方检验	$\chi^2 = 10.770$, Sig. $= 0.005$					

二、农民对家庭教育的态度与行为

家庭教育、学校教育和社会教育构成了教育的全部。据专家统计,在中国,一个人的成长过程中,家庭教育占 70%,学校教育占 20%,社会教育占 10%。而在美国,一个人的成长过程中,家庭教育占 50%,学校教育占 20%,社会教育占 30%。虽然家庭教育在中国和美国所占的比例有所差异,但总体来说,家庭教育在一个人的成长过程中始终是占最大部分的。① 通过上面的数字我们很容易看出家庭教育的重要性，可以说，家庭教育是学校教育和社会教育的基础，它所发挥的功能是学校教育和社会教育无法取代的。既然家庭教育有着如此重要的地位，对家庭教育进行深入分析就显得尤为必要。

（一）农民对家庭教育的态度

家庭教育对于个人的成长来说无疑具有不可替代的重要性。农民对子女的家庭教育处于怎样的状况呢？在与 G 中学教师 B 的访谈中，他向笔者发表了自己对这一问题的看法，从中可以看出农民在家庭教育上差异很大。

通过与家长的沟通，我发现很多家长对孩子的管理基本上处于空白状态。现在的农村家长在农闲的时候基本上都出去打工了，基本上是早上出去打工，晚上回家。家长晚上回家后就问一下孩子作业写完了吗，学生说写完了，家长就在作业上签个字就完了。加上很多家长文化水平不高，他们反映对孩子写的作业看不懂，没有办法辅导。到了初一下学期的时候，很多家长就说，原先还管得住，现在管不了了，该说的话也说了，该用的方式也用了，还是这个样子，有点放弃的感觉。而有的家长就不这样，有的家庭父母一方外出打工，另外一方在家专职督促孩子学习，让孩子尽量在初一打好基础。从这个角度来说对孩子的教育问题，对文化知识教育的重视，感觉家长之间的差异很大。这对孩子的学习成绩影响很大，从我们班学生的学习成绩就能看出来，那些家长一直抓得比较严的孩子，学习成绩都比较好，而那些家长不管不问、放野马一样的孩子，作业不完成，即使写完了也是应付一下，这些孩子的学习成绩基本上比较差。玩是孩子的天性，如果你放开让他玩，那他肯定就玩去了。管理好孩子是很难的，这需要家长动脑子，采取一些方式方法，很多家长在这方面比较欠缺。家庭教育对孩子的学习影响是很大的，家长重视，孩子才能感觉到学习的重要性。

——G 中学教师 B

那么农村的学生家长有没有充分认识到家庭教育的重要性呢？从整个被调查农民群体对孩子家庭教育重要性的认识来看，91.7% 的调查对象认为重要，7.4% 的调查对象认为重要性一般，只有 0.9% 的调查对象认为不重要，如表 4-18 所示。可见，农民群体对孩子家庭教育的重要性认识还是比较到位的。通过进一步的交互分析，笔者发现："上楼农民"与"居村农民"在对孩子家庭教育重要性的认识上不存在显著差异（$\chi^2 = 3.098$, Sig. = 0.213）。

---

① 黄小勇，黄菜方. 中美家庭教育的比较及启示[J]. 武汉理工大学学报（社会科学版），2009（4）：101—104.

表 4-18　被调查农民对家庭教育重要性的认识

对家庭教育重要性的认识	人数/人	比例/%
不重要	9	0.9
一般	75	7.4
重要	928	91.7
合计	1012	100.0

城乡教育的差异不仅仅体现在学校教育当中,还体现在学校教育之外。城里孩子请家教、上辅导班、参加特长培训班的情况比较普遍,但这些现象在乡村却很少。为了解这方面的情况,笔者在问卷中也设置了相关的问题。对于"您想给孩子请家教或让孩子上学习辅导班吗"这个问题,68.5%的调查对象表示想。可见,大部分农民还是想给孩子请家教或让孩子上学习辅导班的,这也体现出了父母对孩子学习的重视。通过进一步的交互分析,笔者发现:"上楼农民"与"居村农民"在这一点上不存在显著差异($\chi^2=0.845$,Sig. $=0.358$)。对于"您想让孩子参加特长培训班吗"这个问题,74.6%的调查对象表示想。可见,大部分农民还是希望孩子能够有一技之长的,这也体现出了父母对孩子素质培养的重视。通过进一步的交互分析,笔者发现:"上楼农民"与"居村农民"在这一点上也不存在显著差异($\chi^2=2.353$,Sig. $=0.125$)。在现实中,农民在这两个方面确实表现出了明显的高意愿、低能力这样的矛盾。对农民来说,他们很希望自己的孩子能够跟城里的孩子一样,去上学习辅导班、参加特长培训班,但由于经济资本和社会资本的匮乏,现实往往并不允许他们这么做。

在与 G 中学教师 D 的访谈过程中,他向笔者讲述了农村学生家长对学生特长学习不重视的情况,并对不重视的原因进行了分析。

农村家庭对孩子特长的学习也不重视,比如说城里的孩子基本上都要学一个特长,什么绘画啊、钢琴啊,农村就基本上没有。我问我们班里的学生有谁学过什么特长,基本上没有学生回答的。出现这种情况的原因我认为是:第一,与农村里没有学习这些特长的机构有关,农村孩子要学就得去城里学,这对农村的学生来说不方便;第二,农村的学生家长也没有这个闲钱;第三,在农村没有学习特长的氛围,从众心理比较明显。你不去,我也不去,大家都不去。就像大学里面的考研一样,大家都考研的话你也会去,大家都考博的话你也会去,如果一个都没有的话你也不会去。

——G 中学教师 D

(二)农民的家庭教育能力

父母是家庭教育的直接承担者,因此,父母的家庭教育能力会直接影响到家庭教育的水平。从整个被调查农民群体对家庭教育相关知识的了解情况来看,

67.4%的调查对象表示对家庭教育相关知识了解程度一般，17.9%的调查对象表示对家庭教育相关知识很了解，14.7%的调查对象表示不了解家庭教育相关知识。可见，调查对象对家庭教育相关知识了解的并不多。通过进一步的交互分析，笔者发现："上楼农民"与"居村农民"在对家庭教育相关知识的了解上存在显著差异（$\chi^2 = 18.591$，Sig. $= 0.000$）。"上楼农民"对家庭教育相关知识不了解的比例为13.6%，而"居村农民"的这一比例为15.5%；"上楼农民"对家庭教育相关知识了解程度一般的比例为62.1%，而"居村农民"的这一比例为70.9%；"上楼农民"对家庭教育相关知识很了解的比例为24.3%，而"居村农民"的这一比例为13.7%，如表4-19所示。可见，比较而言，"上楼农民"对家庭教育相关知识的了解程度要高于"居村农民"。笔者认为，"上楼农民"与"居村农民"出现这样差异的原因在于"上楼农民"的受教育程度总体上要高于"居村农民"。[1]

表4-19　"居村农民"和"上楼农民"对家庭教育相关知识的了解程度

	对家庭教育相关知识的了解程度					
	不了解		一般		很了解	
	人数/人	比例/%	人数/人	比例/%	人数/人	比例/%
"居村农民"（608人）	94	15.5	431	70.9	83	13.7
"上楼农民"（404人）	55	13.6	251	62.1	98	24.3
卡方检验	$\chi^2 = 18.591$，Sig. $= 0.000$					

　　笔者在问卷中分别设置了调查对象督促孩子学习、陪孩子学习、对孩子学习进行辅导情况的问题。可以说，这三个方面是依次递进的关系，对于调查对象来说，越是要做到后面的情况难度越大。因此，笔者认为，按照正常的逻辑来说，越是往后面，调查对象能够做到的比例会越低。[2] 从整个被调查农民群体督促孩子学习的情况来看，68.4%的调查对象表示经常督促孩子学习，22.9%的调查对象表示督促孩子学习的频率一般，只有8.7%的调查对象表示很少督促孩子学习。可见，调查对象还是经常督促孩子学习的。通过进一步的交互分析，笔者发现："上楼农民"与"居村农民"在督促孩子学习上不存在显著差异（$\chi^2 = 1.967$，Sig. $= 0.374$）。从整个被调查农民群体陪孩子学习的情况来看，42.2%的调查对象表示经常陪孩子学习，38.7%的调查对象表示陪孩子学习的频率一般，19.1%的调查对象表示很少

---

　　① 这一点在笔者的问卷调查中得到了证实，"上楼农民"受教育程度在高中及以上的比例为28.0%，而"居村农民"的这一比例仅为17.6%。

　　② 通过后面的分析可以发现，调查对象经常督促孩子学习的比例为68.4%，经常陪孩子学习的比例为42.2%，经常对孩子学习进行辅导的比例为35.0%。可见，越是后面其比例是越来越低的，这个结果与笔者预测的逻辑是一致的。这也从另外一个侧面对问卷的信度进行了检验，说明问卷的信度还是比较高的。

陪孩子学习。可见,调查对象经常陪孩子学习的比例并不高,这与很多农民忙于外出务工、养家糊口,没有时间陪孩子学习有很大的关系。通过进一步的交互分析,笔者发现:"上楼农民"很少陪孩子学习的比例(17.3%)低于"居村农民"的这一比例(20.2%),经常陪孩子学习的比例(46.3%)高于"居村农民"的这一比例(39.5%),如表4-20所示。由此可见,比较而言,"上楼农民"陪孩子学习的频率更高一些,但是其显著性水平很低($\chi^2 = 4.701$,Sig. $= 0.095$)。

表4-20 "居村农民"和"上楼农民"在家里陪孩子学习情况

	在家里陪孩子学习情况					
	很少		一般		经常	
	人数/人	比例/%	人数/人	比例/%	人数/人	比例/%
"居村农民"(608人)	123	20.2	245	40.3	240	39.5
"上楼农民"(404人)	70	17.3	147	36.4	187	46.3
卡方检验	$\chi^2 = 4.701$,Sig. $= 0.095$					

从整个被调查农民群体对孩子学习进行辅导的情况来看,37.9%的调查对象表示对孩子学习进行辅导的频率一般,35.0%的调查对象表示经常对孩子学习进行辅导,同时还有27.1%的调查对象表示很少对孩子学习进行辅导。可见,调查对象经常对孩子学习进行辅导的比例并不高,这与农民自身受教育程度低、不具备对孩子的学习进行辅导的能力有很大关系。比较而言,城市孩子的父母往往能够对孩子的学习进行辅导,即使没有时间辅导的也会通过请家教和上辅导班等形式来对孩子的学习进行辅导,从而在学业成就上产生了明显的城乡差异。通过进一步的交互分析,笔者发现:"上楼农民"与"居村农民"在对孩子学习进行辅导上存在显著差异($\chi^2 = 12.519$,Sig. $= 0.002$)。"上楼农民"很少对孩子学习进行辅导的比例(23.3%)低于"居村农民"的这一比例(29.6%),经常对孩子学习进行辅导的比例(41.3%)高于"居村农民"的这一比例(30.8%)。可见,比较而言,"上楼农民"对孩子学习进行辅导的频率更高一些。笔者认为,这同样与"上楼农民"的受教育程度高于"居村农民"有关。

目前我国家庭教育中不少家长忽视了子女的道德教育,产生不少问题。有的家长对子女过分宠溺,导致孩子滋生骄横、虚荣的心理;有的家长对子女期望过高,使孩子不堪重负,导致孩子性格孤僻,不易和人沟通;有的家长作风不正,利用手中的权力索拿卡要、吃喝玩乐、挥霍浪费,子女耳濡目染,久而久之,思想也受到影响。[①] 从整个被调查农民群体对孩子进行思想道德教育的情况来看,69.6%的调

---

① 戴颖娟. 对加强青少年思想道德教育的思考[J]. 贵州社会科学,2009(8):114-116.

表4-21　"居村农民"和"上楼农民"对孩子学习辅导情况

	对孩子学习辅导情况					
	很少		一般		经常	
	人数/人	比例/%	人数/人	比例/%	人数/人	比例/%
"居村农民"(608人)	180	29.6	241	39.6	187	30.8
"上楼农民"(404人)	94	23.3	143	35.4	167	41.3
卡方检验	$\chi^2=12.519$, Sig. $=0.002$					

查对象表示经常对孩子进行思想道德教育,24.7%的调查对象表示对孩子进行思想道德教育的频率一般,只有5.7%的调查对象表示很少对孩子进行思想道德教育。可见,大多数调查对象还是会经常对孩子进行思想道德教育的。可以说,在当前这个人们的道德水准越来越受质疑的时代,思想道德教育是家庭教育的重要内容,其重要性在当下越来越凸显。通过进一步的交互分析,笔者发现:"上楼农民"与"居村农民"在对进行思想道德教育上不存在显著差异($\chi^2=0.202$, Sig. $=0.904$)。可以说,这两个农民群体在这一点上表现出较为明显的一致性。

对于学生的家庭教育,老师又是怎么看的呢?通过下面两位老师的访谈资料,可以从另一个侧面反映出农民的家庭教育态度与行为。

农村幼儿的家庭教育很差。现在很多孩子的自理能力很差,我教的中班的学生很多鞋带也不会系、扣子也不会扣、拉链也不会拉、吃饭还得喂。现在很多家长都外出打工,就把孩子交给爷爷奶奶管,爷爷奶奶只要保证孩子不摔着、磕着,其他的什么也不管,孩子上下学一般都是爷爷奶奶接送。对于幼儿教育来说,不光老师的素质需要提高,家长的素质也需要提高。我觉得孩子的教育需要老师和家长的共同配合,但是有些家长却根本不过问孩子在幼儿园的情况。老师要是跟家长提一提孩子的一些问题,有些家长就会觉得很烦,还说:"你怎么尽提我孩子的缺点?我觉得我的孩子好着呢。"上次开家长会的时候,我跟有些家长提了孩子的一些问题,他们也只是笑笑,什么也不说。家长总是觉得孩子现在年龄还小,等年龄大了自然就好了,家长没有意识到很多习惯都是从小养成的,幼儿阶段的教育是很重要的。现在很多家长光顾着向"钱"看了,疏忽了对孩子的教育和照顾。你看现在十六七岁的孩子犯罪的多多啊,现在的小孩到了初中就很难管了。前段时间初中还发生过学生用刀捅老师的事件,所以从小要加强对孩子的教育。很多家长也是希望自己的孩子比人家的孩子强,但就是不知道教育方法。有的家长还上学校骂老师,家长不认为老师对孩子严格管理是为了孩子好。

——S幼儿园教师Z

从农村这一块来讲，家庭教育比较欠缺。农村学生家长的文化素质不高，他们对孩子的教育关注也比较少，学生家长一般都忙于外出打工挣钱，对孩子的管理薄弱一点，加上学生家长平时也不关注教育这些东西，不看教育管理书籍，所以基本上是依靠学校管理，家庭教育所占的分量很小。与城市学生家长相比，有比较大的差距。农村家长对子女教育投入的精力、财力、物力较少，主要把钱投在孩子的吃和用上了。这些年物质上的投入改善了很多，你看现在农村孩子吃的、穿的、用的都不差，在这方面和城里孩子的差距不是很大。和城里孩子的差别主要体现在精神层面上的，对孩子的关心、照顾、科学化管理这些方面很少。

——G 中学教师 T

可以说，家庭教育欠缺是存在多方面原因的，在访谈过程中，G 中学教师 D 向笔者阐述了对家庭教育欠缺原因的看法。笔者认为，他的意见有比较好的代表性。

跟城里的家庭教育比起来，农村的家庭教育是很欠缺的。我认为农村的家庭教育之所以会欠缺，有以下几点原因。第一，农村很多学生家长由于文化水平较低，对于初中的很多学习内容他们根本看不懂，没有能力对孩子的作业进行辅导。第二，农村的学生家长没有进行家庭教育的时间。原先经常说的是留守儿童问题，现在不是留守儿童的问题，而是父母双方都在外面干活，早上出去，晚上回来，他们也不是到远的地方打工，而是在本地干活。这种情况下，对孩子的家庭教育就比较欠缺。当然这比留守儿童家庭要好一些，这样的家庭孩子跟父母晚上还能见面，但是周末对孩子的照顾就不行，我们开家长会的时候经常跟家长强调，周末至少要有一个家长在家里陪着孩子，能给他做个饭，关心一下孩子。很多家长都不愿意放弃周末挣钱的时间，他们外出干活一天能挣一百多。城里的家庭就不会出现这样的情况，孩子在学校上学的时候，家长在单位上班，孩子回到家的时候，家长也基本上回到家了，周末也是陪着孩子在家里。第三，农村的学生家长没有进行家庭教育的精力。很多农村的学生家长在外面干的都是体力活，他们晚上回到家后也已经是精疲力尽了，哪有精力再对孩子进行家庭教育？

——G 中学教师 D

(三)农民的家庭教育方式

表扬和批评是常见的两种教育方式。笔者认为，从类型上来说，表扬的教育方式更具现代性，而批评的教育方式则更具传统性。在城市的家庭教育中，更多地表现出表扬的一面，而在农村的家庭教育中，更多地表现出批评的一面。从整个被调查农民群体对孩子的教育方法(见表4-22)来看，55.6%的调查对象表示以表扬为主，44.4%的调查对象表示以批评为主。可见，从整体上来说，调查对象对孩子的教育方法还是以表扬为主的。通过进一步的交互分析，笔者发现："上楼农民"与"居村农民"在对孩子的教育方法上存在显著差异($\chi^2 = 9.812$，Sig. $= 0.002$)。"上楼农民"对孩子的教育方法以表扬为主的比例为61.6%，而"居村农民"的这一比例为 51.6%。可见，比较而言，"上楼农民"对孩子的教育方法以表扬为主的比例要更高一些，这说明"上楼农民"表现出了更多的现代性和城市性。

表 4-22　"居村农民"和"上楼农民"对孩子的教育方法

	对孩子的教育方法			
	以批评为主		以表扬为主	
	人数/人	比例/%	人数/人	比例/%
"居村农民"(608 人)	294	48.4	314	51.6
"上楼农民"(404 人)	155	38.4	249	61.6
卡方检验	$\chi^2 = 9.812, \text{Sig.} = 0.002$			

　　家庭教育中的管理方式从大类上来说，可以分为民主型和专制型这两大类。笔者认为，从类型上来说，民主型管理方式更具现代性，而专制型管理方式更具传统性。在城市的家庭教育中，更多地表现出民主型的一面；而在农村的家庭教育中，更多地表现出专制型的一面。为了了解这一状况，笔者在问卷中也设置了相应的问题。从整个被调查农民群体对孩子的管理方式（见表 4-23）来看，70.8% 的调查对象表示自己比较尊重孩子的意见，29.2% 的调查对象表示孩子听自己安排。可见，从整体上来说，调查对象对孩子的管理方式还是以民主型为主的。通过进一步的交互分析，笔者发现："上楼农民"比较尊重孩子意见的比例（73.5%）高于"居村农民"的这一比例（69.1%），这说明"上楼农民"对孩子的管理方式更倾向于民主型，其同样也表现出了更多的现代性和城市性。但是从分析结果来说，卡方检验并不显著（$\chi^2 = 2.313, \text{Sig.} = 0.128$）。

表 4-23　被调查农民对孩子的管理方式

对孩子的管理方式	人数/人	比例/%
孩子听从安排	295	29.2
尊重孩子的意见	717	70.8
合计	1012	100.0

（四）农民对家庭教育的满意度

　　既然家庭教育如此重要，那么调查对象对家庭教育的现状是否满意呢？从整个被调查农民群体对家庭教育的满意程度（见表 4-24）来看，52.5% 的调查对象表示满意程度一般，35.6% 的调查对象表示满意，另外有 12.0% 的调查对象表示不满意。可见，从整体上来说，调查对象对家庭教育的满意程度并不高。通过进一步的交互分析，笔者发现："上楼农民"与"居村农民"在对家庭教育的满意程度上存在显著差异（$\chi^2 = 22.978, \text{Sig.} = 0.000$）。"上楼农民"对家庭教育不满意的比例为 9.4%，而"居村农民"的这一比例为 13.7%；"上楼农民"对家庭教育满意程度一般的比例为 46.3%，而"居村农民"的这一比例为 56.6%；"上楼农民"对家庭教育满意的比例为 44.3%，而"居村农民"的这一比例为 29.8%。可见，比较而言，"上楼农民"对家庭教育满意的比例要高于"居村农民"。笔者认为，这与"上楼农民"的家庭教育状况好于"居村农民"有关。

表 4-24　"居村农民"和"上楼农民"对家庭教育满意度

| | 对家庭教育满意度 | | | | | |
| | 不满意 | | 一般 | | 满意 | |
	人数/人	比例/%	人数/人	比例/%	人数/人	比例/%
"居村农民"（608 人）	83	13.7	344	56.6	181	29.8
"上楼农民"（404 人）	38	9.4	187	46.3	179	44.3
卡方检验	$\chi^2 = 22.978$, Sig. $= 0.000$					

三、农民对社会教育的态度与行为

社会教育与社区教育存在很多的共性，因此，很多时候，社会教育也等同于社区教育。"社区"这个词最早是由费孝通先生翻译过来的，是社会学中最为经典、使用最多的术语之一。"社区教育"最早可以追溯到 19 世纪中叶的北欧诸国。在工业化大生产的社会变革浪潮中，人们为了寻求生存与发展，产生了对知识学习和技能提高的迫切要求，从而促进了专门为成年人创办的教育活动。丹麦的柯隆威（N. Grundtving）等人创办丹麦了第一所"民众中学"，以"为民众启蒙、为民众教育"为宗旨，以青少年为教育对象开展灵活多样的教育活动。这种以"民众教育"为提法的社区教育模式，强调了福利国家的特征，所以又被称为社区成人教育的"斯堪的纳维亚模式"。此后社会教育得到飞速的发展，呈现出更为多样化的模式。[①]可以说，社会教育是家庭教育和学校教育之外的必要补充。

社会教育在构建和谐社区中具有极其重要的意义，重温陶行知先生的生活教育理论和终身教育思想，我们对这个问题的理解就会更加深刻。什么是生活教育和终身教育？陶行知先生曾做过精辟的解释，主要有这样几点：一是"生活即教育，社会即学校，教学做合一"。二是"生活教育是给生活以教育，用生活来教育，为生活的向前向上而教育"。三是"到处是生活，即到处是教育；整个的社会是生活的场所，亦即教育之场所"。四是"同在一个社会里，有的人过着前进的生活，有的人过着落后的生活。我们要用前进的生活来引导落后的生活，要大家一起来过着前进的生活，受前进的教育""生活教育与生俱来，与生同去""我们要求的是整个寿命的

---

① 饶冠俊，陈慧. 我国社会教育的发展：反思与进路[J]. 中国成人教育，2011(21)：5—9.

教育：活到老，干到老，学到老，团到老，教到老"。① 可以说，陶行知先生的生活教育理论和终身教育思想对社会教育进行了非常贴切的阐述。

（一）农民对社会教育的观念

现在是一个知识大爆炸的时代，人们越来越清醒地意识到：如果局限于学校教育，所学到的知识是非常有限的。在这样的背景之下，人类社会进入了一个提倡终身教育、终身学习的时代。"终身教育"这一概念最早是由法国成人教育家保尔·朗格朗（P. Legrand）于1965年提出的。他认为，终身教育是与有限的学校教育相对的，它贯穿着个人从出生到死亡的整个过程，影响着学习者生活的所有方面，是一个全面的、连续的过程，终身教育将利用一切教育资源。② 美国人类学家米德（M. Mead）将文化区分为"前喻文化""同喻文化"和"后喻文化"。"前喻文化"是指文化按照自下而上的方向和方式传递，即年轻一代向年长一代传授、年长一代向年轻一代学习的文化。"同喻文化"是指文化按照同龄人互动的方向和方式传递，即同辈群体成员之间相互传授、相互学习的文化，其典型特征是"现在是未来的指导"。"后喻文化"是指文化按照自上而下的方向和方式传递，即年长一代向年轻一代传授、年轻一代向年长一代学习的文化。③ 传统社会是一个经验社会，年幼者现在所走的路都是年长者已经走过的路，因此，其文化类型往往是"后喻文化"，学习是单向的，年轻者向年长者学习。而当前社会的文化类型可以说是"前喻文化""同喻文化"和"后喻文化"三种文化并存，特别是由于"前喻文化"和"同喻文化"的存在，使年长者需要向年轻者学习、同辈群体之间需要互相学习，这就使得人们需要接受终身教育。那么调查对象对终身教育观念持怎样的态度呢？ 在笔者的问卷调查中，对于"您同意活到老学到老这个观点吗"这个问题，94.9%的调查对象表示同意。可见，大部分农民是赞同终身学习的理念的，这也是符合当下时代对人们的要求的。通过进一步的交互分析，笔者发现："上楼农民"与"居村农民"在这一点上这不存在显著差异（$\chi^2 = 0.261$，Sig. $= 0.609$）。可以说，在这一点上两个农民群体之间的观点是高度一致的。

随着信息社会的来临，学习型社会理念的提出和付诸实践成为历史的必然选择，众所周知，最早提出"学习型社会"这一概念的是美国学者赫钦斯（R. H. Hutchins）。"学习型社会"并不局限于人们钟情的与社会经济发展需求相适应的"人力资本"的理论内涵，而是格外强调、重视人的全面发展的价值诉求。学习型社会的深层内涵也就在于它是一种特定的教育价值选择，是人类社会渴望在一种人

---

① 屠棠. 借鉴陶行知教育思想，加快社会教育改革与发展[J]. 生活教育，2011(23)：27—29.
② 王天一，方晓东. 西方教育思想史[M]. 长沙：湖南教育出版社，1996：697.
③ 何爱霞. "三喻文化"与成人教育探论[J]. 河北师范大学学报（教育科学版），2006(4)：114—117.

性化的社会环境中经过教育而实现自我完善的理想价值追求。① 从教育社会学的视角来看,"学习型社会"强调的是一种社会形态,社会提供良好的学习环境,社会的每个成员都享有学习的权利,都有接受教育的机会,人人都在实践终身学习,成为人人学习、终身学习、灵活学习的学习社会。② 那么调查对象对学习型社会理念持一种怎样的态度呢? 在笔者的问卷调查中,对于"您赞同构建学习型社会这个主张吗"这个问题,94.2%的调查对象表示赞同。可见,大部分农民是赞同构建学习型社会这个主张的。通过进一步的交互分析,笔者发现:"上楼农民"与"居村农民"在这一点上不存在显著差异($\chi^2 = 1.556$, Sig. $= 0.212$)。可以说,在这一点上"上楼农民"和"居村农民"之间的观点是高度一致的。

教育从形式上可以分为正规教育和非正规教育。正规教育往往是指学校教育,而非正规教育往往是指学校教育之外的教育形式。对于农民群体来说,其接受正规教育的年限往往非常有限,因此需要通过非正规教育来提升人力资本,最常见的非正规教育形式是参加教育培训。那么调查对象对参加教育培训持一种怎么样的态度呢? 为了了解这方面的情况,笔者在问卷中设置了"您认为参加教育培训会有帮助吗"这个问题。从分析结果来看,79.5%的调查对象表示有帮助,17.2%的调查对象表示说不清楚,只有3.3%的调查对象表示没有帮助,如表4-25所示。可见,大部分农民对教育培训的作用是持肯定态度的。通过进一步的交互分析,笔者发现:"上楼农民"与"居村农民"在这一点上不存在显著差异($\chi^2 = 2.455$, Sig. $= 0.293$)。

表 4-25 被调查农民对参加教育培训作用的认识

对参加教育培训作用的认识	人数/人	比例/%
没有帮助	33	3.3
有帮助	805	79.5
说不清楚	174	17.2
合计	1012	100.0

(二)农民的社会教育意愿

从整体来说,被调查农民群体的受教育程度是比较低的,大专及以上受教育程度的调查对象仅占调查总体的7.5%。这说明被调查农民群体的人力资本是非常欠缺的,而现代社会中人力资本的重要性又是不言而喻的。通过对问卷的分析,笔者还发现,调查对象对自己现有受教育水平的满意程度比较低。③ 那么调查对象

① 张良,刘茜. 论"学习型社会"视野下成人教育观念的转变[J]. 成人教育,2010(7):30—31.
② 周云峰. 论终身教育和学习型社会[J]. 成人教育,2006(5):22—23.
③ 笔者的问卷调查结果显示,对于自己现有的受教育水平,42.7%的调查对象表示满意程度一般,35.7%的调查对象表示不满意,只有21.6%的调查对象表示满意。

对参加教育培训的意愿如何呢？为了了解这一情况，笔者在问卷中设置了相关问题。从问卷的分析结果来看，77.9%的调查对象表示愿意参加，16.2%的调查对象表示无所谓，只有5.9%的调查对象表示不愿意参加，如表4-25所示。可见，从整体上来说，调查对象参加教育培训的意愿还是很强烈的。通过进一步的交互分析，笔者发现："上楼农民"与"居村农民"在参加教育培训的意愿上不存在显著差异（$\chi^2 = 1.910$, Sig. $= 0.385$）。

表4-26　被调查农民参加教育培训的意愿

参加教育培训的意愿	人数/人	比例/%
不愿意	60	5.9
愿意	788	77.9
无所谓	164	16.2
合计	1012	100.0

农民作为接受教育培训的主体，很有必要了解他们对教育培训内容的想法。对于"如果有机会参加教育培训，您希望了解哪方面的知识"这个问题，88.3%的调查对象表示农村与城市的知识都想了解，7.2%的调查对象表示想了解与农村有关的知识，4.4%的调查对象表示想了解与城市有关的知识，如表4-27所示。可见，大部分农民既想了解与农村有关的知识，又想了解与城市有关的知识。通过这一分析结果笔者得到的启发是：必须改变当前乡村教育严重的城市化倾向，在乡村教育中，既要有城市元素，也要有乡村元素，这样的乡村教育才是符合农民意愿的教育类型。通过进一步的交互分析，笔者发现："上楼农民"与"居村农民"在这一点上不存在显著差异（$\chi^2 = 2.617$, Sig. $= 0.270$）。

表4-27　被调查农民希望了解的知识类型

希望了解的知识类型	人数/人	比例/%
与农村有关的知识	73	7.2
与城市有关的知识	45	4.4
农村与城市的知识都想了解	894	88.3
合计	1012	100.0

（三）农民的社会教育参与

农民的教育参与情况与教育培训的机会之间有着很大的相关性，因此，有必要了解调查地教育培训活动的相关情况。对于"当地的教育培训活动多吗"这个问题，48.3%的调查对象表示教育培训活动很少，41.2%的调查对象表示活动数量一般，只有10.5%的调查对象表示活动很多，如表4-28所示。可见，调查地点的教育培训活动数量非常有限，这对于提升农民的人力资本是极为不利的。通过进一步的交互分析,笔者发现:"上楼农民"与"居村农民"在这一点上存在显著差异($\chi^2 = 27.710$,Sig. $= 0.000$)。"上楼农民"表示当地教育培训活动很少的比例为40.6%,而"居村农民"的这一比例为53.5%;"上楼农民"表示当地教育培训活动很多的比例为15.8%,而"居村农民"的这一比例为6.9%。可见,比较而言,"上楼农民"所在地的教育培训活动更多一些。

表 4-28 "居村农民"和"上楼农民"对当地教育培训频率的认知

| | 对当地教育培训频率的认知 | | | | | |
| | 很少 | | 一般 | | 很多 | |
	人数/人	比例/%	人数/人	比例/%	人数/人	比例/%
"居村农民"(608 人)	325	53.5	241	39.6	42	6.9
"上楼农民"(404 人)	164	40.6	176	43.6	64	15.8
卡方检验	$\chi^2 = 27.710$,Sig. $= 0.000$					

从整个被调查农民群体对当地教育培训活动的了解程度(见表 4-29)来看,48.4%的调查对象表示不了解,45.8%的调查对象表示了解程度一般,只有5.7%的调查对象表示很了解。可见,从整体上来说,调查对象对当地教育培训活动的了解程度并不高。通过进一步的交互分析,笔者发现:"上楼农民"与"居村农民"在对当地教育培训活动的了解程度上存在显著差异($\chi^2 = 19.083$,Sig. $= 0.000$)。"上楼农民"对当地教育培训活动不了解的比例为41.1%,而"居村农民"的这一比例为53.3%;"上楼农民"对当地教育培训活动很了解的比例为8.4%,而"居村农民"的这一比例为3.9%。可见,比较而言,"上楼农民"对当地教育培训活动更为了解。

从整个被调查农民群体参加教育培训活动情况(见表 4-30)来看,71.0%的调查对象表示没有参加过。可见,从整体上来说,调查对象很少参加教育培训活动。通过进一步的交互分析,笔者发现:"上楼农民"与"居村农民"在参加教育培训活动上存在显著差异($\chi^2 = 16.881$,Sig. $= 0.000$)。"上楼农民"参加过教育培训活动的比例为36.1%,而"居村农民"的这一比例为24.2%。可见,比较而言,"上楼农民"参加过教育培训活动的比例更高一些。

通过上面的分析笔者发现以下两个特点:第一,从整体上来说,调查对象对社会教育的参与状况不容乐观,在社会教育上还有很大的提升空间;第二,从农民群体的内部差异来说,"上楼农民"在社会教育参与上的状况要好于"居村农民",这种状况若继续发展,容易在农村内部造成分化,这对于农村和农民的长远发展来说是不利的。

表 4-29 "居村农民"和"上楼农民"对当地教育培训活动的了解程度

	对当地教育培训活动的了解程度					
	不了解		一般		很了解	
	人数/人	比例/%	人数/人	比例/%	人数/人	比例/%
"居村农民"(608 人)	324	53.3	260	42.8	24	3.9
"上楼农民"(404 人)	166	41.1	204	50.5	34	8.4
卡方检验	$\chi^2=19.083,\mathrm{Sig.}=0.000$					

表 4-30 "居村农民"和"上楼农民"参加教育培训活动情况

	参加教育培训活动情况			
	没有参加过		参加过	
	人数/人	比例/%	人数/人	比例/%
"居村农民"(608 人)	461	75.8	147	24.2
"上楼农民"(404 人)	258	63.9	146	36.1
卡方检验	$\chi^2=16.881,\mathrm{Sig.}=0.000$			

（四）农民对社会教育的满意度

那么农民群体对社会教育的满意程度如何呢？从整个被调查农民群体对自己现有受教育水平的满意程度（见表 4-31）来看，42.7%的调查对象表示满意程度一般，35.7%的调查对象表示不满意，只有 21.6%的调查对象表示满意。可见，从整体上来说，调查对象对自己现有受教育水平的满意程度并不高。通过进一步的交互分析，笔者发现："上楼农民"与"居村农民"在这一点上存在显著差异（$\chi^2=19.396,\mathrm{Sig.}=0.000$）。"上楼农民"对自己现有受教育水平不满意的比例为 29.2%，而"居村农民"的这一比例为 40.0%；"上楼农民"对自己现有受教育水平满意的比例为 27.7%，而"居村农民"的这一比例为 17.6%。可见，比较而言，"上楼农民"对自己现有受教育水平满意的比例要高于"居村农民"。笔者认为，这与"上楼农民"受教育水平高于"居村农民"有关。

从整个被调查农民群体对当地教育培训活动的满意程度（见表 4-32）来看，56.2%的调查对象表示满意程度一般，23.4%的调查对象表示满意，20.4%的调查对象表示不满意。可见，从整体上来说，调查对象对当地教育培训活动的满意程度并不高。通过进一步的交互分析，笔者发现："上楼农民"与"居村农民"在这一点上存在显著差异（$\chi^2=42.238,\mathrm{Sig.}=0.000$）。"上楼农民"对当地教育培训活动不满意的比例为 15.1%，而"居村农民"的这一比例为 23.8%；"上楼农民"对当地教育培训活动满意程度一般的比例为 51.2%，而"居村农民"的这一比例为 59.5%；"上楼农民"对当地教育培训活动满意的比例为 33.7%,而"居村农民"的这一比例为16.6%。可见,比较而言,"上楼农民"对当地教育培训活动满意的比例要高于"居村农民"。笔者认为,这与"上楼农民"所在地举行教育培训活动更多有关系。

表 4-31 "居村农民"和"上楼农民"对自己现有受教育水平的满意度

	对自己现有受教育水平的满意度					
	不满意		一般		满意	
	人数/人	比例/%	人数/人	比例/%	人数/人	比例/%
"居村农民"(608 人)	243	40.0	258	42.4	107	17.6
"上楼农民"(404 人)	118	29.2	174	43.1	112	27.7
卡方检验	$\chi^2=19.396,\text{Sig.}=0.000$					

表 4-32 "居村农民"和"上楼农民"对当地教育培训活动的满意度

	对当地教育培训活动的满意度					
	不满意		一般		满意	
	人数/人	比例/%	人数/人	比例/%	人数/人	比例/%
"居村农民"(608 人)	145	23.8	362	59.5	101	16.6
"上楼农民"(404 人)	61	15.1	207	51.2	136	33.7
卡方检验	$\chi^2=42.238,\text{Sig.}=0.000$					

第五章　乡村社会转型对教育转型影响的实证分析

笔者在前一章研究了乡村教育第二次转型在国家、地方和个人三个层面上的表现,在此基础之上,笔者想进一步分析哪些因素会影响乡村教育的转型。在导论中笔者就阐述过迪尔凯姆在《教育思想的演进》一书中对教育转型和社会转型关系的研究,迪尔凯姆认为教育转型是在社会转型的作用下发生的。在本章中,笔者将从社会转型的角度对乡村教育转型的影响因素进行深入研究。

第一节　研究设计

一、数据分析模型的选择

笔者在本章的研究主题是乡村社会转型对教育转型的影响。社会转型是通过农民的市民化水平体现出来的,而教育转型则是通过农民的教育态度与行为体现出来的。因此,笔者在本章的研究假设是市民化水平对农民的教育态度与行为存在显著性影响,农民的市民化水平是研究假设当中的自变量,农民的教育态度与行为是研究假设当中的因变量。在研究市民化水平对农民的教育态度与行为的影响时候,首先关注的通常就是解释变量和被解释变量之间的相关性问题,由此自然而然地就会想到采用多因素的回归分析方法。然而如果仅仅采用单因素的分析方法,那么只能证明某一个因素对农民的教育态度与行为的影响,无法判明所有因素交互作用下的情况以及各个因素的综合作用状况。因此,为了更进一步地分析市民化水平对农民教育态度与行为的影响,必须建立一个合理的数学模型。

Logistic 回归是有关人口问题研究中的经典模型,采用 Logistic 回归可以很好地解决本章的研究问题。在传统的回归模型中,因变量的取值范围在负无穷大到正无穷大之间,这一点在本章的研究中并不适用。因此,笔者在本章采用的 Logistic 回归,将因变量的取值范围限制在[0,1]范围内。本章分析采用的是 SPSS13.0 版本中的 Binary Logistic 分析方法,该分析方法适合因变量为二分类变量的事件。

二、自变量与因变量的选择与转换

通过借鉴法国社会学家布迪厄的资本理论,笔者将农民的市民化水平这个自变量划分为经济资本、社会资本和文化资本三个层面,将农民的教育态度与行为划分为对乡村学校教育的态度与行为、对乡村家庭教育的态度与行为、对乡村社会教育的态度与行为三个方面。笔者在实证研究过程中需要用到的变量有:

(一)自变量

自变量主要分为三类。第一类是经济资本层面市民化水平变量,包括:(1)家庭年收入;(2)个人年收入;(3)收入满意程度;(4)农业收入比例;(5)收入稳定性;(6)收支情况;(7)收入保障生活情况;(8)生活消费水平;(9)居住条件;(10)居住条件满意程度;(11)孩子是否拥有单独房间;(12)孩子是否拥有固定学习场所;(13)从事农业生产情况;(14)土地流转情况;(15)缴纳保险情况;(16)签订劳动合同情况;(17)债务情况;(18)债权情况。笔者根据 Logistic 回归分析数据的处理要求对经济资本层面的市民化水平变量进行了转换(见表 5-1)。

表 5-1 经济资本层面的市民化水平变量的定义

自变量定义	自变量定义
家庭年收入(以 1 万元以下为参照组)	生活消费水平(以比较低为参照组)
1 万~3 万元=1,反之=0	一般=1,反之=0
3 万元以上=1,反之=0	比较高=1,反之=0
个人年收入(以 0.5 万元以下为参照组)	居住条件(以比较差为参照组)
0.5 万~2 万元=1,反之=0	一般=1,反之=0
2 万元以上=1,反之=0	比较好=1,反之=0
收入满意程度(以不满意为参照组)	居住条件满意程度(以不满意为参照组)
一般=1,反之=0	一般=1,反之=0
满意=1,反之=0	满意=1,反之=0
农业收入所占比例(以比例很高为参照组)	孩子在家是否拥有单独房间(有=1,没有=0)
差不多一半=1,反之=0	孩子在家是否有固定学习场所(有=1,没有=0)
比例很低=1,反之=0	从事农业生产情况(从事=1,不从事=0)
收入稳定性(稳定=1,不稳定=0)	土地流转情况(以没有流转为参照组)
收支情况(以支大于收为参照组)	部分流转=1,反之=0
收支平衡=1,反之=0	全部流转=1,反之=0
收大于支=1,反之=0	有无缴纳保险(有=1,没有=0)
收入能否保障最基本生活(能=1,不能=0)	有无签订劳动合同(有=1,没有=0)
别人有无欠你债务(有=1,没有=0)	有无欠别人债务(有=1,没有=0)

第二类是社会资本层面的市民化水平变量,包括:(1)户口类型;(2)外出打工情况;(3)职业层次;(4)每天工作时间;(5)正常休假情况;(6)社会地位;(7)与邻居交往情况;(8)交往人数最多的人群;(9)与亲戚朋友交往情况;(10)与城市人交往情况;(11)遇困难最先求助的对象;(12)参加选举活动情况;(13)参加选举意愿;(14)成立组织必要性;(15)孩子由谁照顾;(16)陪孩子时间;(17)与爱人关系;(18)孩子数量;(19)与孩子关系。笔者根据 Logistic 回归分析数据的处理要求对社会资本层面的市民化水平变量进行了转换(见表5-2)。

表 5-2　社会资本层面的市民化水平变量的定义

自变量定义	自变量定义
户口类型(非农业户口=1,农业户口=0)	与亲戚朋友交往情况(经常=1,很少=0)
是否有外出打工(有=1,没有=0)	与城市人交往情况(经常=1,很少=0)
职业层次(高=1,低=0)	遇困难最先求助的对象(弱关系=1,强关系=0)
每天工作时间(超8小时=1,不超8小时=0)	过去一年是否参加过选举(有=1,没有=0)
节假日能否正常休假(以不能为参照组)	参加选举意愿(愿意=1,不愿意=0)
不一定=1,反之=0	是否有必要成立农民组织(有=1,没有=0)
能=1,反之=0	孩子由谁照顾(父母=1,其他人=0)
社会地位(高=1,低=0)	每天陪孩子时间(很多=1,很少=0)
与邻居交往情况(经常=1,很少=0)	与爱人关系(比较好=1,比较差=0)
交往人数最多的人群(以亲戚为参照组)	孩子数量(两个及以上=1,一个=0)
邻居=1,反之=0	与孩子关系(比较好=1,比较差=0)
工作同事=1,反之=0	

第三类是文化资本层面的市民化水平变量,包括:(1)受教育程度;(2)参加职业培训情况;(3)自我定位;(4)对当地发展的贡献;(5)对城市工作方式喜好度;(6)对城市生活方式喜好度;(7)城市人的态度;(8)对政府工作满意度;(9)期望自己是哪里人;(10)对户口的期望;(11)居住地意愿;(12)务农意愿;(13)土地流转意愿;(14)书籍拥有情况;(15)读书读报频率;(16)文化娱乐花费;(17)文化娱乐活动参与情况;(18)参与文化娱乐活动意愿。笔者根据 Logistic 回归分析数据的处理要求对文化资本层面的市民化水平变量进行了转换(见表5-3)。

(二)因变量

因变量主要分为三类。第一类是对乡村学校教育的态度与行为变量,包括:(1)子女教育投入;(2)子女教育期望;(3)学校教学条件满意度;(4)学校教育质量满意度。

第二类是对乡村家庭教育的态度与行为变量,包括:(1)家庭教育方式;(2)辅导孩子学习情况;(3)家庭教育满意度。

表 5-3　文化资本层面的市民化水平变量的定义

自变量定义	自变量定义
受教育程度(以小学及以下为参照组)	对当地政府工作满意度(以不满意为参照组)
初高中＝1,反之＝0	一般＝1,反之＝0
大专及以上＝1,反之＝0	满意＝1,反之＝0
是否参加过职业培训(有＝1,没有＝0)	期望自己将来是哪里人(以农村人为参照组)
自我定位(城市人＝1,农村人＝0)	城市人＝1,反之＝0
对当地发展的贡献(以很小为参照组)	无所谓＝1,反之＝0
一般＝1,反之＝0	希望的户口类型(以农村户口为参照组)
很大＝1,反之＝0	城市户口＝1,反之＝0
城市工作方式喜好度(以不喜欢为参照组)	无所谓＝1,反之＝0
一般＝1,反之＝0	居住地意愿(以农村为参照组)
喜欢＝1,反之＝0	小城镇＝1,反之＝0
城市生活方式喜好度(以不喜欢为参照组)	大城市＝1,反之＝0
一般＝1,反之＝0	务农意愿(以不愿意为参照组)
喜欢＝1,反之＝0	愿意＝1,反之＝0
城市人的态度(以不友好为参照组)	看情况＝1,反之＝0
一般＝1,反之＝0	土地流转意愿(以不愿意为参照组)
友好＝1,反之＝0	愿意＝1,反之＝0
书籍拥有情况(很多＝1,很少＝0)	看情况＝1,反之＝0
读书读报频率(经常＝1,很少＝0)	文化娱乐上的花费(很多＝1,很少＝0)
过去一年是否参加过文化娱乐活动(参加过＝1,没有＝0)	参加文化娱乐活动的意愿(愿意＝1,不愿意＝0)

　　第三类是对乡村社会教育的态度与行为变量,包括:(1)参加社会教育意愿;(2)参加社会教育状况;(3)社会教育满意度。

　　笔者根据 Logistic 回归分析数据的处理要求对农民的乡村教育态度与行为变量进行了转换(见表 5-4)。

表 5-4　农民乡村教育态度与行为变量的定义

因变量定义	因变量定义
子女教育投入(很多＝1,很少＝0)	辅导孩子学习情况(经常＝1,很少＝0)
子女教育期望(高＝1,低＝0)	家庭教育满意度(满意＝1,不满意＝0)
学校教学条件满意度(满意＝1,不满意＝0)	参加社会教育意愿(愿意＝1,不愿意＝0)
学校教育质量满意度(满意＝1,不满意＝0)	参加社会教育状况(参加过＝1,没有＝0)
家庭教育方式(表扬为主＝1,批评为主＝0)	社会教育满意度(满意＝1,不满意＝0)

第二节　市民化水平对农民学校教育态度与行为的影响

一、子女教育投入

（一）研究假设及变量的选择

这一部分的研究主题是农民的市民化水平对子女教育投入的影响研究,研究假设是:市民化水平越高的农民越有可能对子女的教育投入较大。对于农民的市民化水平,笔者是从经济资本、社会资本、文化资本三个层面来选择变量的,这是本研究当中的自变量,而农民对子女的教育投入则是本部分要研究的因变量。笔者由本部分的研究假设衍生出了以下三个更加具体的研究假设。

假设一:农民经济资本层面的市民化水平对子女教育投入有正向的影响,经济资本层面的市民化水平越高的农民越有可能对子女教育投入较大。根据初步分析结果,笔者选择七个变量来衡量农民在经济资本层面的市民化水平,包括:(1)家庭年收入;(2)个人年收入;(3)收支情况;(4)生活消费水平;(5)从事农业生产情况;(6)缴纳保险情况;(7)债权情况。

假设二:农民社会资本层面的市民化水平对子女教育投入有正向的影响,社会资本层面的市民化水平越高的农民越有可能对子女教育投入较大。根据初步分析结果,笔者选择九个变量来衡量农民在社会资本层面的市民化水平,包括:(1)职业层次;(2)社会地位;(3)与邻居交往情况;(4)与亲戚朋友交往情况;(5)与城市人交往情况;(6)交往人数最多的人群;(7)陪孩子时间;(8)和爱人之间关系;(9)孩子数量。

假设三:农民文化资本层面的市民化水平对子女教育投入有正向的影响,文化资本层面的市民化水平越高的农民越有可能对子女教育投入较大。如果说经济资本、社会资本是一种外在表现形式,那么文化资本就是一种内在表现形式。根据初步分析结果,笔者选择七个变量来衡量农民在文化资本层面的市民化水平,包括:(1)受教育程度;(2)自我定位;(3)对当地发展的贡献;(4)对城市工作方式喜好度;(5)对当地政府工作满意度;(6)读书读报频率;(7)过去一年参加文化娱乐活动情况。

（二）数据分析与解释

为了更好地说明农民经济资本、社会资本和文化资本三个层面的市民化水平对子女教育投入的影响,笔者在有统计控制的条件下使用 Logistic 回归。在 Logistic 回归分析中,笔者建立了三个模型,逐一加入控制变量。根据 Nagelkerke R^2 的变化,以及卡方检验的结果,笔者发现:农民经济资本、社会资本和文化资本三个层面的市民化水平对子女教育投入的影响都很显著。具体分析结果如表5-5所示。

表 5-5　农民市民化水平对子女教育投入影响的 Logistic 回归模型

影响因素（括号内为参照组）		发生比率/exp(B)		
		模型 1	模型 2	模型 3
经济资本层面	家庭年收入：　　　　　　1 万～3 万元	0.951	0.955	0.989
	（1 万元以下）　　　　3 万元以上	0.587*	0.510**	0.568*
	个人年收入：　　　　0.5 万～2 万元	1.037	1.055	1.045
	（0.5 万元以下）　　　2 万元以上	1.746**	1.649*	1.479
	收支情况：　　　　　　收支平衡	0.826	0.754	0.739*
	（支大于收）　　　　　收大于支	0.653*	0.590**	0.544**
	生活消费水平：　　　　一般	1.305	1.056	1.038
	（比较低）　　　　　　比较高	3.225***	1.815	1.394
	从事农业生产　　　　（不从事）	0.741**	0.765*	0.722*
	有缴纳保险　　　　　（没有）	1.668***	1.562**	1.481**
	有债权　　　　　　　（没有）	1.324**	1.385**	1.361**
社会资本层面	职业层次高　　　　　（低）		1.005	0.995
	社会地位高　　　　　（低）		1.455**	1.430*
	与邻居经常交往　　　（很少交往）		1.066	0.974
	与亲戚朋友经常交往　（很少交往）		1.504**	1.460*
	与城市人经常交往　　（很少交往）		1.462**	1.313
	交往人数最多的人群：　邻居		0.712**	0.775
	（亲戚）　　　　　　　工作同事		0.778	0.836
	陪孩子时间很多　　　（很少）		1.881***	1.859***
	和爱人关系比较好　　（比较差）		2.476***	2.152***
	孩子数量两个及以上　（一个）		0.851	0.768*
文化资本层面	受教育程度：　　　　初中及高中			1.015
	（小学及以下）　　　大专及以上			0.798
	自我定位为城市人　　（农村人）			0.751
	对当地发展的贡献：　一般			1.456**
	（很小）　　　　　　很大			3.628***
	对城市工作方式喜好度：一般			0.711*
	（不喜欢）　　　　　喜欢			0.661*
	对当地政府工作满意度：一般			1.449*
	（不满意）　　　　　满意			1.828***
	经常读书读报　　　　（很少）			1.514**
	过去一年参加过文化娱乐活动（没有）			1.392*
常数		0.525**	0.210***	0.178***
N		1012	1012	1012
Nagelkerke R^2		0.057	0.155	0.203
−2 log likelihood		1341.514	1260.756	1219.271
χ^2		43.621***	124.379***	165.864***

注：* $p<0.10$；** $p<0.05$；*** $p<0.01$。

1. 模型 1

模型 1 中,只有农民经济资本层面的市民化水平进入了模型,整个模型的 Nagelkerke R^2 为 0.057,这说明经济资本层面的市民化水平能够解释结果的 5.7%。整个模式的卡方检验显著,从各个变量的作用方向来看,农民的个人年收入、生活消费水平、缴纳保险情况、债权情况这四个变量对子女教育投入影响的作用方向都是正向的,而农民的家庭年收入、收支情况、从事农业生产情况这三个变量对子女教育投入影响的作用方向都是负向的。从具有显著性影响的自变量来看,假设一得到部分证实。通过对具有显著性影响的变量的分析,笔者发现以下几点内容。

第一,从农民的收入水平来看,在家庭年收入变量中,3 万元以上这个因素在 0.1 水平上显著,与家庭年收入在 1 万元以下的农民比较而言,家庭年收入在 3 万元以上的农民对子女教育投入大的可能性是其 58.7%。虽然家庭年收入在 1 万~3 万元这个因素并不显著,但是从数据分析结果来看,笔者发现:家庭年收入越高的农民,其对子女教育投入大的可能性反而越小。在个人年收入变量中,2 万元以上这个因素在 0.05 水平上显著,与个人年收入在 0.5 万元以下的农民比较而言,个人年收入在 2 万元以上的农民对子女教育投入大的可能性是其 1.746 倍。虽然个人年收入在 0.5 万~2 万元这个因素并不显著,但是从数据分析结果来看,笔者发现:个人年收入越高的农民,其对子女教育投入大的可能性也越大。

第二,从农民的生活水平来看,在收支情况变量中,收大于支因素在 0.1 水平上显著,与支大于收的农民比较而言,收大于支的农民对子女教育投入大的可能性是其 65.3%。虽然收支平衡这个因素并不显著,但是从数据分析结果笔者发现:收支状况越是良好的农民,其对子女教育投入大的可能性反而越小。在生活消费水平变量中,生活消费水平比较高这个因素在 0.01 水平上显著,与生活消费水平比较低的农民比较而言,生活消费水平比较高的农民对子女教育投入大的可能性是其 3.225 倍。虽然生活消费水平一般这个因素并不显著,但是从数据分析结果来看,笔者发现:生活消费水平越好的农民,其对子女教育投入大的可能性也越大。

第三,从农民的劳动权益来看,从事农业生产这个变量在 0.05 水平上显著,与不从事农业生产的农民比较而言,从事农业生产的农民对子女教育投入大的可能性是其 74.1%。这说明,不从事农业生产的农民对子女教育投资大的可能性要大于从事农业生产的农民。缴纳保险这个变量在 0.01 水平上显著,与没有缴纳保险的农民比较而言,缴纳保险的农民对子女教育投入大的可能性是其 1.668 倍。这说明,缴纳保险的农民对子女教育投资大的可能性要大于没有缴纳保险的农民。

第四,从农民的债权情况来看,债权这个变量在 0.05 水平上显著,与没有债权的农民比较而言,有债权的农民对子女教育投入大的可能性是其 1.324 倍。这说明,有债权的农民对子女教育投资大的可能性要大于没有债权的农民。

2. 模型 2

模型 2 中,农民经济资本、社会资本层面的市民化水平进入了模型,整个模型的 Nagelkerke R^2 为 0.155,这说明经济资本、社会资本层面的市民化水平能够解释结果的 15.5%。整个模式的卡方检验显著,模型中社会资本层面的市民化水平对因变量影响的卡方检验也是显著的。从各个社会资本层面市民化水平变量的作用方向来看,农民的职业层次、社会地位、与邻居交往情况、与亲戚朋友交往情况、与城市人交往情况、陪孩子时间、和爱人关系这七个变量对子女教育投入影响的作用方向都是正向的,而农民交往人数最多的人群、孩子数量这两个变量对子女教育投入影响的作用方向都是负向的。从具有显著性影响的自变量来看,假设二得到证实。通过对具有显著性影响的变量的分析,笔者发现以下几点内容。

第一,从农民的社会地位来看,社会地位变量在 0.05 水平上显著,与社会地位低的农民比较而言,社会地位高的农民对子女教育投入大的可能性是其 1.455 倍。这说明,比较而言,社会地位高的农民对子女教育投入大的可能性更大。

第二,从农民的社会交往来看,与亲戚朋友交往情况这个变量在 0.05 水平上显著,与很少与亲戚朋友交往的农民比较而言,经常与亲戚朋友交往的农民对子女教育投入大的可能性是其 1.504 倍。这说明,比较而言,经常与亲戚朋友交往的农民对子女教育投入大的可能性更大。与城市人交往情况这个变量在 0.05 水平上显著,与很少与城市人交往的农民比较而言,经常与城市人交往的农民对子女教育投入大的可能性是其 1.462 倍。这说明,比较而言,经常与城市人交往的农民对子女教育投入大的可能性更大。交往人数最多的人群是邻居这个因素在 0.05 水平上显著,这些农民对子女教育投入大的可能性是交往人数最多的人群是亲戚的农民的 71.2%。虽然交往人数最多的人群是工作同事这个因素并不显著,但是从数据分析结果来看,笔者发现:对教育投入大的可能性最大的是交往人数最多人群是亲戚的农民,其次是交往人数最多人群是工作同事的农民,可能性最小的是交往人数最多人群是邻居的农民。

第三,从农民的家庭关系来看,陪孩子时间变量在 0.01 水平上显著,与陪孩子时间很少的农民比较而言,陪孩子时间很多的农民对子女教育投入大的可能性是其 1.881 倍。这说明,比较而言,陪孩子时间很多的农民对子女教育投入大的可能性更大。和爱人之间关系变量在 0.01 水平上显著,与和爱人之间关系比较差的农民比较而言,和爱人之间关系比较好的农民对子女教育投入大的可能性是其 2.476 倍。这说明,比较而言,和爱人之间关系比较好的农民对子女教育投入大的可能性更大。

3. 模型 3

模型 3 中,农民经济资本、社会资本和文化资本层面的市民化水平进入了模型,整个模型的 Nagelkerke R^2 为 0.203,这说明经济资本、社会资本和文化资本层面的市民化水平能够解释结果的 20.3%。整个模式的卡方检验显著,模型中文化资本层面的市民化水平对因变量影响的卡方检验也是显著的。从各个文化资本层面市民化水平变量的作用方向来看,农民对当地发展的贡献、对当地政府工作满意度、读书读报情况、过去一年参加文化娱乐活动情况这四个变量对子女教育投入影响的作用方向都是正向的,而农民的自我定位、对城市工作方式喜好度这两个变量对农子女教育投入影响的作用方向都是负向的。同时,笔者也发现,受教育程度这个变量的作用方向出现了分化:初中及高中受教育程度这个因素的作用方向是正向的,而大专及以上受教育程度这个因素的作用方向是负向的。从具有显著性影响的自变量来看,假设三得到部分证实。通过对具有显著性影响的变量的分析,笔者发现以下几点内容。

第一,从农民对当地发展贡献的自我评价变量来看,认为对当地发展贡献一般这个因素在 0.05 水平上显著,与认为贡献很小的农民比较而言,认为贡献一般的农民对子女教育投入大的可能性是其 1.456 倍。认为贡献很大这个因素在 0.01 水平上显著,与认为贡献很小的农民比较而言,认为贡献很大的农民对子女教育投入大的可能性是其 3.628 倍。通过数据的变化,笔者发现:对当地发展贡献的自我评价越高的农民,其对子女教育投入大的可能性越大。

第二,从农民的态度偏好来看,对城市工作方式喜好度一般这个因素在 0.1 水平上显著,与不喜欢城市工作方式的农民比较而言,对城市工作方式喜好度一般的农民对子女教育投入大的可能性是其 71.1%。喜欢城市工作方式这个因素在 0.1 水平上显著,与不喜欢城市工作方式的农民比较而言,喜欢城市工作方式的农民对子女教育投入大的可能性是其 66.1%。通过数据的变化,笔者发现:对城市工作方式越是喜欢的农民,其对子女教育投入大的可能性反而越小。对当地政府工作满意度一般这个因素在 0.1 水平上显著,与对当地政府工作不满意的农民比较而言,满意度一般的农民对子女教育投入大的可能性是其 1.449 倍。对当地政府工作满意这个因素在 0.01 水平上显著,与对当地政府工作不满意的农民比较而言,满意的农民对子女教育投入大的可能性是其 1.828 倍。通过数据的变化,笔者发现:对当地政府工作越是满意的农民,其对子女教育投入大的可能性越大。

第三,从农民的文化参与来看,读书读报变量在 0.05 水平上显著,与很少读书读报的农民比较而言,经常读书读报的农民对子女教育投入大的可能性是其 1.514 倍。这说明,比较而言,经常读书读报的农民对子女教育投入大的可能性更大。过去一年参加过文化娱乐活动情况这个变量在 0.1 水平上显著,与过去一年没有参加过文化娱乐活动的农民比较而言,参加过的农民对子女教育投入大的可能性是其 1.392 倍。这说明,比较而言,过去一年参加过文化娱乐活动的农民对子女教育投入大的可能性更大。

二、子女教育期望

（一）研究假设及变量的选择

这部分的研究主题是农民的市民化水平对子女教育期望的影响研究,研究假设是:市民化水平越高的农民对子女教育期望越高。对于农民的市民化水平,笔者是从经济资本、社会资本、文化资本三个层面来选择变量的,这是本部分当中的自变量,而农民对子女教育期望则是本部分要研究的因变量。笔者由本部分的研究假设衍生出了以下三个更加具体的研究假设。

假设一:农民经济资本层面的市民化水平对子女教育期望有正向的影响,经济资本层面的市民化水平越高的农民对子女教育期望越高。根据初步分析结果,笔者选择六个变量来衡量农民在经济资本层面的市民化水平,包括:(1)个人年收入;(2)收入满意程度;(3)收入保障最基本生活情况;(4)从事农业生产情况;(5)债权情况;(6)缴纳保险情况。

假设二:农民社会资本层面的市民化水平对子女教育期望有正向的影响,社会资本层面的市民化水平越高的农民对子女教育期望越高。根据初步分析结果,笔者选择五个变量来衡量农民在社会资本层面的市民化水平,包括:(1)与邻居交往情况;(2)交往人数最多的人群;(3)遇困难先求助的对象;(4)成立农民组织必要性;(5)与孩子关系。

假设三:农民文化资本层面的市民化水平对子女教育期望有正向的影响,文化资本层面的市民化水平越高的农民对子女教育期望越高。根据初步分析结果,笔者选择六个变量来衡量农民文化资本层面的市民化水平,包括:(1)对当地发展的贡献;(2)居住地意愿;(3)土地流转意愿;(4)书籍拥有情况;(5)对城市生活喜好度;(6)期望自己将来是哪里人。

（二）数据分析与解释

为了更好地说明农民经济资本、社会资本和文化资本三个层面的市民化水平对子女教育期望的影响,笔者在有统计控制的条件下来使用 Logistic 回归。在 Logistic 回归分析中,笔者建立了三个模型,逐一加入控制变量。根据 Nagelkerke R^2 的变化及卡方检验的结果,笔者发现:农民经济资本、社会资本和文化资本三个层面的市民化水平对子女教育期望的影响都很显著。从影响大小来看,最能解释结果的是文化资本层面的市民化水平变量,其次是经济资本层面的市民化水平变量,解释能力最弱的是社会资本层面的市民化水平变量。具体分析结果如表5-6所示。

1. 模型 1

模型 1 中,只有农民经济资本层面的市民化水平进入了模型,整个模型的 Nagelkerke R^2 为 0.050,这说明经济资本层面的市民化水平能够解释结果的 5.0%。整个模式的卡方检验显著,从各个变量的作用方向来看,农民的个人年收入和缴纳保险情况这两个变量对子女教育期望的作用方向是正向的,而农民对收入满意程度、收入能否保障最基本生活情况、是否从事农业生产、是否有债权这四个变量对子女教育期望的作用方向都是负向的。从具有显著性影响的自变量来看,假设一得到部分证实。通过对具有显著性影响的变量的分析,笔者发现以下几点:

表 5-6　农民市民化水平对子女教育期望影响的 Logistic 回归模型

影响因素(括号内为参照组)			发生比率/exp(B)		
			模型 1	模型 2	模型 3
经济资本层面	个人年收入:	0.5万~2万元	1.351*	1.373**	1.529**
	(0.5万元以下)	2万元以上	2.502***	2.712***	2.494***
	收入满意程度:	一般	0.856	0.819	0.823
	(不满意)	满意	0.650*	0.593*	0.497***
	收入能保障最基本生活	(不能)	0.630**	0.560**	0.621*
	从事农业生产	(不从事)	0.684**	0.657***	0.683**
	有债权	(没有)	0.742**	0.749**	0.713**
	有缴纳保险	(没有)	1.327*	1.287	1.325*
社会资本层面	经常与邻居交往	(很少)		1.333*	1.315
	交往人数最多的人群:	邻居		0.764	0.808
	(亲戚)	工作同事		0.679**	0.743
	遇困难先向弱关系求助	(强关系)		1.286*	1.244
	有必要成立农民组织	(没必要)		1.757*	1.784**
	和孩子关系比较好	(比较差)		1.626***	1.670***
文化资本层面	对当地发展的贡献:	一般			1.171
	(很小)	很大			2.903***
	居住地意愿:	小城镇			0.648***
	(农村)	大城市			1.692**
	土地流转意愿:	愿意			0.748
	(不愿意)	看情况			0.718**
	拥有很多书籍	(很少)			2.521***
	对城市生活方式喜好度:	一般			0.773
	(不喜欢)	喜欢			0.599**
	期望自己将来是哪里人:	城市人			1.787**
	(农村人)	无所谓			1.300
常数			2.447***	1.094	0.876
N			1012	1012	1012
Nagelkerke R^2			0.050	0.084	0.169
−2 log likelihood			1314.142	1287.729	1217.571
χ^2			37.890	64.302	134.460

注: * $p<0.10$;** $p<0.05$;*** $p<0.01$。

第一,在个人年收入变量中,0.5万～2万元这个因素在0.1水平上显著,与个人年收入在0.5万元以下的农民相比,个人年收入在0.5万～2万元的农民对子女教育期望高的可能性是其1.351倍。2万元以上这个因素在0.01水平上显著,与个人年收入在0.5万元以下的农民相比,个人年收入在0.5万～2万元的农民对子女教育期望高的可能性是其2.502倍。从数据分析结果来看,笔者发现:个人年收入越高的农民,其对子女教育期望高的可能性也越大。

第二,在收入满意程度变量中,对收入满意这个因素在0.1水平上显著,与对收入不满意的农民相比,对收入满意的农民对子女教育期望高的可能性是其65.0%。可见,比较而言,对收入满意的农民对子女教育期望要低于对收入不满意的农民。

第三,收入能否保障最基本生活这个变量在0.05水平上显著,与收入不能保障最基本生活的农民相比,收入能保障最基本生活的农民对子女教育期望高的可能性是其63.0%。可见,比较而言,收入能保障最基本生活的农民对子女教育期望要低于收入不能保障最基本生活的农民。

第四,是否从事农业生产这个变量在0.05水平上显著,与不从事农业生产的农民相比,从事农业生产的农民对子女教育期望高的可能性是其68.4%。可见,比较而言,从事农业生产的农民对子女教育期望要低于不从事农业生产的农民。

第五,是否有债权这个变量在0.05水平上显著,与没有债权的农民相比,有债权的农民对子女教育期望高的可能性是其74.2%。可见,比较而言,有债权的农民对子女教育期望要低于没有债权的农民。

第六,是否有缴纳保险这个变量在0.1水平上显著,与没有缴纳保险的农民相比,有缴纳保险的农民对子女教育期望高的可能性是其1.327倍。可见,比较而言,有缴纳保险的农民对子女教育期望要高于没有缴纳保险的农民。

2. 模型2

模型2中,农民经济资本、社会资本层面的市民化水平进入了模型,整个模型的 Nagelkerke R^2 为0.084,这说明经济资本、社会资本层面的市民化水平能够解释结果的8.4%。整个模式的卡方检验显著,模型中社会资本层面的市民化水平对因变量影响的卡方检验也是显著的。从各个社会资本层面市民化水平变量的作用方向来看,农民与邻居交往情况、遇困难先求助的对象、成立农民组织的必要性、和孩子关系这四个变量对子女教育期望的作用方向都是正向的,而农民交往人数最多的人群这一变量的作用方向是负向的。从具有显著性影响的自变量来看,假设二得到部分证实。通过对具有显著性影响的变量的分析,笔者发现以下几点。

第一,从农民的社会交往来看,与邻居交往情况变量在0.1水平上显著,同很少与邻居交往的农民相比,经常与邻居交往的农民对子女教育期望高的可能性是其1.333倍。这说明,比较而言,经常与邻居交往的农民对子女教育期望要高于很少与邻居交往的农民；在交往人数最多的人群这一变量中，交往人数最多的人群是工作同事这一因素在 0.05 水平上显著，与交往人数最多的人群是亲戚的农民相比，交往人数最多的人群是工作同事的农民对子女教育期望高的可能性是其67.9％。这说明，比较而言，交往人数最多的人群是工作同事的农民对子女教育期望要低于交往人数最多的人群是亲戚的农民。

第二，遇困难先求助的对象这一变量在 0.1 水平上显著，与遇困难先向"强关系"求助的农民相比，遇困难先向"弱关系"求助的农民对子女教育期望高的可能性是其 1.286 倍。这说明，比较而言，遇困难先向"弱关系"求助的农民对子女教育期望要高于遇困难先向"强关系"求助的农民。

第三，成立农民组织必要性变量在 0.05 水平上显著，与认为没必要成立农民组织的农民相比，认为有必要的农民对子女教育期望高的可能性是其 1.757 倍。这说明，比较而言，认为有必要成立农民组织的农民对子女教育期望要高于认为没必要成立农民组织的农民。

第四，和孩子关系变量在 0.01 水平上显著，与和孩子关系比较差的农民相比，和孩子关系比较好的农民对子女教育期望高的可能性是其 1.626 倍。这说明，比较而言，和孩子关系比较好的农民对子女教育期望要高于和孩子关系比较差的农民。

3. 模型 3

模型 3 中，农民经济资本、社会资本和文化资本层面的市民化水平进入了模型，整个模型的 Nagelkerke R^2 为 0.169，这说明经济资本、社会资本和文化资本层面的市民化水平能够解释结果的 16.9％。整个模式的卡方检验显著，模型中文化资本层面的市民化水平对因变量影响的卡方检验也是显著的。从各个文化资本层面市民化水平变量的作用方向来看，农民对当地发展的贡献情况、拥有书籍情况、期望自己将来是哪里人这三个变量对子女教育期望的作用方向都是正向的，农民的土地流转意愿、对城市生活方式喜好度这两个变量对子女教育期望的作用方向都是负向的。而居住地意愿这个变量的作用方向则复杂一些，愿意住在小城镇这个因素对子女教育期望的作用方向是负向的，愿意住在大城市这个因素对子女教育期望的作用方向是正向的。从具有显著性影响的自变量来看，假设三得到部分证实。通过对具有显著性影响的变量的分析，笔者发现以下几点。

第一，在对当地发展的贡献这个变量中，对当地发展贡献很大这个因素在0.01水平上显著，与对当地发展贡献很小的农民相比，对当地发展贡献很大的农民对子女教育期望高的可能性是其 2.903 倍。虽然对当地发展的贡献度一般这个因素并不显著，但是通过数据分析结果，笔者发现：对当地发展的贡献越大的农民，其对子女教育期望越高。

第二，在居住地意愿变量中，愿意住在小城镇这个因素在 0.01 水平上显著，与愿意住在农村的农民相比，愿意住在小城镇的农民对子女教育期望高的可能性是其 64.8%。愿意住在大城市这个因素在 0.05 水平上显著,与愿意住在农村的农民相比,愿意住在大城市的农民对子女教育期望高的可能性是其 1.692 倍。可见,对子女教育期望最高的是愿意住在大城市的农民,其次是愿意住在农村的农民,对子女教育期望最低的是愿意住在小城镇的农民。

第三,在土地流转意愿变量中,是否流转土地要看情况这个因素在 0.05 水平上显著,与不愿意流转土地的农民相比,是否流转土地要看情况的农民对子女教育期望高的可能性是其 71.8%。可见,比较而言,不愿意流转土地的农民对子女教育期望更高一些。

第四,拥有书籍情况这个变量在 0.01 水平上显著,与拥有书籍很少的农民相比,拥有书籍很多的农民对子女教育期望高的可能性是其 2.521 倍。可见,比较而言,拥有书籍很多的农民对子女的教育期望要高于拥有书籍很少的农民。

第五,在对城市生活方式喜好度变量中,喜欢城市生活方式这个因素在 0.05 水平上显著,与不喜欢城市生活方式的农民相比,喜欢城市生活方式的农民对子女教育期望高的可能性是其 59.9%。虽然对城市生活方式喜好度一般这个因素并不显著,但是通过数据分析结果,笔者发现:对城市生活方式越是喜欢的农民,其对子女教育期望反而越低。

第六,在期望自己将来是哪里人变量中,期望自己将来是城市人这个因素在 0.05 水平上显著,与期望自己将来是农村人的农民相比,期望自己将来是城市人的农民对子女教育期望高的可能性是其 1.787 倍。可见,比较而言,期望自己将来是城市人的农民对子女的教育期望要高于期望自己将来是农村人的农民。

三、学校教学条件满意度

(一)研究假设及变量的选择

这部分的研究主题是农民的市民化水平对学校教学条件满意度的影响研究,研究假设是:市民化水平越高的农民对学校教学条件的满意度越高。对于农民的市民化水平,笔者是从经济资本、社会资本、文化资本三个层面来选择变量的,这是本部分当中的自变量,而农民对学校教学条件的满意度则是本部分要研究的因变量。笔者由本部分的研究假设衍生出了以下三个更加具体的研究假设。

假设一:农民经济资本层面的市民化水平对学校教学条件满意度有正向的影响,经济资本层面的市民化水平越高的农民对学校教学条件的满意度越高。根据初步分析结果,笔者选择四个变量来衡量农民在经济资本层面的市民化水平,包括:(1)收入满意程度;(2)收入保障最基本生活情况;(3)居住条件满意程度;(4)孩子拥有单独房间情况。

假设二:农民社会资本层面的市民化水平对学校教学条件满意度有正向的影响,社会资本层面的市民化水平越高的农民对学校教学条件的满意度越高。根据初步分析结果,笔者选择五个变量来衡量农民在社会资本层面的市民化水平,包括:(1)打工情况;(2)节假日正常休假情况;(3)与邻居交往情况;(4)参加选举意愿;(5)与孩子关系。

假设三:农民文化资本层面的市民化水平对学校教学条件满意度有正向的影响,文化资本层面的市民化水平越高的农民对学校教学条件满意度越高。根据初步分析结果,笔者选择五个变量来衡量农民文化资本层面的市民化水平,包括:(1)对城市工作方式喜好度;(2)城市人的态度;(3)对当地政府工作满意度;(4)务农意愿;(5)土地流转意愿。

(二)数据分析与解释

为了更好地说明农民经济资本、社会资本和文化资本三个层面的市民化水平对学校教学条件满意度的影响,笔者在有统计控制的条件下来使用 Logistic 回归。在 Logistic 回归分析中,笔者建立了三个模型,逐一加入控制变量。从 Nagelkerke R^2 的变化及卡方检验的结果,笔者发现:农民经济资本、社会资本和文化资本三个层面的市民化水平对学校教学条件满意度的影响都较显著。从影响大小来看,最能解释结果的是文化资本层面的市民化水平变量,其次是经济资本层面的市民化水平变量,解释能力最弱的是社会资本层面的市民化水平变量。具体分析结果如表 5-7 所示。

1. 模型 1

模型 1 中,只有农民经济资本层面的市民化水平进入了模型,整个模型的 Nagelkerke R^2 为 0.112,这说明经济资本层面的市民化水平能够解释结果的 11.2%。整个模式的卡方检验显著,从各个变量的作用方向来看,农民的收入满意程度、收入能保障最基本生活、孩子在家拥有单独房间情况这三个变量对学校教学条件满意度的作用方向都是正向的。而农民的居住条件满意程度变量对学校教学条件满意度的作用方向较为复杂一些,其中满意程度一般这个因素的作用方向是负向的,满意这个因素的作用方向是正向的。从具有显著性影响的自变量来看,假设一得到证实。通过对具有显著性影响的变量的分析,笔者发现以下几点。

第一,在收入满意程度变量中,收入满意程度一般这个因素在 0.01 水平上显著,与对收入不满意的农民相比,对收入满意程度一般的农民对学校教学条件满意的可能性是其 1.487 倍。对收入满意这个因素在 0.05 水平上显著,与对收入不满意的农民相比,对收入满意的农民对学校教学条件满意的可能性是其 1.638 倍。可见,对收入越满意的农民,其对学校教学条件满意的可能性也会越大。

第二,从农民的居住条件来看,对居住条件满意这个因素在 0.01 水平上显著,与对居住条件不满意的农民相比,对居住条件满意的农民对学校教学条件满意的可能性是其 2.606 倍。可见,对居住条件满意的农民,其对学校教学条件满意的可能性要大于对居住条件不满意的农民。

第三,从孩子在家有单独房间情况来看,这个变量在 0.01 水平上显著,与孩子在家没有单独房间的农民相比,孩子在家有单独房间的农民对学校教学条件满意的可能性是其 1.843 倍。这说明,孩子在家有单独房间的农民对学校教学条件满意的可能性要大于孩子在家没有单独房间的农民。

表 5-7　农民市民化水平对学校教学条件满意度影响的 Logistic 回归模型

影响因素(括号内为参照组)		发生比率/$\exp(B)$		
		模型 1	模型 2	模型 3
经济资本层面	收入满意程度:　　　　　　一般	1.487***	1.478**	1.395**
	(不满意)　　　　　　　　满意	1.638**	1.454	1.347
	收入能保障最基本生活　(不能保障)	1.280	1.141	1.115
	居住条件满意程度:　　　　一般	0.965	0.886	0.795
	(不满意)　　　　　　　　满意	2.606***	2.244***	1.558*
	孩子在家有单独的房间　　(没有)	1.843***	1.773***	1.740***
社会资本层面	有外出打工　　　　　　　(没有)		1.283*	1.297*
	节假日能否正常休息:　　不一定		0.713**	0.630***
	(不能)　　　　　　　　　能		1.335	1.095
	与邻居经常交往　　　　(很少交往)		1.512***	1.283
	愿意参加选举　　　　　　(不愿意)		1.539***	1.234
	与孩子关系比较好　　　　(比较差)		1.805***	1.585**
文化资本层面	对城市工作方式喜好度:　　一般			1.714***
	(不喜欢)　　　　　　　　喜欢			1.579*
	城市人的态度:　　　　　　一般			1.180
	(不友好)　　　　　　　　友好			2.055**
	对当地政府工作满意度:　　一般			1.671***
	(不满意)　　　　　　　　满意			5.525***
	务农意愿:　　　　　　　　愿意			1.104
	(不愿意)　　　　　　　　看情况			1.359*
	土地流转意愿:　　　　　　愿意			0.474***
	(不愿意)　　　　　　　　看情况			0.455***
常数		0.445***	0.174***	0.133***
N		1012	1012	1012
Nagelkerke R^2		0.112	0.165	0.286
-2 log likelihood		1278.782	1234.187	1124.924
χ^2		87.499	132.094	241.357

注:* $p<0.10$;** $p<0.05$;*** $p<0.01$。

2. 模型 2

模型 2 中，农民经济资本、社会资本层面的市民化水平进入了模型，整个模型的 Nagelkerke R^2 为 0.165，这说明经济资本、社会资本层面的市民化水平能够解释结果的 16.5%。整个模式的卡方检验显著，模型中社会资本层面的市民化水平对因变量影响的卡方检验也是显著的。从各个社会资本层面市民化水平变量的作用方向来看，农民外出打工情况、与邻居交往情况、参加选举意愿、与孩子关系这四个变量对学校教学条件满意度的作用方向都是正向的。而农民节假日能否正常休息变量对学校教学条件满意度的作用方向要复杂一些，其中不一定能正常休息这个因素的作用方向是负向的，能正常休息这个因素的作用方向是正向的。从具有显著性影响的自变量来看，假设二得到部分证实。通过对具有显著性影响的变量的分析，笔者发现以下几点。

第一，农民外出打工变量在 0.1 水平上显著，与没有外出打工的农民相比，有外出打工的农民对学校教学条件满意的可能性是其 1.283 倍。这说明，比较而言，外出打工的农民对学校教学条件满意的可能性更大。

第二，节假日不一定能正常休息这个因素在 0.05 水平上显著，与节假日不能正常休息的农民比较而言，节假日不一定能正常休息的农民对学校教学条件满意的可能性是其 71.3%。这说明，比较而言，节假日不一定能正常休息的农民对学校教学条件满意的可能性要小于节假日不能正常休息的农民。

第三，从农民的社会交往来看，与邻居交往情况这个变量在 0.01 水平上显著，与很少与邻居交往的农民相比，经常与邻居交往的农民对学校教学条件满意的可能性是其 1.512 倍。这说明，比较而言，经常与邻居交往的农民对学校教学条件满意的可能性更大。

第四，参加选举意愿这个变量在 0.01 水平上显著，与不愿意参加选举的农民相比，愿意参加选举的农民对学校教学条件满意的可能性是其 1.539 倍。这说明，比较而言，愿意参加选举的农民对学校教学条件满意的可能性要大于不愿意参加选举的农民。

第五，和孩子关系变量在 0.01 水平上显著，与和孩子关系比较差的农民相比，和孩子关系比较好的农民对学校教学条件满意的可能性是其 1.805 倍。这说明，比较而言，和孩子关系比较好的农民对学校教学条件满意的可能性更大。

模型 3

模型 3 中，农民经济资本、社会资本和文化资本层面的市民化水平进入了模型，整个模型的 Nagelkerke R^2 为 0.286，这说明经济资本、社会资本和文化资本层面的市民化水平能够解释结果的 28.6%。整个模式的卡方检验显著，模型中文化资本层面的市民化水平对因变量影响的卡方检验也是显著的。从各个文化资本层面市民化水平变量的作用方向来看，农民对城市工作方式喜好度、城市人的态度、对当地政府工作满意度、务农意愿这四个变量对学校教学条件满意度的作用方向都是正向的,农民的土地流转意愿对学校教学条件满意度的作用方向是负向的。从具有显著性影响的自变量来看,假设三得到部分证实。通过对具有显著性影响的变量的分析,笔者发现以下几点。

第一,对城市工作方式喜好度一般这个因素在 0.01 水平上显著,与不喜欢城市工作方式的农民相比,对城市工作方式喜好度一般的农民对学校教学条件满意的可能性是其 1.714 倍。喜欢城市工作方式这个因素在 0.1 水平上显著,与不喜欢城市工作方式的农民相比,喜欢城市工作方式的农民对学校教学条件满意的可能性是其 1.579 倍。通过数据的变化,笔者发现:对城市工作方式喜好度一般的农民对学校教学条件最满意,其次是喜欢城市工作方式的农民,对学校教学条件最不满意的是不喜欢城市工作方式的农民。

第二,在城市人态度变量中,城市人态度友好这个因素在 0.05 水平上显著,与认为城市人态度不友好的农民相比,认为城市人态度友好的农民对学校教学条件满意的可能性是其 2.055 倍。虽然城市人态度一般这个因素并不显著,但是根据数据分析结果,笔者发现:越是认为城市人态度友好的农民,其对学校教学条件满意的可能性越大。

第三,在对当地政府工作满意度变量中,对当地政府工作满意度一般这个因素在 0.01 水平上显著,与对当地政府工作不满意的农民相比,对当地政府工作满意度一般的农民对学校教学条件满意的可能性是其 1.671 倍。对当地政府工作满意这个因素在 0.01 水平上显著,与对当地政府工作不满意的农民相比,对当地政府工作满意的农民对学校教学条件满意的可能性是其 5.525 倍。可见,对当地政府工作越是满意的农民,其对学校教学条件满意的可能性也越大。

第四,从农民的务农意愿变量来看,是否务农要看情况这个因素在 0.1 水平上显著,与不愿意务农的农民相比,是否务农要看情况的农民对学校教学条件满意的可能性是其 1.359 倍。这说明,比较而言,是否务农要看情况的农民对学校教学条件满意的可能性要大于不愿意务农的农民。

第五,在土地流转变量中,愿意流转土地这个因素在 0.01 水平上显著,与不愿意流转土地的农民相比,愿意流转土地的农民对学校教学条件满意的可能性是其 47.4%。是否流转土地要看情况这个因素在 0.01 水平上显著,与不愿意流转土地的农民相比,是否流转土地要看情况的农民对学校教学条件满意的可能性是其 45.5%。可见,对学校教学条件最满意的是不愿意流转土地的农民,其次是愿意流转土地的农民,对学校教学条件最不满意的是是否流转土地要看情况的农民。

四、学校教育质量满意度

(一)研究假设及变量的选择

这部分的研究主题是农民的市民化水平对学校教育质量满意度的影响研究,研究假设是:市民化水平越高的农民对学校教育质量的满意度越高。对于农民的市民化水平,笔者从经济资本、社会资本、文化资本三个层面来选择变量,这是本部分当中的自变量,而农民对学校教育质量的满意度则是本部分要研究的因变量。笔者由本部分的研究假设衍生出了以下三个更加具体的研究假设。

假设一:农民经济资本层面的市民化水平对学校教育质量满意度有正向的影响,经济资本层面的市民化水平越高的农民对学校教育质量的满意度越高。根据初步分析结果,笔者选择七个变量来衡量农民在经济资本层面的市民化水平,包括:(1)家庭年收入;(2)收入满意程度;(3)收支情况;(4)收入保障最基本生活情况;(5)居住条件满意程度;(6)签订劳动合同情况;(7)债务情况。

假设二:农民社会资本层面的市民化水平对学校教育质量满意度有正向的影响,社会资本层面的市民化水平越高的农民对学校教育质量的满意度越高。根据初步分析结果笔者选择七个变量来衡量农民在社会资本层面的市民化水平,包括:(1)打工情况;(2)节假日正常休假情况;(3)与城市人交往情况;(4)交往人数最多的人群;(5)参加选举意愿;(6)陪孩子时间;(7)与孩子关系。

假设三:农民文化资本层面的市民化水平对学校教育质量满意度有正向的影响,文化资本层面的市民化水平越高的农民对学校教育质量满意度越高。根据初步分析结果笔者选择五个变量来衡量农民文化资本层面的市民化水平,包括:(1)对当地发展的贡献;(2)对城市工作方式喜好度;(3)对当地政府工作满意度;(4)土地流转意愿;(5)书籍拥有情况。

(二)数据分析与解释

为了更好地说明农民经济资本、社会资本和文化资本三个层面的市民化水平对学校教育质量满意度的影响,笔者在有统计控制的条件下来使用 Logistic 回归。在 Logistic 回归分析中,笔者建立了三个模型,逐一加入控制变量。根据 Nagelkerke R^2 的变化及卡方检验的结果,笔者发现:农民经济资本、社会资本和文化资本三个层面的市民化水平对学校教育质量满意度的影响都较为显著。从影响大小来看,最能解释结果的是文化资本层面的市民化水平变量,其次是经济资本层面的市民化水平变量,解释能力最弱的是社会资本层面的市民化水平变量。具体分析结果如表5-8所示。

1. 模型 1

模型 1 中,只有农民经济资本层面的市民化水平进入了模型,整个模型的 Nagelkerke R^2 为 0.089,这说明经济资本层面的市民化水平能够解释结果的8.9%。

表 5-8　农民市民化水平对学校教育质量满意度影响的 Logistic 回归模型

影响因素(括号内为参照组)		发生比率/exp(B)		
		模型 1	模型 2	模型 3
经济资本层面	家庭年收入：　　　　　　1 万～3 万元	0.776	0.800	0.939
	(1 万元以下)　　　　　　3 万元以上	0.599**	0.621*	0.811
	收入满意程度：　　　　　一般	1.643***	1.638***	1.594***
	(不满意)　　　　　　　　满意	1.761**	1.557*	1.254
	收支情况：　　　　　　　收支平衡	0.729*	0.758	0.644**
	(支大于收)　　　　　　　收大于支	0.801	0.864	0.715
	收入能保障最基本生活　(不能保障)	1.544*	1.446	1.484
	居住条件满意程度：　　　一般	1.155	1.095	1.044
	(不满意)　　　　　　　　满意	2.511***	2.199***	1.627*
	已签劳动合同　　　　　　(没有签)	1.444**	1.359*	1.257
	有债务　　　　　　　　　(没有)	0.755*	0.824	0.761*
社会资本层面	有外出打工　　　　　　　(没有)		1.421**	1.449**
	节假日能否正常休息：　　不一定		0.743*	0.656**
	(不能)　　　　　　　　　能		1.328	1.192
	与城市人经常交往　　　　(很少交往)		1.414*	1.316
	交往人数最多的人群：　　邻居		1.558*	1.731***
	(亲戚)　　　　　　　　　工作同事		1.010	1.175
	愿意参加选举　　　　　　(不愿意)		1.391**	1.118
	每天陪孩子时间很多　　　(很少)		1.520**	1.485**
	与孩子关系比较好　　　　(比较差)		1.724***	1.503**
文化资本层面	对当地发展的贡献：　　　一般			1.089
	(很小)　　　　　　　　　很大			1.973*
	对城市工作方式喜好度：　一般			1.657***
	(不喜欢)　　　　　　　　喜欢			1.710**
	对当地政府工作满意度：　一般			1.711***
	(不满意)　　　　　　　　满意			5.567***
	土地流转意愿：　　　　　愿意			0.520***
	(不愿意)　　　　　　　　看情况			0.531***
	拥有很多书籍　　　　　　(很少)			1.915**
常数		0.981	0.324***	0.216***
N		1012	1012	1012
Nagelkerke R^2		0.089	0.148	0.248
－2 log likelihood		1269.998	1222.443	1135.363
χ^2		68.494	116.049	203.130

注：* $p<0.10$；** $p<0.05$；*** $p<0.01$。

整个模式的卡方检验显著，从各个变量的作用方向来看，农民的收入满意程度、收入能保障最基本生活、居住条件满意程度、签订劳动合同情况这四个变量对学校教育质量满意度的作用方向都是正向的，而农民的家庭年收入、收支情况、债务情况这三个变量对学校教育质量满意度的作用方向都是负向的。从具有显著性影响的自变量来看，假设一得到部分证实。通过对具有显著性影响的变量的分析，笔者发现以下几点。

第一，从农民的收入水平来看，家庭年收入3万元以上这个因素在0.05水平上显著，与家庭年收入在1万元以下的农民相比，家庭年收入在3万元以上的农民对学校教育质量满意的可能性是其59.9%。虽然家庭年收入在1万~3万元这个因素并不显著，但是根据数据分析结果，笔者发现：家庭年收入越高的农民，其对学校教育质量满意的可能性反而越小。在收入满意程度变量中，收入满意程度一般这个因素在0.01水平上显著，与对收入不满意的农民相比，对收入满意程度一般的农民对学校教育质量满意的可能性是其1.643倍。对收入满意这个因素在0.05水平上显著，与对收入不满意的农民相比，对收入满意的农民对学校教育质量满意的可能性是其1.761倍。可见，对收入越满意的农民，其对学校教育质量的满意度也会越高。

第二，从农民的收支情况来看，收支平衡这个因素在0.1水平上显著，与支大于收的农民相比，收支平衡的农民对学校教育质量满意的可能性是其72.9%。可见，比较而言，收支平衡的农民对学校教育质量满意的可能性要小于支大于收的农民。收入能保障最基本生活这个变量在0.1水平上显著，与收入不能保障最基本生活的农民相比，能保障最基本生活的农民对学校教育质量满意的可能性是其1.544倍。可见，比较而言，收入能保障最基本生活的农民对学校教育质量满意的可能性要大于收入不能保障最基本生活的农民。

第三，从农民的居住条件来看，对居住条件满意这个因素在0.01水平上显著，与对居住条件不满意的农民相比，对居住条件满意的农民对学校教育质量满意的可能性是其2.511倍。虽然对居住条件满意程度一般这个因素并不显著，但是根据数据分析结果，笔者发现：对居住条件越是满意的农民，其对学校教育质量满意的可能性也越大。

第四，签订劳动合同情况这个变量在0.05水平上显著，与没有签订劳动合同的农民相比，签订劳动合同的农民对学校教育质量满意的可能性是其1.444倍。这说明，签订劳动合同的农民对学校教育质量的满意度要高于没有签订劳动合同的农民。

第五，从农民的债务情况来看，债务这个变量在0.1水平上显著，与没有债务的农民相比，有债务的农民对学校教育质量满意的可能性是其75.5%。这说明，有债务的农民对学校教育质量满意的可能性要小于没有债务的农民。

模型 2 中,农民经济资本、社会资本层面的市民化水平进入了模型,整个模型的 Nagelkerke R^2 为 0.148,这说明经济资本、社会资本层面的市民化水平能够解释结果的 14.8%。整个模式的卡方检验显著,模型中社会资本层面的市民化水平对因变量影响的卡方检验也是显著的。从各个社会资本层面市民化水平变量的作用方向来看,农民外出打工情况、与城市人交往情况、交往人数最多的人群、参加选举意愿、陪孩子时间、与孩子关系这六个变量对学校教育质量满意度的作用方向都是正向的。农民节假日能否正常休假变量对学校教育质量满意度的作用方向要复杂一些,不一定能正常休假这个因素的作用方向是负向的,而能正常休假这个因素的作用方向是正向的。从具有显著性影响的自变量来看,假设二得到部分证实。通过对具有显著性影响的变量的分析,笔者发现以下几点。

第一,外出打工变量在 0.05 水平上显著,与没有外出打工的农民相比,有外出打工的农民对学校教育质量满意的可能性是其 1.421 倍。这说明,比较而言,外出打工的农民对学校教育质量更加满意。

第二,节假日不一定能正常休息这个因素在 0.1 水平上显著,与节假日不能正常休息的农民比较而言,不一定能正常休息的农民对学校教育质量满意的可能性是其 74.3%。这说明,比较而言,节假日不一定能正常休息的农民对学校教育质量满意的可能性要小于不能正常休息的农民。

第三,从农民的社会交往来看,与城市人交往情况这个变量在 0.1 水平上显著,与很少与城市人交往的农民相比,经常与城市人交往的农民对学校教育质量满意的可能性是其 1.414 倍。这说明,比较而言,经常与城市人交往的农民对学校教育质量满意的可能性更大。在交往人数最多人群变量中,交往人数最多的人群是邻居这个因素在 0.05 水平上显著,这些农民对学校教育质量满意的可能性是交往人数最多的人群是亲戚的农民的 1.558 倍。虽然交往人数最多的人群是工作同事这个因素并不显著,但是根据数据分析结果,笔者发现:对学校教育质量最满意的是交往人数最多人群是邻居的农民,其次是交往人数最多人群是工作同事的农民,最不满意的是交往人数最多人群是亲戚的农民。

第四,参加选举意愿这个变量在 0.05 水平上显著,与不愿意参加选举的农民相比,愿意参加选举的农民对学校教育质量满意的可能性是其 1.391 倍。这说明,比较而言,愿意参加选举的农民对学校教育质量满意的可能性要大于不愿意参加选举的农民。

第五,每天陪孩子时间变量在 0.05 水平上显著,与每天陪孩子时间很少的农民相比,每天陪孩子时间很多的农民对学校教育质量满意的可能性是其 1.520 倍。这说明,比较而言,每天陪孩子时间很多的农民对学校教育质量更为满意。

第六,与孩子关系变量在 0.01 水平上显著,与和孩子关系比较差的农民相比,和孩子关系比较好的农民对学校教育质量满意的可能性是其 1.724 倍。这说明,比较而言,和孩子关系比较好的农民对学校教育质量更为满意。

模型 3 中,农民经济资本、社会资本和文化资本层面的市民化水平进入了模型,整个模型的 Nagelkerke R^2 为 0.248,这说明经济资本、社会资本和文化资本层面的市民化水平能够解释结果的 24.8%。整个模式的卡方检验显著,模型中文化资本层面的市民化水平对因变量影响的卡方检验也是显著的。从各个文化资本层面市民化水平变量的作用方向来看,农民对当地发展的贡献、对城市工作方式喜好度、对当地政府工作满意度、拥有书籍情况这四个变量对学校教育质量满意度的作用方向都是正向的,而土地流转意愿这个变量的作用方向是负向的。从具有显著性影响的自变量来看,假设三得到部分证实。通过对具有显著性影响的变量的分析,笔者发现以下几点。

第一,对当地发展贡献很大这个因素在 0.1 水平上显著,与对当地发展贡献很小的农民相比,对当地发展贡献很大的农民对学校教育质量满意的可能性是其 1.973 倍。虽然对当地发展贡献一般这个因素并不显著,但是根据数据分析结果,笔者发现:对当地发展贡献越大的农民,其对学校教育质量满意的可能性越大。

第二,在对城市工作方式喜好度变量中,对城市工作方式喜好度一般这个因素在 0.01 水平上显著,与不喜欢城市工作方式的农民相比,对城市工作方式喜好度一般的农民对学校教育质量满意的可能性是其 1.657 倍。喜欢城市工作方式这个因素在 0.05 水平上显著,与不喜欢城市工作方式的农民相比,喜欢城市工作方式的农民对学校教育质量满意的可能性是其 1.710 倍。通过数据的变化,笔者发现:越是喜欢城市工作方式的农民对学校教育质量越是满意。

第三,在对当地政府工作满意度变量中,对当地政府工作满意度一般这个因素在 0.01 水平上显著,与对当地政府工作不满意的农民相比,对当地政府工作满意度一般的农民对学校教育质量满意的可能性是其 1.711 倍。对当地政府工作满意这个因素在 0.01 水平上显著,与对当地政府工作不满意的农民相比,对当地政府工作满意的农民对学校教育质量满意的可能性是其 5.567 倍。可见,对当地政府工作越是满意的农民,其对学校教育质量越是满意。

第四,在土地流转变量中,愿意流转土地这个因素在 0.01 水平上显著,与不愿意流转土地的农民相比,愿意流转土地的农民对学校教育质量满意的可能性是其 52.0%。是否流转土地要看情况这个因素在 0.01 水平上显著,与不愿意流转土地的农民比较而言,是否流转土地要看情况的农民对学校教育质量满意的可能性是其 53.1%。可见,对学校教育质量最满意的是不愿意流转土地的农民,其次是要看情况的农民,对学校教育质量最不满意的是愿意流转土地的农民。

第五,拥有书籍变量在 0.05 水平上显著,与拥有很少书籍的农民,拥有很多书籍的农民对学校教育质量满意的可能性是其 1.915 倍。可见,比较而言,拥有很多书籍的农民对学校教育质量更加满意。

第三节　市民化水平对农民家庭教育态度与行为的影响

一、家庭教育行动

(一)研究假设及变量的选择

本部分的研究主题是农民的市民化水平对家庭教育行动的影响研究,研究假设是市民化水平越高的农民越有可能经常对孩子的学习进行辅导。对于农民的市民化水平,笔者从经济资本、社会资本、文化资本三个层面来选择变量,这是本部分当中的自变量,而农民对孩子学习进行辅导的情况则是本部分要研究的因变量。笔者由本部分的研究假设衍生出了以下三个更加具体的研究假设。

假设一:农民经济资本层面的市民化水平对孩子学习辅导有正向的影响,经济资本层面的市民化水平越高的农民越有可能经常对孩子的学习进行辅导。根据初步分析结果,笔者选择六个变量来衡量农民在经济资本层面的市民化水平,包括:(1)个人年收入;(2)收入满意程度;(3)收支情况;(4)孩子是否拥有固定学习场所;(5)缴纳保险情况;(6)签订劳动合同情况。

假设二:农民社会资本层面的市民化水平对孩子学习辅导有正向的影响,社会资本层面的市民化水平越高的农民越有可能经常对孩子的学习进行辅导。根据初步分析结果,笔者选择九个变量来衡量农民在社会资本层面的市民化水平,包括:(1)节假日正常休假情况;(2)与邻居交往情况;(3)与城市人交往情况;(4)交往人数最多的人群;(5)过去一年参加选举活动情况;(6)陪孩子时间;(7)与爱人关系;(8)孩子数量;(9)与孩子关系。

假设三:农民文化资本层面的市民化水平对孩子学习辅导有正向的影响,文化资本层面的市民化水平越高的农民越有可能经常对孩子的学习进行辅导。根据初步分析结果,笔者选择六个变量来衡量农民文化资本层面的市民化水平,包括:(1)受教育程度;(2)自我定位;(3)对城市工作方式喜好度;(4)土地流转意愿;(5)读书读报频率;(6)过去一年参加文化娱乐活动情况。

(二)数据分析与解释

为了更好地说明农民经济资本、社会资本和文化资本三个层面的市民化水平对家庭教育行动的影响,笔者在有统计控制的条件下使用 Logistic 回归。在Logistic 回归分析中,笔者建立了三个模型,逐一加入控制变量。Nagelkerke R^2 的变化及卡方检验的结果,显示:农民经济资本、社会资本和文化资本三个层面的市民化水平对家庭教育行动的影响都较为显著。从影响大小来看,最能解释结果的是社会资本层面的市民化水平变量,其次是经济资本层面的市民化水平变量,最弱的是文化资本层面的市民化水平变量。具体分析结果如表5-9所示。

表 5-9　农民市民化水平对家庭教育行动影响的 Logistic 回归模型

影响因素(括号内为参照组)		发生比率/exp(B)		
		模型 1	模型 2	模型 3
经济资本层面	个人年收入:　0.5万~2万元	0.693**	0.760	0.687**
	(0.5万元以下)　2万元以上	1.203	1.243	0.979
	收入满意程度:　一般	1.241	1.127	1.232
	(不满意)　满意	1.926***	1.253	1.334
	收支情况:　收支平衡	0.813	0.791	0.900
	(支大于收)　收大于支	0.636*	0.595*	0.565**
	孩子有固定学习场所　(没有)	1.952***	1.283	1.078
	有缴纳保险　(没有)	1.557**	1.447*	1.431*
	有签订劳动合同　(没有)	1.937***	1.834***	1.571**
社会资本层面	节假日能否正常休假:　不一定		1.165	1.056
	(不能)　能		1.575**	1.406
	与邻居经常交往　(很少交往)		1.577**	1.596**
	与城市人经常交往　(很少交往)		1.538**	1.271
	交往人数最多的人群:　邻居		0.633**	0.705*
	(亲戚)　工作同事		0.713*	0.749
	过去一年参加过选举活动　(没有参加过)		1.657***	1.390**
	陪孩子时间很多　(很少)		3.099***	3.348***
	与爱人关系比较好　(比较差)		1.954***	1.871***
	有两个及以上孩子　(一个孩子)		0.568***	0.599***
	与孩子关系比较好　(比较差)		1.666**	1.711**
文化资本层面	受教育程度:　初中和高中			2.598***
	(小学及以下)　大专及以上			3.330***
	自我定位为城市人　(农村人)			0.687*
	城市工作方式喜好度:　一般			1.319
	(不喜欢)　喜欢			1.529*
	土地流转意愿:　愿意			1.500*
	(不愿意)　看情况			1.398*
	经常读书读报　(很少)			2.460***
	过去一年参加过文化娱乐活动　(没有)			1.576**
常数		0.210***	0.076***	0.019***
N		1012	1012	1012
Nagelkerke R^2		0.104	0.252	0.320
−2 log likelihood		1230.758	1105.639	1042.588
χ^2		79.426	204.545	267.596

注: * $p<0.10$; ** $p<0.05$; *** $p<0.01$。

1. 模型 1

模型 1 中,只有农民经济资本层面的市民化水平进入了模型,整个模型的 Nagelkerke R^2 为 0.104,这说明经济资本层面的市民化水平能够解释结果的 10.4%。整个模式的卡方检验显著,从各个变量的作用方向来看,农民的收入满意度、孩子是否有固定学习场所、是否缴纳保险、是否签订劳动合同这四个变量对家庭教育行动的作用方向都是正向的,农民的收支情况变量对家庭教育行动的作用方向是负向的,而农民的个人年收入变量对家庭教育行动的作用方向在内部出现了分化。从具有显著性影响的自变量来看,假设一得到部分证实。通过对具有显著性影响的变量的分析,笔者发现以下几点。

第一,从农民的收入状况来看,在个人年收入变量中,0.5 万~2 万元这个因素在 0.05 水平上显著,与个人年收入在 0.5 万元以下的农民相比,个人年收入在 0.5 万~2 万元的农民经常辅导孩子学习的可能性是其 69.3%。虽然 2 万元以上这个因素并不显著,但是根据数据分析结果,笔者发现:个人年收入在 0.5 万~2 万元的农民经常辅导孩子学习的可能性是最小的。这是一个值得探讨的问题,笔者认为:这恰恰反映出了中等收入农民的尴尬境地。在收入满意程度变量中,对收入满意这个因素在 0.01 水平上显著,与对收入不满意的农民相比,对收入满意的农民经常辅导孩子学习的可能性是其 1.926 倍。虽然收入满意程度一般这个因素并不显著,但笔者从数据分析结果发现:对收入越满意的农民,其经常辅导孩子学习的可能性也越大。

第二,在收支情况变量中,收大于支因素在 0.1 水平上显著,与支大于收的农民相比,收大于支的农民经常辅导孩子学习的可能性是其 63.6%。虽然收支平衡这个因素并不显著,但是通过数据分析结果笔者发现:收支情况越好的农民,其经常辅导孩子学习的可能性反而越小。

第三,孩子是否有固定学习场所这个变量在 0.01 水平上显著,与孩子没有固定学习场所的农民相比,孩子有固定学习场所的农民经常辅导孩子学习的可能性是其 1.952 倍。可见,孩子有固定学习场所的农民经常辅导孩子学习的可能性要大于孩子没有固定学习场所的农民。

第四,缴纳保险变量在 0.05 水平上显著,与没有缴纳保险的农民相比,有缴纳保险的农民经常辅导孩子学习的可能性是其 1.557 倍。可见,有缴纳保险的农民经常辅导孩子学习的可能性要大于没有缴纳保险的农民。

第五,签订劳动合同变量在 0.01 水平上显著,与没有签订劳动合同的农民相比,有签订劳动合同的农民经常辅导孩子学习的可能性是其 1.937 倍。可见,有签订劳动合同的农民经常辅导孩子学习的可能性要大于没有签订劳动合同的农民。

2. 模型 2

模型 2 中,农民经济资本、社会资本层面的市民化水平进入了模型,整个模型的 Nagelkerke R^2 为 0.252，这说明经济资本、社会资本层面的市民化水平能够解释结果的 25.2%。整个模式的卡方检验显著，模型中社会资本层面的市民化水平对因变量影响的卡方检验也是显著的。从各个社会资本层面市民化水平变量的作用方向来看，农民节假日正常休假情况、与邻居交往情况、与城市人交往情况、过去一年参加选举活动情况、陪孩子时间、与爱人关系、与孩子关系这七个变量对家庭教育行动的作用方向都是正向的，农民交往人数最多的人群、孩子数量这两个变量对家庭教育行动的作用方向都是负向的。农民交往人数最多的人群这个变量是以"亲戚"为参照组的，孩子数量是以"一个孩子"为参照组的，因此假设二得到证实。通过对具有显著性影响的变量的分析，笔者发现以下几点。

第一，在节假日能否正常休假变量中，能正常休假这个因素在 0.05 水平上显著，与不能正常休假的农民相比，能正常休假的农民经常辅导孩子学习的可能性是其 1.575 倍。虽然不一定能正常休假这个因素并不显著，但是根据分析结果，笔者发现：越是能正常休假的农民，其经常辅导孩子学习的可能性越大。

第二，从农民的社会交往情况来看，与邻居交往变量在 0.05 水平上显著，与很少与邻居交往的农民相比，经常与邻居交往的农民经常辅导孩子学习的可能性是其 1.577 倍。与城市人交往变量在 0.05 水平上显著，与很少与城市人交往的农民相比，经常与城市人交往的农民经常辅导孩子学习的可能性是其 1.538 倍。可见，经常与邻居交往、经常与城市人交往的农民经常辅导孩子学习的可能性分别要大于很少与邻居交往、很少与城市人交往的农民。在交往人数最多人群变量中，交往人数最多的人群是邻居和工作同事这两个因素分别在 0.05 和 0.1 水平上显著，与交往人数最多的人群是亲戚的农民相比，交往人数最多的人群是邻居和工作同事的农民经常辅导孩子学习的可能性分别是其 63.3% 和 71.3%。可见，交往人数最多的人群是亲戚的农民经常辅导孩子学习的可能性最大，其次是交往人数最多的人群是工作同事的农民，可能性最小的是交往人数最多的人群是邻居的农民。

第三，过去一年参加选举活动变量在 0.01 水平上显著，与没有参加过的农民相比，参加过的农民经常辅导孩子学习的可能性是其 1.657 倍。可见，比较而言，参加过选举活动的农民更有可能经常对孩子的学习进行辅导。

第四，从农民的家庭关系来看，陪孩子时间变量在 0.01 水平上显著，与陪孩子时间很少的农民相比，陪孩子时间很多的农民经常辅导孩子学习的可能性是其 3.099 倍。可见，比较而言，陪孩子时间很多的农民更有可能经常对孩子的学习进行辅导。与爱人关系变量在 0.01 水平上显著，和与爱人关系比较差的农民相比，与爱人关系比较好的农民经常辅导孩子学习的可能性是其 1.954 倍。可见，比较而言，与爱人关系比较好的农民更有可能经常对孩子的学习进行辅导。孩子数量变量在 0.01 水平上显著，与只有一个孩子的农民相比，有两个及以上孩子的农民经常辅导孩子学习的可能性是其 56.8%。可见，比较而言，只有一个孩子的农民经常对孩子的学习进行辅导的可能性要大于有两个及以上孩子的农民。与孩子关系变量在 0.05 水平上显著,和与孩子关系比较差的农民比较而言,与孩子关系比较好的农民经常辅导孩子学习的可能性是其 1.666 倍。可见,比较而言,与孩子关系比较好的农民更有可能经常对孩子的学习进行辅导。

3. 模型 3

模型 3 中,农民经济资本、社会资本和文化资本层面的市民化水平进入了模型,整个模型的 Nagelkerke R^2 为 0.320,这说明经济资本、社会资本和文化资本层面的市民化水平能够解释结果的 32.0%。整个模式的卡方检验显著,模型中文化资本层面的市民化水平对因变量影响的卡方检验也是较为显著的。从各个文化资本层面市民化水平变量的作用方向来看,农民的受教育程度、对城市工作方式喜好度、土地流转意愿、读书读报频率、过去一年参加文化娱乐活动情况这五个变量对家庭教育行动的作用方向都是正向的,自我定位这个变量对家庭教育行动的作用方向是负向的。从具有显著性影响的自变量来看,假设三基本上得到部分证实。通过对具有显著性影响的变量的分析,笔者发现以下几点。

第一,在受教育程度变量中,初高中和大专及以上受教育程度这两个因素都在 0.01 水平上显著,与小学及以下受教育程度的农民相比,初高中和大专及以上受教育程度的农民经常辅导孩子学习的可能性分别是其 2.598 倍和 3.330 倍。可见,受教育程度越高的农民经常辅导孩子学习的可能性也越大。

第二,自我定位变量在 0.1 水平上显著,与自我定位为农村人的农民相比,自我定位为城市人的农民经常辅导孩子学习的可能性是其 68.7%。可见,比较而言,自我定位为城市人的农民经常辅导孩子学习的可能性反而要小于自我定位为农村人的农民。

第三,在对城市工作方式喜好度变量中,喜欢城市工作方式这个因素在 0.1 水平上显著,与不喜欢城市工作方式的农民相比,喜欢的农民经常辅导孩子学习的可能性是其 1.529 倍。虽然对城市工作方式喜好度一般这个因素并不显著,但是根据数据分析结果,笔者发现:越是喜欢城市工作方式的农民,其经常辅导孩子学习的可能性也越大。

第四,在土地流转变量中,看情况和愿意这两个因素都是在 0.1 水平上显著,与不愿意流转土地的农民相比,看情况和愿意的农民经常辅导孩子学习的可能性分别是其 1.398 倍和 1.500 倍。可见,越是愿意流转土地的农民,其经常辅导孩子学习的可能性也越大。

第五,读书读报变量在 0.01 水平上显著,与很少读书读报的农民相比,经常读书读报的农民经常辅导孩子学习的可能性是其 2.460 倍。可见,经常读书读报的农民经常辅导孩子学习的可能性要大于很少读书读报的农民。

第六,过去一年参加文化娱乐活动变量在 0.05 水平上显著,与没有参加过的农民相比,参加过的农民经常辅导孩子学习的可能性是其1.576倍。可见,过去一年参加过文化娱乐活动的农民经常辅导孩子学习的可能性要大于没有参加过的农民。

二、家庭教育方式

（一）研究假设及变量的选择

本部分的研究主题是农民的市民化水平对家庭教育方式的影响研究,研究假设是:市民化水平越高的农民对孩子的教育方式越有可能以表扬为主。对于农民的市民化水平,笔者从经济资本、社会资本、文化资本三个层面来选择变量,这是本部分当中的自变量,而农民对孩子的教育方式则是本部分要研究的因变量。笔者由本部分的研究假设衍生出了以下三个更加具体的研究假设。

假设一:农民经济资本层面的市民化水平对家庭教育方式有正向的影响,经济资本层面的市民化水平越高的农民对孩子的教育方式越有可能以表扬为主。根据初步分析结果笔者选择七个变量来衡量农民在经济资本层面的市民化水平,包括:(1)家庭年收入;(2)个人年收入;(3)收入满意程度;(4)收支情况;(5)孩子是否有单独房间;(6)孩子是否拥有固定学习场所;(7)签订劳动合同情况。

假设二:农民社会资本层面的市民化水平对家庭教育方式有正向的影响,社会资本层面的市民化水平越高的农民对孩子的教育方式越有可能以表扬为主。根据初步分析结果,笔者选择五个变量来衡量农民在社会资本层面的市民化水平,包括:(1)户口类型;(2)每天工作时间;(3)节假日正常休假情况;(4)孩子数量;(5)与孩子关系。

假设三:农民文化资本层面的市民化水平对家庭教育方式有正向的影响,文化资本层面的市民化水平越高的农民对孩子的教育方式越有可能以表扬为主。根据初步分析结果笔者选择六个变量来衡量农民文化资本层面的市民化水平,包括:(1)受教育程度;(2)对城市生活方式喜好度;(3)期望是哪里人;(4)对户口类型的期望;(5)土地流转意愿;(6)过去一年参加文化娱乐活动情况。

（二）数据分析与解释

为了更好地说明农民经济资本、社会资本和文化资本三个层面的市民化水平对家庭教育方式的影响,笔者在有统计控制的条件下使用 Logistic 回归。在 Logistic 回归分析中,笔者建立了三个模型,逐一加入控制变量。Nagelkerke R^2 的变化及卡方检验的结果显示:农民经济资本、社会资本和文化资本三个层面的市民化水平对家庭教育方式的影响都较为显著。从影响大小来看,最能解释结果的是经济资本层面的市民化水平变量,其次是文化资本层面的市民化水平变量,最弱的是社会资本层面的市民化水平变量。具体分析结果如表5-10所示。

表 5-10　农民市民化水平对家庭教育方式影响的 Logistic 回归模型

影响因素(括号内为参照组)		发生比率/exp(B)		
		模型 1	模型 2	模型 3
经济资本层面	家庭年收入：　　　　　 1 万～3 万元	1.381*	1.484**	1.330
	(1 万元以下)　　　　 3 万元以上	1.553	1.541	1.371
	个人年收入：　　　　 0.5 万～2 万元	1.141	1.117	1.090
	(0.5 万元以下)　　　　 2 万元以上	1.602*	1.502	1.246
	收入满意程度：　　　　　　 一般	1.163	1.179	1.191
	(不满意)　　　　　　　　 满意	1.567*	1.467	1.415
	收支情况：　　　　　　 收支平衡	0.710**	0.711*	0.749
	(支大于收)　　　　　 收大于支	0.822	0.814	0.843
	孩子在家有单独的房间　 (没有)	0.720*	0.713*	0.778
	孩子有固定学习场所　　 (没有)	1.910***	1.652**	1.488*
	有签订劳动合同　　　　 (没有)	1.713***	1.416**	1.179
社会资本层面	非农业户口　　　　　 (农业户口)		1.679*	1.364
	每天工作超过八小时 (不超过八小时)		1.313*	1.354*
	节假日能否正常休假：　　 不一定		1.296*	1.083
	(不能)　　　　　　　　　 能		2.055***	1.611**
	有两个及以上孩子　　 (一个孩子)		0.606***	0.622***
	与孩子关系比较好　　　 (比较差)		2.133***	2.188***
文化资本层面	受教育程度：　　　　 初中和高中			1.395
	(小学及以下)　　　　 大专及以上			3.502***
	城市生活方式喜好度：　　 一般			1.596**
	(不喜欢)　　　　　　　　 喜欢			1.431
	期望自己将来是哪里人： 城市人			0.850
	(农村人)　　　　　　　 无所谓			0.435***
	希望户口属于：　　　　 城市户口			1.310
	(农村户口)　　　　　　 无所谓			1.601**
	土地流转意愿：　　　　　 愿意			1.113
	(不愿意)　　　　　　　 看情况			1.397**
	过去一年参加过文化娱乐活动 (没有)			1.770***
常数		0.613**	0.333***	0.191***
N		1012	1012	1012
Nagelkerke R^2		0.077	0.133	0.198
-2 log likelihood		1330.114	1283.990	1227.748
χ^2		59.947	106.070	162.312

注：* $p<0.10$；** $p<0.05$；*** <0.01。

1. 模型 1

模型 1 中,只有农民经济资本层面的市民化水平进入了模型,整个模型的 Nagelkerke R^2 为 0.077,这说明经济资本层面的市民化水平能够解释结果的 7.7%。整个模式的卡方检验显著,从各个变量的作用方向来看,农民的家庭年收入、个人年收入、收入满意度、孩子是否有固定学习场所、是否签订劳动合同这五个变量对家庭教育方式的作用方向都是正向的,而农民的收支情况、孩子在家是否有单独房间这两个变量对家庭教育方式的作用方向是负向的。从具有显著性影响的自变量来看,假设一得到部分证实。通过对具有显著性影响的变量的分析,笔者发现以下几点。

第一,从农民的收入状况来看,在家庭年收入变量中,1 万~3 万元这个因素在 0.1 水平上显著,与家庭年收入在 1 万元以下的农民相比,家庭年收入在 1 万~3 万元的农民对孩子的教育方式以表扬为主的可能性是其 1.381 倍。虽然 3 万元以上这个因素并不显著,但是从数据分析结果笔者发现:家庭年收入越高的农民,其对孩子的教育方式以表扬为主的可能性越大。在个人年收入变量中,2 万元以上这个因素在 0.1 水平上显著,与个人年收入在 0.5 万元以下的农民相比,个人年收入在 2 万元以上的农民对孩子的教育方式以表扬为主的可能性是其 1.602 倍。虽然 0.5 万~2 万元这个因素并不显著,但是根据数据分析结果,笔者发现:个人年收入越高的农民,其对孩子的教育方式以表扬为主的可能性越大。在收入满意程度变量中,对收入满意这个因素在 0.1 水平上显著,与对收入不满意的农民相比,对收入满意的农民对孩子的教育方式以表扬为主的可能性是其 1.567 倍。虽然收入满意程度一般这个因素并不显著,但是根据数据分析结果,笔者发现:对收入越满意的农民,其对孩子的教育方式以表扬为主的可能性越大。

第二,在收支情况变量中,收支平衡这个因素在 0.05 水平上显著,与支大于收的农民相比,收支平衡的农民对孩子的教育方式以表扬为主的可能性是其 71.0%。可见,比较而言,支大于收的农民,其对孩子的教育方式以表扬为主的可能性要大于收支平衡的农民。

第三,孩子在家是否有独立的房间这个变量在 0.1 水平上显著,与孩子在家没有单独房间的农民相比,孩子在家有单独房间的农民对孩子的教育方式以表扬为主的可能性是其 72.0%。可见,孩子在家有单独房间的农民对孩子的教育方式以表扬为主的可能性要小于孩子在家没有单独房间的农民。

第四,孩子是否有固定学习场所这个变量在 0.01 水平上显著,与孩子没有固定学习场所的农民相比,孩子有固定学习场所的农民对孩子的教育方式以表扬为主的可能性是其 1.910 倍。可见,孩子有固定学习场所的农民对孩子的教育方式以表扬为主的可能性要大于孩子没有固定学习场所的农民。

第五,签订劳动合同变量在 0.01 水平上显著,与没有签订劳动合同的农民相比,有签订劳动合同的农民对孩子的教育方式以表扬为主的可能性是其1.713倍。可见,有签订劳动合同的农民对孩子的教育方式以表扬为主的可能性要大于没有签订劳动合同的农民。

2. 模型2

模型2中,农民经济资本、社会资本层面的市民化水平进入了模型,整个模型的 Nagelkerke R^2 为0.133,这说明经济资本、社会资本层面的市民化水平能够解释结果的13.3%。整个模式的卡方检验显著,模型中社会资本层面的市民化水平对因变量影响的卡方检验也是较为显著的。从各个社会资本层面市民化水平变量的作用方向来看,农民的户口类型、每天工作时间、节假日正常休假情况、与孩子关系这四个变量对家庭教育方式的作用方向都是正向的,农民孩子数量这个变量对家庭教育方式的作用方向是负向的,[①]因此假设二得到证实。通过对具有显著性影响的变量的分析,笔者发现以下几点。

第一,户口类型变量在0.1水平上显著,与属于农业户口的农民相比,属于非农业户口的农民对孩子的教育方式以表扬为主的可能性是其1.679倍。可见,比较而言,属于非农业户口的农民对孩子的教育方式以表扬为主的可能性要大于属于农业户口的农民。

第二,每天工作时间变量在0.1在水平上显著,与每天工作不超过8小时的农民相比,超过8小时的农民对孩子的教育方式以表扬为主的可能性是其1.313倍。可见,比较而言,每天工作超过八小时的农民对孩子的教育方式以表扬为主的可能性要大于不超过八小时的农民。

第三,节假日能否正常休假变量中,不一定和能这两个因素分别在0.1和0.01水平上显著,与不能正常休假的农民相比,不一定能正常休假和能正常休假的农民对孩子的教育方式以表扬为主的可能性分别是其1.296倍和2.055倍。可见,越是能够正常休假的农民,其对孩子的教育方式以表扬为主的可能性越大。

第四,孩子数量变量在0.01水平上显著,与只有一个孩子的农民相比,有两个及以上的孩子的农民对孩子的教育方式以表扬为主的可能性是其60.6%。可见,比较而言,只有一个孩子的农民对孩子的教育方式以表扬为主的可能性要大于有两个及以上的孩子的农民。

第五,与孩子关系变量在0.01水平上显著,和与孩子关系相比较差的农民相比,与孩子关系比较好的农民对孩子的教育方式以表扬为主的可能性是其2.133倍。可见,比较而言,与孩子关系比较好的农民对孩子的教育方式更有可能以表扬为主。

---

① 在变量转换中,笔者是以"一个孩子"作为孩子数量这个变量的参照组,而家庭只有一个孩子是市民化的一个重要特征。

3. 模型 3

模型 3 中,农民经济资本、社会资本和文化资本层面的市民化水平进入了模型,整个模型的 Nagelkerke R^2 为 0.198,这说明经济资本、社会资本和文化资本层面的市民化水平能够解释结果的 19.8%。整个模式的卡方检验显著,模型中文化资本层面的市民化水平对因变量影响的卡方检验也是较为显著的。从各个文化资本层面市民化水平变量的作用方向来看,农民的受教育程度、对城市生活方式喜好度、对户口的期望、土地流转意愿、过去一年参加文化娱乐活动情况这五个变量对家庭教育方式的作用方向都是正向的,期望自己将来是哪里人这个变量对家庭教育方式的作用方向是负向的。从具有显著性影响的自变量来看,假设三得到部分证实。通过对具有显著性影响的变量的分析,笔者发现以下几点:

第一,在受教育程度变量中,大专及以上受教育程度这个因素在 0.01 水平上显著,与小学及以下受教育程度的农民相比,大专及以上受教育程度的农民对孩子的教育方式以表扬为主的可能性是其 3.502 倍。虽然初高中受教育程度这个因素并不显著,但是根据数据分析结果,笔者发现:受教育程度越高的农民,其对孩子的教育方式以表扬为主的可能性越大。

第二,在对城市生活方式喜好度变量中,一般这个因素在 0.05 水平上显著,与不喜欢城市工作方式的农民相比,喜欢程度一般的农民对孩子的教育方式以表扬为主的可能性是其 1.596 倍。虽然喜欢这个因素并不显著,但是根据数据分析结果,笔者发现:比较而言,不喜欢城市生活方式的农民,其对孩子的教育方式以表扬为主的可能性是最小的。

第三,在期望自己将来是哪里人变量中,无所谓这个因素在 0.01 水平上显著,与期望自己将来是农村人的农民相比,无所谓的农民对孩子的教育方式以表扬为主的可能性是其 43.5%。虽然期望自己将来是城市人这个因素并不显著,但是从数据分析结果笔者发现:比较而言,期望自己将来是农村人的农民,其对孩子的教育方式以表扬为主的可能性是最小的。

第四,在对户口的期望变量中,与希望自己属于农村户口的农民相比,无所谓的农民对孩子的教育方式以表扬为主的可能性是其 1.601 倍。虽然希望自己属于城市户口这个因素并不显著,但是从数据分析结果笔者发现:比较而言,希望自己属于农村户口的农民,其对孩子的教育方式以表扬为主的可能性是最小的。

第五,在土地流转变量中,看情况这个因素在 0.05 水平上显著,与不愿意流转土地的农民相比,是否流转土地要看情况的农民对孩子的教育方式以表扬为主的可能性是其 1.397 倍。虽然愿意这个因素并不显著,但是从数据分析结果笔者发现:比较而言,不愿意流转土地的农民,其对孩子的教育方式以表扬为主的可能性是最小的。

第六,过去一年参加文化娱乐活动变量在 0.01 水平上显著,与没有参加过的农民相比,参加过的农民对孩子的教育方式以表扬为主的可能性是其 1.770 倍。可见,过去一年参加过文化娱乐活动的农民对孩子的教育方式以表扬为主的可能性要大于没有参加过的农民。

三、家庭教育满意度

(一)研究假设及变量的选择

本部分的研究主题是农民的市民化水平对家庭教育满意度的影响研究,研究假设是:市民化水平越高的农民对家庭教育的满意度越高。对于农民的市民化水平,笔者从经济资本、社会资本、文化资本三个层面来选择变量,这是本部分当中的自变量,而农民对家庭教育的满意度则是本部分要研究的因变量。笔者由本部分的研究假设衍生出了以下三个更加具体的研究假设。

假设一:农民经济资本层面的市民化水平对家庭教育满意度有正向的影响,经济资本层面的市民化水平越高的农民对家庭教育的满意度越高。根据初步分析结果,笔者选择九个变量来衡量农民在经济资本层面的市民化水平,包括:(1)家庭年收入;(2)收入满意程度;(3)收入稳定性;(4)收支情况;(5)生活消费水平;(6)居住条件;(7)孩子是否拥有固定学习场所;(8)从事农业生产情况;(9)土地流转情况。

假设二:农民社会资本层面的市民化水平对家庭教育满意度有正向的影响,社会资本层面的市民化水平越高的农民对家庭教育的满意度越高。根据初步分析结果笔者选择四个变量来衡量农民在社会资本层面的市民化水平,包括:(1)户口类型;(2)节假日正常休假情况;(3)交往人数最多的人群;(4)与孩子关系。

假设三:农民文化资本层面的市民化水平对家庭教育满意度有正向的影响,文化资本层面的市民化水平越高的农民对家庭教育的满意度越高。根据初步分析结果笔者选择五个变量来衡量农民文化资本层面的市民化水平,包括:(1)受教育程度;(2)对当地发展的贡献;(3)对当地政府工作满意度;(4)期望自己将来是哪里人;(5)书籍拥有情况。

(二)数据分析与解释

为了更好地说明农民经济资本、社会资本和文化资本三个层面的市民化水平对家庭教育满意度的影响,笔者在有统计控制的条件下使用 Logistic 回归。在 Logistic 回归分析中,笔者建立了三个模型,逐一加入控制变量。根据 Nagelkerke R^2 的变化及卡方检验的结果,笔者发现:农民经济资本、社会资本和文化资本三个层面的市民化水平对家庭教育满意度的影响都较为显著。从影响大小来看,最能解释结果的是经济资本层面的市民化水平变量,其次是文化资本层面的市民化水平变量,解释能力最弱的是社会资本层面的市民化水平变量。具体分析结果如表 5-11 所示。

表 5-11　农民市民化水平对家庭教育满意度影响的 Logistic 回归模型

影响因素（括号内为参照组）		发生比率/exp(B)		
		模型 1	模型 2	模型 3
经济资本层面	家庭年收入：　　　　　1 万～3 万元	0.696*	0.762	0.797
	（1 万元以下）　　　　3 万元以上	0.475***	0.529**	0.523**
	收入满意程度：　　　　一般	1.409**	1.357*	1.370*
	（不满意）　　　　　　满意	3.426***	2.957***	2.595***
	收入稳定　　　　　　（不稳定）	2.037***	1.908***	1.607***
	收支情况：　　　　　　收支平衡	0.829	0.870	0.873
	（支大于收）　　　　　收大于支	0.540**	0.591*	0.575*
	生活消费水平：　　　　一般	0.896	0.871	0.916
	（比较低）　　　　　　比较高	3.031**	2.667**	2.441*
	居住条件：　　　　　　一般	1.303	1.247	1.448
	（比较差）　　　　　　比较好	2.382**	2.384**	2.140**
	孩子有固定学习场所　（没有）	2.480***	2.235***	2.014***
	从事农业生产　　　　（不从事）	0.500***	0.526***	0.523***
	土地流转情况：　　　　部分流转	1.327	1.320	1.293
	（没有流转）　　　　　全部流转	0.578**	0.638*	0.671
社会资本层面	非农业户口　　　　　（农业户口）		1.573*	1.291
	能否正常休假　　　　不一定		1.040	0.960
	（不能）　　　　　　　能		1.517**	1.364
	交往人数最多的人群：　邻居		1.043	1.120
	（亲戚）　　　　　　　工作同事		0.554***	0.534***
	与孩子关系比较好　（比较差）		1.969***	1.747***
文化资本层面	受教育程度　　　　　　初中和高中			1.335
	（小学及以下）　　　　大专及以上			2.728**
	对当地发展的贡献：　　一般			1.269
	（很小）　　　　　　　很大			2.690***
	对当地政府工作满意度：一般			1.148
	（不满意）　　　　　　满意			2.155***
	期望自己将来是哪里人：城市人			0.778
	（农村人）　　　　　　无所谓			0.656*
	拥有很多书籍　　　　（很少）			1.828**
常数		0.281***	0.170***	0.111***
N		1012	1012	1012
Nagelkerke R^2		0.203	0.237	0.291
−2 log likelihood		1156.016	1125.493	1076.203
χ^2		161.452	191.974	241.264

注：* $p<0.10$；** $p<0.05$；*** $p<0.01$。

1. 模型 1

模型 1 中,只有农民经济资本层面的市民化水平进入了模型,整个模型的 Nagelkerke R^2 为 0.203,这说明经济资本层面的市民化水平能够解释结果的 20.3%。整个模式的卡方检验显著,从各个变量的作用方向来看,农民的收入满意度、收入稳定性、居住条件、孩子是否有固定学习场所这四个变量对家庭教育满意度的作用方向都是正向的,农民的家庭年收入、收支情况、从事农业生产情况这三个变量对家庭教育满意度的作用方向都是负向的,而农民的生活消费水平和土地流转情况对家庭教育满意度的作用方向在内部出现了分化。从具有显著性影响的自变量来看,假设一得到部分证实。通过对具有显著性影响的变量的分析,笔者发现以下几点。

第一,从农民的收入状况来看,在家庭年收入变量中,1 万～3 万元这个因素在 0.1 水平上显著,与家庭年收入在 1 万元以下的农民相比,家庭年收入在 1 万～3 万元的农民对家庭教育满意的可能性是其 69.6%。3 万元以上这个因素在 0.01 水平上显著,与家庭年收入在 1 万元以下的农民相比,家庭年收入在 3 万元以上的农民对家庭教育满意的可能性是其 47.5%。根据数据分析结果,笔者发现:家庭年收入越高的农民,其对家庭教育满意的可能性反而越小。在收入满意程度变量中,收入满意程度一般这个因素在 0.05 水平上显著,与对收入不满意的农民相比,收入满意程度一般的农民对家庭教育满意的可能性是其 1.409 倍。对收入满意这个因素在 0.01 水平上显著,与对收入不满意的农民相比,对收入满意的农民对家庭教育满意的可能性是其 3.426 倍。根据数据分析结果,笔者发现:对收入越满意的农民,其对家庭教育满意的可能性也越大。收入稳定变量在 0.01 水平上显著,与收入不稳定的农民相比,收入稳定的农民对家庭教育满意的可能性是其 2.037 倍。可见,收入稳定的农民对家庭教育满意的可能性要大于收入不稳定的农民。

第二,从农民的生活状况来看,在收支情况变量中,收大于支因素在 0.05 水平上显著,与支大于收的农民相比,收大于支的农民对家庭教育满意的可能性是其 54.0%。虽然收支平衡这个因素并不显著,但是通过数据分析结果,笔者发现:收支情况越好的农民,其对家庭教育满意的可能性反而越小。在生活消费水平变量中,生活消费水平比较高这个因素在 0.05 水平上显著,与生活消费水平比较低的农民相比,生活消费水平比较高的农民对家庭教育满意的可能性是其 3.031 倍。可见,生活消费水平比较高的农民对家庭教育满意的可能性要大于生活消费水平比较低的农民。

第三,从农民的居住状况来看,在居住条件变量中,居住条件比较好这个因素在 0.05 水平上显著,与居住条件比较差的农民相比,居住条件比较好的农民对家庭教育满意的可能性是其 2.382 倍。虽然居住条件一般这个因素并不显著,但是笔者从数据分析结果中发现:居住条件越好的农民,其对家庭教育满意的可能性也越大。孩子是否有固定学习场所这个变量在 0.01 水平上显著,与孩子没有固定学习场所的农民相比,孩子有固定学习场所的农民对家庭教育满意的可能性是其 2.480倍。可见,孩子有固定学习场所的农民对家庭教育满意的可能性要大于孩子没有固定学习场所的农民。

第四,从农业生产状况来看,从事农业生产变量在 0.01 水平上显著,与不从事农业生产的农民相比,从事农业生产的农民对家庭教育满意的可能性是其50.0%。可见,不从事农业生产的农民对家庭教育满意的可能性大于从事农业生产的农民。在土地流转情况变量中,土地全部流转这个因素在 0.05 水平上显著,与土地没有流转的农民相比,土地全部流转的农民对家庭教育满意的可能性是其57.8%。可见,土地全部流转的农民对家庭教育满意的可能性要小于土地没有流转的农民。

2. 模型 2

模型 2 中,农民经济资本、社会资本层面的市民化水平进入了模型,整个模型的 Nagelkerke R^2 为 0.237,这说明经济资本、社会资本层面的市民化水平能够解释结果的23.7%。整个模式的卡方检验显著,模型中社会资本层面的市民化水平对因变量影响的卡方检验也是较为显著的。从各个社会资本层面市民化水平变量的作用方向来看,农民的户口类型、正常休假情况、与孩子关系这三个变量对家庭教育满意度的作用方向都是正向的,农民交往人数最多的人群这个变量对家庭教育满意度的作用方向在内部出现了分化。从具有显著性影响的自变量来看,假设二得到部分证实。通过对具有显著性影响的变量的分析,笔者发现以下几点。

第一,户口类型变量在 0.1 水平上显著,与拥有农业户口的农民相比,拥有非农业户口的农民对家庭教育满意的可能性是其 1.573 倍。可见,拥有非农业户口的农民对家庭教育满意的可能性要大于拥有农业户口的农民。

第二,在能否正常休假变量中,能正常休假这个因素在 0.05 水平上显著,与不能正常休假的农民相比,能正常休假的农民对家庭教育满意的可能性是其1.517倍。虽然不一定能正常休假这个因素并不显著,但是根据分析结果笔者发现:越是能正常休假的农民,其对家庭教育满意的可能性越大。

第三,在交往人数最多人群变量中,交往人数最多的人群是工作同事这个因素在 0.01 水平上显著,与交往人数最多的人群是亲戚的农民相比,交往人数最多的人群是工作同事的农民对家庭教育满意的可能性是其 55.4%。可见,比较而言,交往人数最多的人群是工作同事的农民对家庭教育满意的可能性低于交往人数最多的人群是亲戚的农民。

第四,与孩子关系变量在 0.01 水平上显著,与和孩子关系比较差的农民相比,和孩子关系比较好的农民对家庭教育满意的可能性是其 1.969 倍。可见,和孩子关系比较好的农民对家庭教育满意的可能性要大于和孩子关系比较差的农民。

3. 模型3

模型3中,农民经济资本、社会资本和文化资本层面的市民化水平进入了模型,整个模型的 Nagelkerke R^2 为 0.291,这说明经济资本、社会资本和文化资本层面的市民化水平能够解释结果的 29.1%。整个模式的卡方检验显著,模型中文化资本层面的市民化水平对因变量影响的卡方检验也是较为显著的。从各个文化资本层面市民化水平变量的作用方向来看,农民的受教育程度、对当地发展的贡献、对当地政府工作的满意度、拥有书籍情况这四个变量对家庭教育满意度的作用方向都是正向的,期望自己将来是哪里人这个变量对家庭教育满意度的作用方向是负向的。从具有显著性影响的自变量来看,假设三得到部分证实。通过对具有显著性影响的变量的分析,笔者发现以下几点。

第一,在受教育程度变量中,大专及以上受教育程度这个因素在 0.05 水平上显著,与小学及以下受教育程度的农民相比,大专及以上受教育程度的农民对家庭教育满意的可能性是其 2.728 倍。虽然初中和高中受教育程度这个因素不显著,但是根据数据分析结果,笔者发现:受教育程度越高的农民,其对家庭教育满意的可能性越大。

第二,在对当地发展贡献变量中,对当地发展贡献很大这个因素在 0.01 水平上显著,与对当地发展贡献很小的农民相比,对当地发展贡献很大的农民对家庭教育满意的可能性是其 2.690 倍。虽然对当地发展贡献一般这个因素并不显著,但是根据数据分析结果,笔者发现:对当地发展贡献越大的农民,其对家庭教育满意的可能性也越大。

第三,在对当地政府工作满意度变量中,对当地政府工作满意这个因素在 0.01 水平上显著,与对当地政府工作不满意的农民相比,对当地政府工作满意的农民对家庭教育满意的可能性是其 2.155 倍。虽然对当地政府工作满意度一般这个因素并不显著,但是根据数据分析结果,笔者发现:对当地政府工作越满意的农民,其对家庭教育满意的可能性也越大。

第四,在期望自己将来是哪里人变量中,对自己将来是哪里人无所谓这个因素在 0.1 水平上显著,与期望自己将来是农村人的农民相比,对自己将来是哪里人无所谓的农民对家庭教育满意的可能性是其 65.6%。可见,比较而言,对自己将来是哪里人无所谓的农民对家庭教育满意的可能性要小于期望自己将来是农村人的农民。

第五,拥有书籍变量在 0.05 水平上显著,与拥有很少书籍的农民相比,拥有很多书籍的农民对家庭教育满意的可能性是其 1.828 倍。可见,拥有很多书籍的农民对家庭教育满意的可能性要大于拥有很少书籍的农民。

第四节　市民化水平对农民社会教育态度与行为的影响

一、社会教育参与意愿

（一）研究假设及变量的选择

本部分的研究主题是农民的市民化水平对参加社会教育意愿的影响研究,研究假设是:市民化水平越高的农民参加社会教育的意愿越高。对于农民的市民化水平,笔者是从经济资本、社会资本、文化资本三个层面来选择变量,这是本部分当中的自变量,而农民参加社会教育的意愿则是本部分要研究的因变量。笔者由本部分的研究假设衍生出了以下三个更加具体的研究假设。

假设一:农民经济资本层面的市民化水平对参加社会教育的意愿有正向的影响,经济资本层面的市民化水平越高的农民参加社会教育的意愿越高。根据初步分析结果,笔者选择三个变量来衡量农民在经济资本层面的市民化水平,包括:(1)居住条件满意程度;(2)孩子是否拥有单独房间;(3)孩子是否有固定的学习场所。

假设二:农民社会资本层面的市民化水平对参加社会教育的意愿有正向的影响,社会资本层面的市民化水平越高的农民参加社会教育的意愿越高。根据初步分析结果,笔者选择七个变量来衡量农民在社会资本层面的市民化水平,包括:(1)职业层次;(2)社会地位;(3)参加选举意愿;(4)成立农民组织必要性;(5)孩子是否由父母照顾;(6)与爱人关系;(7)与孩子关系。

假设三:农民文化资本层面的市民化水平对参加社会教育的意愿有正向的影响,文化资本层面的市民化水平越高的农民参加社会教育的意愿越高。根据初步分析结果,笔者选择六个变量来衡量农民文化资本层面的市民化水平,包括:(1)对城市工作方式喜好度;(2)对城市生活方式喜好度;(3)期望自己将来是哪里人;(4)土地流转意愿;(5)读书读报频率;(6)参加文化娱乐活动意愿。

（二）数据分析与解释

为了更好地说明农民经济资本、社会资本和文化资本这三个层面上的市民化水平对参加社会教育意愿的影响,笔者在有统计控制的条件下使用了 Logistic 回归。在 Logistic 回归分析中,笔者建立了三个模型,逐一加入控制变量。根据 Nagelkerke R^2 的变化及卡方检验的结果,笔者发现:农民经济资本、社会资本和文化资本三个层面的市民化水平对参加社会教育意愿的影响都显著。从影响大小来看,最能解释结果的是社会资本层面的市民化水平变量,其次是文化资本层面的市民化水平变量,解释能力最弱的是经济资本层面的市民化水平变量。具体分析结果如表 5-12 所示。

表 5-12　农民市民化水平对社会教育参与意愿影响的 Logistic 回归模型

影响因素（括号内为参照组）			发生比率/exp(B)		
			模型 1	模型 2	模型 3
经济资本层面	居住条件满意程度：	一般	0.566**	0.403***	0.456***
	（不满意）	满意	0.610*	0.437***	0.483**
	孩子拥有单独房间	（没有）	0.561**	0.531**	0.552**
	孩子有固定学习场所	（没有）	2.452***	2.145***	1.896**
社会资本层面	职业层次高	（低）		0.697*	0.636**
	社会地位高	（低）		1.710**	1.655**
	愿意参加选举	（不愿意）		3.403***	2.853***
	有必要成立农民组织	（没必要）		1.862**	1.434
	孩子由父母照顾	（其他人照顾）		1.728**	1.933***
	和爱人关系比较好	（比较差）		0.598**	0.600**
	和孩子关系比较好	（比较差）		1.658**	1.632**
文化资本层面	对城市工作方式喜好度：	一般			0.853
	（不喜欢）	喜欢			0.484**
	对城市生活方式喜好度：	一般			1.546*
	（不喜欢）	喜欢			2.332**
	期望自己将来是哪里人：	城市人			0.775
	（农村人）	无所谓			0.446***
	土地流转意愿：	愿意			1.624*
	（不愿意）	看情况			0.906
	经常读书读报	（很少）			1.686**
	愿意参加文化娱乐活动	（不愿意）			3.308***
常数			4.499***	0.929	0.658
N			1012	1012	1012
Nagelkerke R^2			0.033	0.156	0.262
-2 log likelihood			1047.819	961.467	879.941
χ^2			22.075	108.426	189.952

注：* $p<0.10$；** $p<0.05$；*** $p<0.01$。

1. 模型 1

模型 1 中，只有农民经济资本层面的市民化水平进入了模型，整个模型的 Nagelkerke R^2 为 0.033，这说明经济资本层面的市民化水平能够解释结果的 3.3%。整个模式的卡方检验显著，从各个变量的作用方向来看，农民的孩子是否有固定学习场所这个变量对参加社会教育意愿的作用方向是正向的，而农民对居住条件满意程度、孩子单独房间的拥有情况这两个变量对参加社会教育意愿的作用方向都是负向的。从具有显著性影响的自变量来看,假设一得到部分证实。通过对具有显著性影响的变量的分析,笔者发现以下几点。

第一,从农民对居住条件满意程度变量来看,对居住条件满意程度一般这个因素在 0.05 水平上显著,与对居住条件不满意的农民相比,对居住条件满意程度一般的农民愿意参加社会教育的可能性是其 56.6%。对居住条件满意这个因素在 0.1 水平上显著,与对居住条件不满意的农民相比,对居住条件满意的农民愿意参加社会教育的可能性是其 61.0%。可见,最愿意参加社会教育的是对居住条件不满意的农民,其次是对居住条件满意的农民,最不愿意参加社会教育的是对居住条件满意程度一般的农民。

第二,孩子拥有单独房间变量在 0.05 水平上显著,与孩子没有单独房间的农民相比,孩子有单独房间的农民愿意参加社会教育的可能性是其 56.1%。可见,比较而言,孩子没有单独房间的农民更加愿意参加社会教育。

第三,孩子有固定学习场所变量在 0.01 水平上显著,与孩子没有固定学习场所的农民相比,孩子有固定学习场所的农民愿意参加社会教育的可能性是其 2.452 倍。可见,比较而言,孩子有固定学习场所的农民更加愿意参加社会教育。

2. 模型 2

模型 2 中,农民经济资本、社会资本层面的市民化水平进入了模型,整个模型的 Nagelkerke R^2 为 0.156,这说明经济资本、社会资本层面的市民化水平能够解释结果的 15.6%。整个模式的卡方检验显著,模型中社会资本层面的市民化水平对因变量影响的卡方检验也是显著的。从各个社会资本层面市民化水平变量的作用方向来看,农民的社会地位、参加选举意愿、成立农民组织必要性、孩子由谁照顾、与孩子关系这五个变量对参加社会教育意愿的作用方向都是正向的,而农民的职业层次、与爱人关系这两个变量对参加社会教育意愿的作用方向都是负向的。从具有显著性影响的自变量来看,假设二得到部分证实。通过对具有显著性影响的变量的分析,笔者发现以下几点。

第一,从农民的职业地位来看,职业层次变量在 0.1 水平上显著,与职业层次低的农民相比,职业层次高的农民愿意参加社会教育的可能性是其 69.7%。这说明,比较而言,职业层次低的农民更加愿意参加社会教育。社会地位变量在 0.05 水平上显著,与社会地位低的农民相比,社会地位高的农民愿意参加社会教育的可能性是其 1.710 倍。这说明,比较而言,社会地位高的农民更加愿意参加社会教育。

第二,参加选举意愿这个变量在 0.01 水平上显著,与不愿意参加选举的农民相比,愿意参加选举的农民愿意参加社会教育的可能性是其 3.403 倍。这说明,比较而言,愿意参加选举的农民更加愿意参加社会教育。

第三,成立农民组织必要性变量在 0.05 水平上显著,与认为没必要成立农民组织的农民相比,认为有必要的农民愿意参加社会教育的可能性是其 1.862 倍。这说明,比较而言,认为有必要成立农民组织的农民更加愿意参加社会教育。

第四,孩子由谁照顾这个变量在 0.05 水平上显著,与孩子由其他人照顾的农民比较而言,孩子由自己照顾的农民愿意参加社会教育的可能性是其 1.728 倍。这说明,比较而言,孩子由自己照顾的农民更加愿意参加社会教育。

第五,从农民的家庭关系来看,和爱人关系变量在 0.05 水平上显著,与和爱人关系比较差的农民相比,和爱人关系比较好的农民愿意参加社会教育的可能性是其 59.8%。这说明,比较而言,和爱人关系比较差的农民反而更加愿意参加社会教育。和孩子关系变量在 0.05 水平上显著,与和孩子关系比较差的农民相比,和孩子关系比较好的农民愿意参加社会教育的可能性是其 1.658 倍。这说明,比较而言,和孩子关系比较好的农民更加愿意参加社会教育。

3. 模型 3

模型 3 中,农民经济资本、社会资本和文化资本层面的市民化水平进入了模型,整个模型的 Nagelkerke R^2 为 0.262,这说明经济资本、社会资本和文化资本层面的市民化水平能够解释结果的 26.2%。整个模式的卡方检验显著,模型中文化资本层面的市民化水平对因变量影响的卡方检验也是显著的。从各个文化资本层面市民化水平变量的作用方向来看,农民对城市生活方式喜好度、读书读报频率、参加文化娱乐活动意愿这三个变量对参加社会教育意愿的作用方向都是正向的,农民对城市工作方式喜好度、期望自己将来是哪里人这两个变量对参加社会教育意愿的作用方向都是负向的。而土地流转意愿这个变量的作用方向则复杂一些,愿意流转土地这个因素对参加社会教育意愿的作用方向是正向的,是否流转土地要看情况这个因素对参加社会教育意愿的作用方向是负向的。从具有显著性影响的自变量来看,假设三得到部分证实。通过对具有显著性影响的变量的分析,笔者发现以下几点。

第一,从农民的态度偏好来看,喜欢城市工作方式这个因素在 0.05 水平上显著,与不喜欢城市工作方式的农民相比,喜欢城市工作方式的农民愿意参加社会教育的可能性是其 48.4%。虽然对城市工作方式喜好度一般这个因素并不显著,但是通过数据分析结果笔者发现:对城市工作方式越喜欢的农民,其愿意参加社会教育的可能性反而越小。对城市生活方式喜好度一般这个因素在 0.1 水平上显著,与不喜欢城市生活方式的农民相比,对城市生活方式喜好度一般的农民愿意参加社会教育的可能性是其 1.546 倍。喜欢城市生活方式这个因素在 0.05 水平上显著,与不喜欢城市生活方式的农民相比,喜欢城市生活方式的农民愿意参加社会教育的可能性是其 2.332 倍。可见,对城市生活方式越喜欢的农民,其愿意参加社会教育的可能性也越大。

第二,在期望自己将来是哪里人变量中,对自己将来是哪里人无所谓这个因素在 0.01 水平上显著,与期望自己将来是农村人的农民相比,对自己将来是哪里人无所谓的农民愿意参加社会教育的可能性是其 44.6%。虽然期望自己将来是城市人这个因素并不显著,但是通过数据分析结果笔者发现:最愿意参加社会教育的是期望自己将来是农村人的农民,其次是期望自己将来是城市人的农民,最不愿意参加社会教育的是对自己将来是哪里人无所谓的农民。

第三,在土地流转意愿变量中,愿意流转土地这个因素在 0.1 水平上显著,与不愿意流转土地的农民相比,愿意流转土地的农民愿意参加社会教育的可能性是其 1.624 倍。可见,比较而言,愿意流转土地的农民更加愿意参加社会教育。

第四,读书读报变量在 0.05 水平上显著,与很少读书读报的农民相比,经常读书读报的农民愿意参加社会教育的可能性是其 1.686 倍。可见,比较而言,经常读书读报的农民更加愿意参加社会教育。

第五,参加文化娱乐活动意愿这个变量在 0.01 水平上显著,与不愿意参加文化娱乐活动的农民相比,愿意参加文化娱乐活动的农民愿意参加社会教育的可能性是其 3.308 倍。可见,比较而言,愿意参加文化娱乐活动的农民更加愿意参加社会教育。

二、社会教育参与状况

(一)研究假设及变量的选择

本部分的研究主题是农民的市民化水平对社会教育参与的影响研究,研究假设是:市民化水平越高的农民,越有可能参加社会教育。对于农民的市民化水平,笔者是从经济资本、社会资本、文化资本三个层面来选择变量的,这是本部分当中的自变量,而农民参加社会教育的情况则是本部分要研究的因变量。笔者由本部分的研究假设衍生出了以下三个更加具体的研究假设。

假设一:农民经济资本层面的市民化水平对社会教育参与有正向的影响,经济资本层面的市民化水平越高的农民越有可能参加社会教育。根据初步分析结果,笔者选择五个变量来衡量农民在经济资本层面的市民化水平,包括:(1)个人年收入;(2)孩子是否有固定的学习场所;(3)从事农业生产情况;(4)土地流转情况;(5)签订劳动合同情况。

假设二:农民社会资本层面的市民化水平对社会教育参与有正向的影响,社会资本层面的市民化水平越高的农民越有可能参加社会教育。根据初步分析结果,笔者选择五个变量来衡量农民在社会资本层面的市民化水平,包括:(1)户口类型;(2)正常休假情况;(3)社会地位;(4)过去一年参加选举活动情况;(5)参加选举意愿。

假设三:农民文化资本层面的市民化水平对社会教育参与有正向的影响,文化资本层面的市民化水平越高的农民越有可能参加社会教育。根据初步分析结果,笔者选择六个变量来衡量农民文化资本层面的市民化水平,包括:(1)受教育程度;(2)参加职业培训情况;(3)对当地发展的贡献;(4)对政府工作满意度;(5)书籍拥有情况;(6)过去一年参加文化娱乐活动情况。

(二)数据分析与解释

为了更好地说明农民经济资本、社会资本和文化资本三个层面的市民化水平对社会教育参与的影响,笔者在有统计控制的条件下使用 Logistic 回归。在 Logistic 回归分析中,笔者建立了三个模型,逐一加入控制变量。根据 Nagelkerke R^2 的变化及卡方检验的结果,笔者发现:农民经济资本、社会资本和文化资本三个层面的市民化水平对社会教育参与的影响都比较显著。从影响大小来看,最能解释结果的是经济资本层面的市民化水平变量,其次是文化资本层面的市民化水平变量,解释能力最弱的是社会资本层面的市民化水平变量。具体分析结果如表 5-13 所示。

表5-13　农民市民化水平对社会教育参与影响的 Logistic 回归模型

影响因素(括号内为参照组)		发生比率/exp(B)		
		模型 1	模型 2	模型 3
经济资本层面	个人年收入:　　0.5 万～2 万元	1.482**	1.380*	1.209
	(0.5 万元以下)　2 万元以上	2.741***	2.332***	1.525
	孩子有固定学习场所　(没有)	2.117***	1.701**	1.361
	从事农业生产　(不从事)	0.581***	0.652**	0.719
	土地流转情况:　部分流转	1.523**	1.258	1.037
	(没有流转)　全部流转	0.569**	0.515**	0.465***
	有签订劳动合同　(没有)	2.203***	1.739***	1.189
社会资本层面	非农业户口　(农业户口)		2.858***	1.865*
	节假日能否正常休假:　不一定		1.394*	1.131
	(不能)　能		1.454*	1.034
	社会地位高　(低)		1.808***	1.626**
	过去一年参加过选举活动　(没有参加过)		1.741***	1.398*
	愿意参加选举　(不愿意)		1.577**	1.341
文化资本层面	受教育程度　初中和高中			1.345
	(小学及以下)　大专及以上			2.380*
	参加过职业培训　(没有参加过)			2.103***
	对当地发展的贡献:　一般			2.196***
	(很小)　很大			1.318
	对当地政府工作满意度:　一般			2.627***
	(不满意)　满意			2.573***
	拥有很多书籍　(很少)			2.189***
	过去一年参加过文化娱乐活动　(没有)			2.530***

影响因素(括号内为参照组)	发生比率/exp(B)		
	模型 1	模型 2	模型 3
常数	0.164***	0.051***	0.012***
N	1012	1012	1012
Nagelkerke R^2	0.147	0.214	0.344
−2 log likelihood	1108.065	1053.927	938.950
χ^2	109.829	163.967	278.944

注：* $p<0.10$；** $p<0.05$；*** $p<0.01$。

1. 模型 1

模型 1 中，只有农民经济资本层面的市民化水平进入了模型，整个模型的 Nagelkerke R^2 为 0.147，这说明经济资本层面的市民化水平能够解释结果的 14.7%。整个模式的卡方检验显著，从各个变量的作用方向来看，农民的个人年收入、孩子是否有固定学习场所、签订劳动合同情况这三个变量对社会教育参与的作用方向都是正向的，农民从事农业生产情况对社会教育参与的作用方向是负向的①，农民的土地流转情况对社会教育参与的作用方向在内部出现了分化。而农民对居住条件满意程度、孩子单独房间的拥有情况这两个变量对参加社会教育意愿的作用方向都是负向的。从具有显著性影响的自变量来看，假设一得到部分证实。通过对具有显著性影响的变量的分析，笔者发现以下几点。

第一，在个人年收入变量中，0.5 万～2 万元和 2 万元以上这两个因素分别在 0.05 和 0.01 水平上显著，与个人年收入在 0.5 万元以下的农民相比，个人年收入在 0.5 万～2 万元和 2 万元以上的农民参加社会教育的可能性分别是其 1.482 倍和 2.741 倍。可见，个人年收入越高的农民，其参加社会教育的可能性也会越大。

第二，孩子有固定学习场所变量在 0.01 水平上显著，与孩子没有固定学习场所的农民相比，孩子有固定学习场所的农民参加社会教育的可能性是其 2.117 倍。可见，比较而言，孩子有固定学习场所的农民参加社会教育的可能性更大。

第三，从事农业生产变量在 0.01 水平上显著，与不从事农业生产的农民相比，从事农业生产的农民参加社会教育的可能性是其 58.1%。可见，比较而言，不从事农业生产的农民参加社会教育的可能性更大。

第四，在土地流转变量中，部分流转和全部流转这两个因素都是在 0.05 水平上显著，与没有流转土地的农民相比，部分流转和全部流转的农民参加社会教育的可能性分别是其 1.523 倍和 56.9%。可见，参加社会教育可能性最大的是部分流转土地的农民，其次是没有流转土地的农民，可能性最小的是全部流转土地的

① 在变量转换过程中，笔者是以"不从事"作为参照组，因此，虽然从事农业生产情况的作用方向是负向的，但仍然证实了笔者的研究假设。

农民。

第五，签订劳动合同变量在 0.01 水平上显著，与没有签订劳动合同的农民，签订过劳动合同的农民参加社会教育的可能性是其 2.203 倍。可见，比较而言，签订过劳动合同的农民参加社会教育的可能性要大于没有签过的农民。

2. 模型 2

模型 2 中，农民经济资本、社会资本层面的市民化水平进入了模型，整个模型的 Nagelkerke R^2 为 0.214，这说明经济资本、社会资本层面的市民化水平能够解释结果的 21.4%。整个模式的卡方检验显著，模型中社会资本层面的市民化水平对因变量影响的卡方检验也是显著的。从各个社会资本层面市民化水平变量的作用方向来看，所有变量对社会教育参与的作用方向都是正向的，因此假设二得到证实。通过对具有显著性影响的变量的分析，笔者发现以下几点。

第一，户口类型变量在 0.01 水平上显著，与农业户口的农民相比，非农业户口的农民参加社会教育的可能性是其 2.858 倍。这说明，比较而言，非农业户口的农民参加社会教育的可能性更大。

第二，在正常休假变量中，不一定和能这两个因素都在 0.1 水平上显著，与不能正常休假的农民相比，不一定能正常休假和能正常休假的农民参加社会教育的可能性分别是其 1.394 倍和 1.454 倍。可见，越是能够正常休假的农民，其越有可能参加社会教育。

第三，社会地位变量在 0.01 水平上显著，与社会地位低的农民相比，社会地位高的农民参加社会教育的可能性是其 1.808 倍。这说明，比较而言，社会地位高的农民参加社会教育的可能性要大于社会地位低的农民。

第四，参加选举活动变量在 0.01 水平上显著，与过去一年没有参加过选举活动的农民相比，参加过选举活动的农民参加社会教育的可能性是其 1.741 倍。这说明，比较而言，参加过选举活动的农民更有可能参加社会教育。

第五，参加选举意愿在 0.05 水平上显著，与不愿意参加选举的农民比较而言，愿意参加选举的农民参加社会教育的可能性是其 1.577 倍。这说明，比较而言，愿意参加选举活动的农民更有可能参加社会教育。

3. 模型 3

模型 3 中，农民经济资本、社会资本和文化资本层面的市民化水平进入了模型，整个模型的 Nagelkerke R^2 为 0.344，这说明经济资本、社会资本和文化资本层面的市民化水平能够解释结果的 34.4%。整个模式的卡方检验显著，模型中文化资本层面的市民化水平对因变量影响的卡方检验也是显著的。从各个文化资本层面市民化水平变量的作用方向来看，所有变量对社会教育参与的作用方向都是正向的，因此假设三得到部分证实。通过对具有显著性影响的变量的分析，笔者发现以下几点。

第一,在受教育程度变量中,大专及以上受教育程度这个因素在0.1水平上显著,与小学及以下受教育程度的农民相比,大专及以上受教育程度的农民参加社会教育的可能性是其2.380倍。虽然初高中受教育程度这个因素并不显著,但是通过数据分析结果,笔者发现:受教育程度越高的农民,其参加社会教育的可能性越大。

第二,参加职业培训变量在0.01水平上显著,与没有参加过职业培训的农民相比,参加过的农民参加社会教育的可能性是其2.103倍。可见,比较而言,参加过职业培训的农民参加社会教育的可能性更大。

第三,在对当地发展的贡献变量中,一般这个因素在0.01水平上显著,与对当地发展贡献很小的农民相比,贡献一般的农民参加社会教育的可能性是其2.196倍。通过数据分析结果笔者发现:比较而言,对当地发展贡献很小的农民,其参加社会教育的可能性是最小的。

第四,在对当地政府工作满意度变量中,一般和满意这两个因素都在0.01水平上显著,与不满意的农民相比,满意度一般和满意的农民参加社会教育的可能性分别是其2.627倍和2.573倍。可见,比较而言,对当地政府工作不满意的农民,其参加社会教育的可能性是最小的。

第五,拥有书籍变量在0.01水平上显著,与拥有书籍很少的农民相比,拥有书籍很多的农民参加社会教育的可能性是其2.189倍。可见,比较而言,拥有书籍很多的农民,其参加社会教育的可能性更大。

第六,参加文化娱乐活动变量在0.01水平上显著,与过去一年没有参加过文化娱乐活动的农民相比,参加过的农民参加社会教育的可能性是其2.530倍。可见,比较而言,参加文化娱乐活动的农民,其参加社会教育的可能性更大。

三、社会教育满意度

(一)研究假设及变量的选择

本部分的研究主题是农民的市民化水平对社会教育满意度的影响研究,研究假设是:市民化水平越高的农民,对社会教育的满意度越高。对于农民的市民化水平,笔者是从经济资本、社会资本、文化资本三个层面来选择变量的,这是本部分当中的自变量,而农民对社会教育的满意度则是本部分要研究的因变量。笔者由本部分的研究假设衍生出了以下三个更加具体的研究假设。

假设一:农民经济资本层面的市民化水平对社会教育满意度有正向的影响,经济资本层面的市民化水平越高的农民对社会教育的满意度越高。根据初步分析结果,笔者选择六个变量来衡量农民在经济资本层面的市民化水平,包括:(1)家庭年收入;(2)个人年收入;(3)收入满意程度;(4)居住条件满意程度;(5)缴纳保险情况;(6)债权情况。

假设二:农民社会资本层面的市民化水平对社会教育满意度有正向的影响,社会资本层面的市民化水平越高的农民对社会教育的满意度越高。根据初步分析结果,笔者选择六个变量来衡量农民在社会资本层面的市民化水平,包括:(1)职业层次;(2)社会地位;(3)与城市人交往情况;(4)遇困难先求助对象;(5)参加选举意愿;(6)成立农民组织必要性。

假设三:农民文化资本层面的市民化水平对社会教育满意度有正向的影响,文化资本层面的市民化水平越高的农民对社会教育的满意度越高。根据初步分析结果,笔者选择四个变量来衡量农民文化资本层面的市民化水平,包括:(1)参加职业培训情况;(2)对当地发展的贡献;(3)对当地政府工作满意度;(4)过去一年参加文化娱乐活动情况。

(二)数据分析与解释

为了更好地说明农民经济资本、社会资本和文化资本三个层面的市民化水平对社会教育满意度的影响,笔者在有统计控制的条件下使用 Logistic 回归。在 Logistic 回归分析中,笔者建立了三个模型,逐一加入控制变量。根据 Nagelkerke R^2 的变化及卡方检验的结果,笔者发现:农民经济资本、社会资本和文化资本三个层面的市民化水平对社会教育满意度的影响都比较显著。从影响大小来看,最能解释结果的是经济资本层面的市民化水平变量,其次是文化资本层面的市民化水平变量,解释能力最弱的是社会资本层面的市民化水平变量。具体分析结果如表 5-14 所示。

表 5-14　农民市民化水平对社会教育满意度影响的 Logistic 回归模型

影响因素(括号内为参照组)		发生比率(exp(B))		
		模型 1	模型 2	模型 3
经济资本层面	家庭年收入: 1 万～3 万元	0.793	0.816	0.886
	(1 万元以下) 3 万元以上	0.399***	0.388***	0.490*
	个人年收入: 0.5 万～2 万元	1.352	1.310	1.189
	(0.5 万元以下) 2 万元以上	2.190**	2.127**	1.540
	收入满意程度: 一般	2.286***	2.148***	1.926***
	(不满意) 满意	5.090***	4.948***	3.702***
	居住条件满意程度: 一般	1.315	1.131	1.201
	(不满意) 满意	4.325***	3.785***	2.829***
	有缴纳保险 (没有)	1.562**	1.578**	1.402
	有债权 (没有)	0.684**	0.625**	0.621**
社会资本层面	职业层次高 (低)		0.960	0.899
	社会地位高 (低)		1.419	1.257
	与城市人经常交往 (很少交往)		1.525**	1.234
	遇困难先向弱关系求助 (强关系)		1.910***	1.894***
	愿意参加选举 (不愿意)		1.611**	1.195
	有必要成立农民组织 (没必要)		0.812	0.739

影响因素(括号内为参照组)		发生比率(exp(B))		
		模型 1	模型 2	模型 3
文化资本层面	参加过职业培训　　　　　(没有参加过)			1.482**
	对当地发展的贡献：　　　一般			1.311
	(很小)　　　　　　　　　很大			2.162**
	对当地政府工作满意度：　一般			1.250
	(不满意)　　　　　　　　满意			3.567***
	过去一年参加过文化娱乐活动　(没有)			1.591**
常数		0.064***	0.039***	0.028***
N		1012	1012	1012
Nagelkerke R^2		0.208	0.243	0.315
−2 log likelihood		951.632	923.554	864.398
χ^2		150.010	178.088	237.244

注：* $p<0.10$；** $p<0.05$；*** $p<0.01$。

2. 模型 1

模型 1 中,只有农民经济资本层面的市民化水平进入了模型,整个模型的 Nagelkerke R^2 为 0.208,这说明经济资本层面的市民化水平能够解释结果的 20.8%。整个模式的卡方检验显著,从各个变量的作用方向来看,农民的个人年收入、收入满意度、居住条件满意程度、缴纳保险情况这四个变量对社会教育满意度的作用方向都是正向的,而农民的家庭年收入、债权情况这两个变量对社会教育满意度的作用方向都是负向的。从具有显著性影响的自变量来看,假设一得到部分证实。通过对具有显著性影响的变量的分析,笔者发现以下几点。

第一,从农民的收入水平来看,在家庭年收入变量中,3 万元以上这个因素在 0.01 水平上显著,与家庭年收入在 1 万元以下的农民相比,家庭年收入在 3 万元以上的农民对社会教育满意的可能性是其 39.9%。虽然家庭年收入在 1 万~3 万元这个因素并不显著,但是根据数据分析结果,笔者发现:家庭年收入越高的农民,其对社会教育满意的可能性反而越小。在个人年收入变量中,2 万元以上这个因素在 0.05 水平上显著,与个人年收入在 0.5 万元以下的农民相比,个人年收入在 2 万元以上的农民对社会教育满意的可能性是其 2.190 倍。虽然个人年收入在 0.5 万~2 万元这个因素并不显著,但是从数据分析结果笔者发现:个人年收入越高的农民,其对社会教育满意的可能性也越大。

第二,从农民对收入的满意程度变量来看,满意程度一般和满意这两个因素都在 0.01 水平上显著,与不满意的农民相比,满意程度一般的农民对社会教育满意的可能性是其 2.286 倍,满意的农民对社会教育满意的可能性是其 5.090 倍。可见,对收入越满意的农民,其对社会教育的满意度也会越高。

第三,从农民的居住条件来看,对居住条件满意这个因素在0.01水平上显著,与对居住条件不满意的农民相比,对居住条件满意的农民对社会教育满意的可能性是其4.325倍。虽然对居住条件满意程度一般这个因素并不显著,但是从数据分析结果笔者发现:对居住条件越是满意的农民,其对社会教育满意的可能性也越大。

第四,缴纳保险这个变量在0.05水平上显著,与没有缴纳保险的农民相比,缴纳保险的农民对社会教育满意的可能性是其1.562倍。这说明,缴纳保险的农民对社会教育的满意度要高于没有缴纳保险的农民。

第五,从农民的债权情况来看,债权这个变量在0.05水平上显著,与没有债权的农民相比,有债权的农民对社会教育满意的可能性是其68.4%。这说明,有债权的农民对社会教育满意的可能性要小于没有债权的农民。

2. 模型2

模型2中,农民经济资本、社会资本层面的市民化水平进入了模型,整个模型的 Nagelkerke R^2 为0.243,这说明经济资本、社会资本层面的市民化水平能够解释结果的24.3%。整个模式的卡方检验显著,模型中社会资本层面的市民化水平对因变量影响的卡方检验也是显著的。从各个社会资本层面市民化水平变量的作用方向来看,农民的社会地位、与城市人交往情况、遇困难先求助对象、参加选举意愿这四个变量对社会教育满意度的作用方向都是正向的,而农民的职业层次、成立农民组织的必要性这两个变量对社会教育满意度的作用方向都是负向的。从具有显著性影响的自变量来看,假设二得到证实。通过对具有显著性影响的变量的分析,笔者发现以下几点。

第一,从农民的社会交往来看,与城市人交往情况这个变量在0.05水平上显著,与很少与城市人交往的农民相比,经常与城市人交往的农民对社会教育满意的可能性是其1.525倍。这说明,比较而言,经常与城市人交往的农民对社会教育满意的可能性更大。

第二,农民遇困难先求助对象这个变量在0.01水平上显著,与先向"强关系"求助的农民相比,先向"弱关系"求助的农民对社会教育满意的可能性是其1.910倍。这说明,比较而言,先向"弱关系"求助的农民对社会教育满意的可能性要大于先向"强关系"求助的农民。

第三,参加选举意愿这个变量在0.05水平上显著,与不愿意参加选举的农民相比,愿意参加选举的农民对社会教育满意的可能性是其1.611倍。这说明,比较而言,愿意参加选举的农民对社会教育满意的可能性要大于不愿意参加选举的农民。

3. 模型3

模型3中,农民经济资本、社会资本和文化资本层面的市民化水平进入了模型,整个模型的 Nagelkerke R^2 为 0.315,这说明经济资本、社会资本和文化资本层面的市民化水平能够解释结果的 31.5%。整个模式的卡方检验显著,模型中文化资本层面的市民化水平对因变量影响的卡方检验也是显著的。从各个文化资本层面市民化水平变量的作用方向来看,所有变量对社会教育满意度的作用方向都是正向的,因此假设三得到证实。通过对具有显著性影响的变量的分析,笔者发现以下几点。

第一,参加职业培训变量在 0.05 水平上显著,与没有参加过职业培训的农民相比,参加过的农民对社会教育满意的可能性是其 1.482 倍。可见,参加过职业培训的农民对社会教育满意的可能性要大于没有参加过职业培训的农民。

第二,对当地发展贡献很大这个因素在 0.05 水平上显著,与对当地发展贡献很小的农民比较而言,对当地发展贡献很大的农民对社会教育满意的可能性是其 2.162 倍。虽然对当地发展贡献一般这个因素并不显著,但是根据数据分析结果,笔者发现:对当地发展贡献越大的农民,其对社会教育满意的可能性越大。

第三,对当地政府工作满意这个因素在 0.01 水平上显著,与对当地政府工作不满意的农民相比,对当地政府工作满意的农民对社会教育满意的可能性是其 3.567 倍。可见,对当地政府工作满意的农民对社会教育满意的可能性要大于对当地政府工作不满意的农民。

第四,从农民的文化参与来看,过去一年参加过文化娱乐活动情况这个变量在 0.05 水平上显著,与过去一年没有参加过文化娱乐活动的农民相比,参加过的农民对社会教育满意的可能性是其 1.591 倍。这说明,比较而言,过去一年参加过文化娱乐活动的农民对社会教育满意的可能性更大。

第六章　结论与建议

第一节　主要结论

本研究是以我国乡村社会转型对教育转型影响的机制与路径为主题。通过研究，笔者得出了以下几个方面的结论。

一、近代以来我国乡村教育发生了两次重要转型

乡村建设运动时期的乡村教育运动是一次乡村教育由传统走向现代，也就是乡村教育现代化的尝试，这是近代以来我国乡村教育的第一次转型，表现出了明显的乡村教育乡村化特征。乡村建设运动最初是在社会力量的推动下展开的，后来得到了国家力量的支持与响应，从而实现了国家力量与社会力量的结合。能够得到国家力量的支持，是乡村建设运动如此声势浩大的重要原因。乡村建设与乡村教育之间存在着非常紧密的联系，不能离开乡村教育来谈论乡村建设，也不能离开乡村建设来谈论乡村教育。乡村建设运动是乡村现代化的一次重要尝试和探索，是近代以来对中国乡村现代化问题一次比较切实的关注。乡村建设运动的性质在很大程度上决定了乡村教育运动的性质。乡村建设运动以乡村为主体，这一点决定了乡村建设运动时期的乡村教育运动也是以乡村为主体的，使近代以来我国乡村教育的第一次转型表现出明显的乡村化特征。

从当前乡村教育的发展现状来看，乡村教育有着非常明显的城市化发展特征，这是近代以来我国乡村教育的第二次转型，这次转型使得真正意义上的乡村教育正在消失。这一点在笔者的实证研究中得到了验证，在对农民教育态度与行为的研究中，我们从分析结果中发现了强烈的城市化倾向。从国家—社会关系来说，当前我国正处于强国家—弱社会关系模式，这种模式在乡村社会更加凸显。这使得乡村社会在国家体系中处于被动的弱势地位，从而导致目前针对乡村教育的政策措施往往呈现出一个共同的特征，那就是乡村教育有意无意地被整合成城市教育。同时，在城市化的发展大潮流之下，乡村的发展导向是城市化，乡村的经济结构、社会结构和文化结构都朝着城市化的方向发展，其结果也必然是乡村教育朝着城市化的方向发展。

　　在乡村教育城市化的发展过程中,乡村教育逐渐失去了其固有的乡村特性。乡村教育的城市化倾向带来了两个明显的问题。一个是乡村教育与农村文化相脱离的问题。乡村教育传授的更多的是城市文化,这使得乡村教育很难摆脱在教育体系中的从属地位。另一个是乡村教育没能有效发挥传承农村文化的功能。这个问题与第一个问题是相关联的,这直接导致了农村文化的萎缩。从乡村教育的城市化发展倾向可以看出国家与社会的张力所在:国家为乡村教育规划的是一条脱离农村社区的外生型的教育发展道路,其实质是乡村教育的城市化,而没有把乡村教育作为一个主体来看待,这对乡村教育的长远发展是极为不利的,其结果只能是乡村教育走向消亡。

二、"三农"发展方向构成了乡村教育转型的背景因素

　　(一)农业现代化、农村城镇化和农民市民化成了近代以来我国乡村教育第二次转型的重要背景因素。通过对 Y 市获得的访谈资料的分析,笔者得出以下几点结论。

　　第一,从农业现代化步伐的加快来看,"农民上楼"给农业生产带来不便,降低了农民从事农业生产的积极性;"农民上楼"加速了农民的土地流转,推进了农业现代化步伐;农业的机械化水平明显提高,使农业朝着现代化方向迈进。

　　第二,从农村城镇化进程的推进来看,"农民上楼"降低了农村基础设施投资的成本,使得农村的基础设施条件大为改善;减少了农村重复投资建房,住房建设整齐划一;"农民上楼"之后的农村社区第三产业的发展困难重重;"农民上楼"使得农村精神文化基础设施得到了很好的配备;精神面貌得到很大改善;农村社区的精神文化活动更加丰富,但很多方面还没有建立长效机制。

　　第三,从农民市民化水平的提高来看,很多农民因为"农民上楼"而负债;农民的生活成本明显提高了;非农收入明显增加;居住条件大大改善,但仍然存在如隔代一起居住、住房拥挤、上下楼不方便等问题;农民的邻里社会资本发生了明显变化,原先村庄的关系格局被打乱了;农民的婚嫁资本明显改善;"农民上楼"减少了村民之间的矛盾;农民素质得到明显提升;农民的自我认同、价值观念和精神文化生活越来越向市民靠近。

　　笔者在问卷中调查了农民的市民化水平,通过对调查问卷数据的分析,可以得出以下几点结论。

　　(二)第一,在经济资本层面上,从收入水平来说,大部分调查对象的家庭年收入和个人年收入都不高,对收入水平的满意程度一般,对农业的依赖度很低,收入还算稳定;从生活水平来说,赚的钱基本上只够用的,能够结余的钱并不多,生活消费水平并不高,但农民的生活水平有了很大程度的提升;从居住条件来说,大部分调查对象居住条件一般,对居住条件的满意度也一般,孩子在家有单独的房间、固

定的学习场所。从劳动权益来说，大部分调查对象还从事农业生产，土地没有流转，有缴纳保险，没有签过劳动合同。从债权债务来说，大部分调查对象没有欠别人债务，别人也没有欠自己债务。比较而言，"上楼农民"在家庭年收入水平、个人年收入水平、对收入的满意度、收入稳定性、收入可以保障最基本生活的比例、居住条件、对居住条件的满意度、孩子有单独房间的比例、孩子有固定学习场所的比例、不从事农业生产的比例、流转土地的比例、签过劳动合同的比例、没有债务的比例这几个方面都高于"居村农民"。"上楼农民"拥有电冰箱、空调、电脑、轿车的比例要高于"居村农民"。"上楼农民"有债权的比例低于"居村农民"。

第二，在社会资本层面上，从职业与地位来说，大部分调查对象的户口类型还是农业户口，认为自己的社会地位处于中层，有外出打工，认为自己的职业属于中层，每天工作时间超过 8 小时，遇到法定节假日不一定能正常休假。从社会交往来说，大部分调查对象与左邻右舍经常交往，与亲戚朋友经常交往，与城市人偶尔交往，交往人数最多的是邻居，遇到困难首先会向亲戚求助。从政治参与来说，大部分调查对象在过去一年中参加过社区或村里的选举活动，参加社区或村里选举活动的意愿较强，认为有必要成立维护农民利益的组织。从家庭关系来说，大部分调查对象家里孩子数量在两个及以上，孩子主要由自己照顾，每天陪孩子的时间并不多，和爱人之间关系比较好，和孩子之间关系比较好。比较而言，"上楼农民"在有农业户口的比例、对社会地位的评价、对自身职业地位的评价、每天工作时间不超过 8 小时的比例、正常休假的比例、政治参与积极性、政治参与意愿、每天陪孩子时间很多的比例这几个方面都要高于"居村农民"。

第三，在文化资本层面上，从文化技能来说，大部分调查对象受教育程度并不高，没有参加过劳动技能和职业培训。从自我认同来说，大部分调查对象认同自己是农村人，对自身对社会贡献的自我评价不高。从态度偏好来说，大部分调查对象对城市人工作方式和生活方式的喜欢程度都不高，对城市人友好程度和政府工作的评价也都不高。从农民意愿来说，大部分调查对象对自己将来是哪里人和户口类型都表示无所谓，更加愿意住在小城镇，务农意愿和流转土地的意愿都不强烈。从文化参与来说，大部分调查对象拥有的书籍数量、每年在文化娱乐上的花费都不是很多，读书读报的频率并不高，很少参加文化娱乐活动，但是参加文化娱乐活动的意愿还是比较强烈的。比较而言，"上楼农民"在受教育程度、参加过劳动技能和职业培训的比例、认同自己是城市人的比例、对城市人工作方式的喜好度、对城市人友好程度的评价、对政府工作的满意度、期望自己将来是城市人的比例、希望自己是城市户口的比例、愿意住在小城镇和大城市的比例、流转土地的意愿、拥有书籍数量很多的比例、读书读报的频率、在过去的一年参加过文化娱乐活动的比例这几个方面都要高于"居村农民"。"居村农民"的务农意愿高于"上楼农民"。与"上楼农民"相比，"居村农民"群体排斥城市人生活方式的比例较高，同时接纳城市人生活方式的比例也较高,表现出了"居村农民"的矛盾心理。

三、乡村教育转型在宏观、中观和微观层面都有明显表现

对于我国乡村教育第二次转型在宏观层面的表现,本研究主要从国家的乡村教育政策的价值取向这个方面来论述。第二次乡村教育转型期的教育政策取向是城市取向的,从乡村教育城市化政策的实施效果来说,存在诸如乡村教育正在走向消亡、教育目的更加单一化、家庭背景作用越来越凸显、教育不公平现象并没有真正消除等城乡教育发展不均衡现象。中国未来乡村教育政策应该按照乡村教育现代化的导向来制定。

对于我国乡村教育第二次转型在中观层面的表现,本研究主要从乡村教育对地方文化的认同和冲突这个方面来论述。在当前的乡村教育中,由于缺乏现实的文化根基,乡村教育中的文化冲突现象较为明显,而乡村教育中的文化认同也只是一种被动的文化认同,这样的状况对于乡村教育的发展来说是极为不利的。

对于我国乡村教育第二次转型在微观层面的表现,本研究主要从农民对教育的态度与行为这个方面来论述。微观层次的表现是通过对问卷数据的分析反映出来的,从分析结果来看,可以概括出以下几点结论。

第一,学校教育问题上的结论。

从教育观念来说,大部分调查对象认为学习是孩子自己的事,对读书的作用还是持肯定态度的,认识到实践能力在现实社会的重要性,持乡村教育"为农论"。从教育行动来说,大部分调查对象对孩子的教育是非常重视的,但是采取的教育行动非常少,体现在:与孩子所在学校的沟通频率不高,参加家长会的频率不高,对孩子的教育投入不是很多,购买学习辅导书不多等几个方面。从教育期望来说,大部分调查对象对孩子的教育期望还是比较高的,希望自己的孩子能够在城市的学校上学,上重点学校,以后能够在城市发展,以后能够脱离农业。从教育满意度来说,大部分调查对象对孩子学校老师、学校教学条件、学校教育质量的满意程度比较高,但是对孩子学习成绩的满意程度并不高。比较而言,"上楼农民"在与孩子所在学校的沟通频率、对孩子的教育期望、对孩子学习成绩满意度这几个方面都高于"居村农民"。

第二,家庭教育问题上的结论。

从教育态度来说,大部分调查对象对孩子家庭教育重要性的认识还是比较到位的,想给孩子请家教或让孩子上学习辅导班,想让孩子参加特长培训班。从教育能力来说,大部分调查对象对家庭教育相关知识了解甚少,经常督促孩子学习,经常对孩子进行思想道德教育,但是经常陪孩子学习、经常对孩子学习进行辅导的比例并不高。从教育方式来说,大部分调查对象对孩子的教育方法以表扬为主,对孩子的管理方式以民主型为主。从教育满意度来说,大部分调查对象对家庭教育的

满意程度并不高。比较而言,"上楼农民"在对家庭教育相关知识的了解程度、陪孩子学习的频率、对孩子学习进行辅导的频率、对孩子的教育方法以表扬为主的比例、对家庭教育满意度这几个方面都高于"居村农民"。

第三,社会教育问题上的结论。

从教育观念来说,大部分调查对象赞同终身学习的理念,赞同构建学习型社会这个主张,对教育培训的作用持肯定态度。从教育意愿来说,大部分调查对象参加教育培训的意愿很强烈,既想了解与农村有关的知识,又想了解与城市有关的知识。从教育参与来说,大部分调查表示当地的教育培训活动很少,对当地教育培训活动的了解程度并不高,很少参加教育培训活动。从教育满意度来说,大部分调查对象对自己现有受教育水平和当地教育培训活动的满意程度并不高。比较而言,"上楼农民"在所在地的教育培训频率、对当地教育培训活动的了解程度、参加过教育培训活动的比例、对自己现有受教育水平满意度、对当地教育培训活动满意度这几个方面都高于"居村农民"。

四、乡村教育转型的影响因素:实证分析得出的结论

本书通过建立 Logistic 回归,分析了市民化水平对农民教育态度与行为的影响。笔者将农民的市民化水平这个自变量划分为经济资本、社会资本和文化资本三个层面,将农民的教育态度与行为划分为对乡村学校教育的态度与行为、对乡村家庭教育的态度与行为、对乡村社会教育的态度与行为三个方面。从分析结果来看,可以概括出以下十点结论:

第一,农民市民化水平对子女教育投入的影响。

农民市民化水平对子女教育投入的影响有三方面。(1)从具有显著性影响的自变量来看,农民经济资本层面的市民化水平对子女教育投入有正向的影响这个研究假设得到部分证实。家庭年收入越高、收支状况越是良好的农民对子女教育投入大的可能性都越小;个人年收入越高、生活消费水平越好的农民对子女教育投入大的可能性都越大;不从事农业生产、缴纳保险、有债权的农民对子女教育投资大的可能性分别大于从事农业生产、没有缴纳保险、没有债权的农民。(2)从具有显著性影响的自变量来看,农民社会资本层面的市民化水平对子女教育投入有正向的影响这个研究假设得到证实。社会地位高、经常与亲戚朋友交往、经常与城市人交往、陪孩子时间很多、和爱人之间关系比较好的农民对子女教育投入大的可能性分别高于社会地位低、很少与亲戚朋友交往、很少与城市人交往、陪孩子时间很少、和爱人之间关系比较差的农民;对教育投入大的可能性最大的是交往人数最多人群是亲戚的农民,其次是交往人数最多人群是工作同事的农民,可能性最小的是交往人数最多人群是邻居的农民。(3)从具有显著性影响的自变量来看,农民文化资本层面的市民化水平对子女教育投入有正向的影响这个研究假设得到

部分证实。对当地发展贡献的自我评价越高、对当地政府工作越是满意的农民,其对子女教育投入大的可能性都越大;经常读书读报、过去一年参加过文化娱乐活动的农民对子女教育投入大的可能性都大于很少读书读报、过去一年没有参加过文化娱乐活动的农民;对城市工作方式越是喜欢的农民,其对子女教育投入大的可能性反而越小。

第二,农民市民化水平对子女教育期望的影响。

农民市民化水平对子女教育期望的影响有三方面。(1)从具有显著性影响的自变量来看,农民经济资本层面的市民化水平对子女教育期望有正向的影响这个研究假设得到部分证实。个人年收入越高的农民,其对子女教育期望高的可能性也越大;对收入满意、收入能保障最基本生活、有债权的农民对子女教育期望分别低于对收入不满意、收入不能保障最基本生活、没有债权的农民;有缴纳保险、不从事农业生产的农民对子女教育期望分别高于没有缴纳保险、从事农业生产的农民。(2)从具有显著性影响的自变量来看,农民社会资本层面的市民化水平对子女教育期望有正向的影响这个研究假设得到部分证实。经常与邻居交往、遇困难先向"弱关系"求助、认为有必要成立农民组织、和孩子关系比较好的农民对子女的教育期望分别高于很少与邻居交往、遇困难先向"强关系"求助、认为没必要成立农民组织、和孩子关系比较差的农民;交往人数最多的人群是工作同事的农民对子女教育期望低于交往人数最多的人群是亲戚的农民。(3)从具有显著性影响的自变量来看,农民文化资本层面的市民化水平对子女教育期望有正向的影响这个研究假设得到部分证实。对当地发展的贡献越大的农民,其对子女教育期望越高;对城市生活方式越是喜欢的农民,其对子女教育期望反而越低;愿意流转土地的农民对子女教育期望低于不愿意流转土地的农民;期望自己将来是城市人、拥有书籍很多的农民对子女的教育期望分别高于期望自己将来是农村人、拥有书籍很少的农民;对子女教育期望最高的是愿意住在大城市的农民,其次是愿意住在农村的农民,对子女教育期望最低的是愿意住在小城镇的农民。

第三,农民市民化水平对学校教学条件满意度的影响。

农民市民化水平对学校教学条件满意度的影响有三方面。(1)从具有显著性影响的自变量来看,农民经济资本层面的市民化水平对学校教学条件满意度有正向的影响这个研究假设得到证实。对收入越满意的农民,其对学校教学条件满意的可能性也会越大;对居住条件满意、孩子在家有单独房间的农民对学校教学条件满意的可能性要分别大于对居住条件不满意、孩子在家没有单独房间的农民。(2)从具有显著性影响的自变量来看,农民社会资本层面的市民化水平对学校教学条件满意度有正向的影响这个研究假设得到部分证实。外出打工、经常与邻居交往、愿意参加选举、和孩子关系比较好的农民对学校教学条件满意的可能性要分别大于没有外出打工、很少与邻居交往、不愿意参加选举、和孩子关系比较差的农民;

节假日不一定能正常休息的农民对学校教学条件满意的可能性要小于节假日不能正常休息的农民。(3)从具有显著性影响的自变量来看,农民文化资本层面的市民化水平对学校教学条件满意度有正向的影响这个研究假设得到部分证实。对城市工作方式喜好度一般的农民对学校教学条件最满意,其次是喜欢城市工作方式的农民,对学校教学条件最不满意的是不喜欢城市工作方式的农民;越是认为城市人态度友好、对当地政府工作越是满意的农民,其对学校教学条件满意的可能性都越大;是否务农要看情况的农民对学校教学条件满意的可能性要大于不愿意务农的农民;对学校教学条件最满意的是不愿意流转土地的农民,其次是愿意流转土地的农民,对学校教学条件最不满意的是要看情况的农民。

第四,农民市民化水平对学校教育质量满意度的影响。

农民市民化水平对学校教育质量满意度的影响有三方面。(1)从具有显著性影响的自变量来看,农民经济资本层面的市民化水平对学校教育质量满意度有正向的影响这个研究假设得到部分证实。家庭年收入越高的农民,其对学校教育质量满意的可能性反而越小;对收入越满意、对居住条件越满意的农民,其对学校教育质量的满意度也都越高;收支平衡、有债务的农民对学校教育质量满意的可能性分别小于支大于收、没有债务的农民;收入能保障最基本生活、签订劳动合同的农民对学校教育质量满意的可能性分别大于收入不能保障最基本生活、没有签订劳动合同的农民。(2)从具有显著性影响的自变量来看,农民社会资本层面的市民化水平对学校教育质量满意度有正向的影响这个研究假设得到部分证实。外出打工、经常与城市人交往、愿意参加选举、每天陪孩子时间很多、和孩子关系比较好的农民对学校教育质量满意的可能性分别大于没有外出打工、很少与城市人交往、不愿意参加选举、每天陪孩子时间很少、和孩子关系比较差的农民;节假日不一定能正常休息的农民对学校教育质量满意的可能性小于不能正常休息的农民;对学校教育质量最满意的是交往人数最多人群是邻居的农民,其次是交往人数最多人群是工作同事的农民,最不满意的是交往人数最多人群是亲戚的农民。(3)从具有显著性影响的自变量来看,农民文化资本层面的市民化水平对学校教育质量满意度有正向的影响这个研究假设得到部分证实。对当地发展贡献越大、越是喜欢城市工作方式、对当地政府工作越是满意的农民对学校教育质量满意的可能性都越大;拥有书籍很多的农民对学校教育质量满意的可能性大于拥有书籍很少的农民;对学校教育质量最满意的是不愿意流转土地的农民,其次是要看情况的农民,对学校教育质量最不满意的是愿意流转土地的农民。

第五,农民市民化水平对孩子学习辅导的影响。

农民市民化水平对孩子学习辅导的影响有三方面。(1)从具有显著性影响的自变量来看,农民经济资本层面的市民化水平对孩子学习辅导有正向的影响这个研究假设得到部分证实。个人年收入在0.5万~2万元的农民经常辅导孩子学习的可能性小于个人年收入在 2 万元以上的农民;对收入越满意的农民,其经常辅导孩子学习的可能性也越大;收支情况越好的农民,其经常辅导孩子学习的可能性反而越小;孩子有固定学习场所、有缴纳保险、有签订劳动合同的农民经常辅导孩子学习的可能性要分别大于孩子没有固定学习场所、没有缴纳保险、没有签订劳动合同的农民。(2)从具有显著性影响的自变量来看,农民社会资本层面的市民化水平对孩子学习辅导有正向的影响这个研究假设得到证实。越是能正常休假的农民,其经常辅导孩子学习的可能性越大;经常与邻居交往、经常与城市人交往、参加过选举活动、陪孩子时间很多、与爱人关系比较好、只有一个孩子与孩子关系比较好的农民经常辅导孩子学习的可能性要分别大于很少与邻居交往、很少与城市人交往、没有参加过选举活动、陪孩子时间很少、与爱人关系比较差、有两个及以上孩子、与孩子关系比较差的农民;交往人数最多的人群是亲戚的农民经常辅导孩子学习的可能性最大,其次是交往人数最多的人群是工作同事的农民,可能性最小的是交往人数最多的人群是邻居的农民。(3)从具有显著性影响的自变量来看,农民文化资本层面的市民化水平对孩子学习辅导有正向的影响这个研究假设得到部分证实。受教育程度越高、越是喜欢城市工作方式、越是愿意流转土地的农民经常辅导孩子学习的可能性都越大;经常读书读报、过去一年参加过文化娱乐活动的农民经常辅导孩子学习的可能性分别大于很少读书读报、过去一年没有参加过文化娱乐活动的农民;自我定位为城市人的农民经常辅导孩子学习的可能性反而要小于自我定位为农村人的农民。

第六,农民市民化水平对家庭教育方式的影响。

农民市民化水平对家庭教育方式的影响有三方面。(1)从具有显著性影响的自变量来看,农民经济资本层面的市民化水平对家庭教育方式有正向的影响这个研究假设得到部分证实。家庭年收入越高、个人年收入越高、对收入越满意的农民对孩子的教育方式以表扬为主的可能性都越大;支大于收、孩子有固定学习场所、有签订劳动合同的农民对孩子的教育方式以表扬为主的可能性分别大于收支平衡、孩子没有固定学习场所、没有签订劳动合同的农民;孩子在家有单独房间的农民对孩子的教育方式以表扬为主的可能性小于孩子在家没有单独房间的农民。(2)从具有显著性影响的自变量来看,农民社会资本层面的市民化水平对家庭教育方式有正向的影响这个研究假设得到证实。属于非农业户口、每天工作超过八小时、只有一个孩子、与孩子关系比较好的农民对孩子的教育方式以表扬为主的可能性分别大于属于农业户口、每天工作不超过八小时、有两个及以上孩子、与孩子关系比较差的农民;越是能够正常休假的农民,其对孩子的教育方式以表扬为主的可能性越大。(3)从具有显著性影响的自变量来看,农民文化资本层面的市民化水平对家庭教育方式有正向的影响这个研究假设得到部分证实。受教育程度越高的农民,其对孩子的教育方式以表扬为主的可能性越大;对自己的户口类型无所谓、是否流转土地要看情况,过去一年参加过文化娱乐活动的农民对孩子的教育方式以表扬为主的可能性分别大于希望自己属于农村户口、不愿意流转土地、过去一年没有参加过文化娱乐活动的农民;对自己属于哪里人无所谓的农民对孩子的教育方式以表扬为主的可能性小于期望自己将来是农村人的农民。

第七,农民市民化水平对家庭教育满意度的影响。

农民市民化水平对家庭教育满意度的影响有三方面。(1)从具有显著性影响的自变量来看,农民经济资本层面的市民化水平对家庭教育满意度有正向的影响这个研究假设得到部分证实。家庭年收入越高、收支情况越好的农民对家庭教育满意的可能性都越小;对收入越满意、居住条件越好的农民对家庭教育满意的可能性都越大;收入稳定、生活消费水平比较高、孩子有固定学习场所、不从事农业生产的农民对家庭教育满意的可能性分别大于收入不稳定、生活消费水平比较低、孩子没有固定学习场所、从事农业生产的农民;土地全部流转的农民对家庭教育满意的可能性小于土地没有流转的农民。(2)从具有显著性影响的自变量来看,农民社会资本层面的市民化水平对家庭教育满意度有正向的影响这个研究假设得到部分证实。拥有非农业户口、和孩子关系比较好的农民对家庭教育满意的可能性分别大于拥有农业户口、和孩子关系比较差的农民;越是能正常休假的农民,其对家庭教育满意的可能性越大;交往人数最多的人群是工作同事的农民对家庭教育满意的可能性低于交往人数最多的人群是亲戚的农民。(3)从具有显著性影响的自变量来看,农民文化资本层面的市民化水平对家庭教育满意度有正向的影响这个研究假设得到部分证实。受教育程度越高、对当地发展贡献越大、对当地政府工作越满意的农民对家庭教育满意的可能性都越大;对自己将来是哪里人无所谓的农民对家庭教育满意的可能性小于期望自己将来是农村人的农民;拥有很多书籍的农民对家庭教育满意的可能性大于拥有书籍很少的农民。

第八,农民市民化水平对参加社会教育意愿的影响。

农民市民化水平对参加社会教育意愿的影响有三方面。(1)从具有显著性影响的自变量来看,农民经济资本层面的市民化水平对参加社会教育意愿有正向的影响这个研究假设得到部分证实。最愿意参加社会教育的是对居住条件不满意的农民,其次是对居住条件满意的农民,最不愿意参加社会教育的是对居住条件满意程度一般的农民;孩子有单独房间的农民愿意参加社会教育的可能性小于孩子没有单独房间的农民;孩子有固定学习场所的农民愿意参加社会教育的可能性大于孩子没有固定学习场所的农民。(2)从具有显著性影响的自变量来看,农民社会资本层面的市民化水平对参加社会教育意愿有正向的影响这个研究假设得到部分证实。职业层次高、和爱人关系比较好的农民愿意参加社会教育的可能性分别小于职业层次低、和爱人关系比较差的农民;社会地位高、愿意参加选举、认为有必要成立农民组织、孩子由自己照顾、和孩子关系比较好的农民愿意参加社会教育的可能性要分别大于社会地位低、不愿意参加选举、认为没有必要成立农民组织、孩子由其他人照顾、和孩子关系比较差的农民。(3)从具有显著性影响的自变量来看,农民文化资本层面的市民化水平对参加社会教育意愿有正向的影响这个研究假设得到部分证实。对城市工作方式越喜欢的农民,其愿意参加社会教育的可能性反而越小;对城市生活方式越喜欢的农民,其愿意参加社会教育的可能性也越大;最愿意参加社会教育的是期望自己将来是农村人的农民,其次是期望自己将来是城市人的农民,最不愿意参加社会教育的是对自己将来是哪里人无所谓的农民;愿意流转土地、经常读书读报、愿意参加文化娱乐活动的农民愿意参加社会教育的可能性分别大于不愿意流转土地、很少读书读报、不愿意参加文化娱乐活动的农民。

第九,农民市民化水平对社会教育参与的影响。

农民市民化水平对社会教育参与的影响有三方面。(1)从具有显著性影响的自变量来看,农民经济资本层面的市民化水平对社会教育参与有正向的影响这个研究假设得到部分证实。个人年收入越高的农民,其参加社会教育的可能性也会越大;孩子有固定学习场所、不从事农业生产、签订过劳动合同的农民参加社会教育的可能性分别大于孩子没有固定学习场所、从事农业生产、没有签订过劳动合同的农民;参加社会教育可能性最大的是部分流转土地的农民,其次是没有流转土地的农民,可能性最小的是全部流转土地的农民。(2)从具有显著性影响的自变量来看,农民社会资本层面的市民化水平对社会教育参与有正向的影响这个研究假设得到证实。非农业户口、社会地位高、参加过选举活动、愿意参加选举活动的农民参加社会教育的可能性分别大于农业户口、社会地位低、没有参加过选举活动、不愿意参加选举活动的农民;越是能够正常休假的农民,其越有可能参加社会教育。(3)从具有显著性影响的自变量来看,农民文化资本层面的市民化水平对社会教育参与有正向的影响这个研究假设得到部分证实。受教育程度越高的农民,其参加社会教育的可能性也越大;参加职业培训、对当地发展贡献一般、拥有书籍很多、参加过文化娱乐活动的农民参加社会教育的可能性分别大于没有参加过职业培训、对当地发展贡献很小、拥有书籍很少、没有参加过文化娱乐活动的农民;参加社会教育可能性最大的是对当地政府工作满意度一般的农民,其次是对当地政府工作满意的农民,可能性最小的是对当地政府工作不满意的农民。

第十,农民市民化水平对社会教育满意度的影响。

农民市民化水平对社会教育满意度的影响有三方面。(1)从具有显著性影响的自变量来看,农民经济资本层面的市民化水平对社会教育满意度有正向的影响这个研究假设得到部分证实。家庭年收入越高的农民,其对社会教育满意的可能性反而越小;个人年收入越高、对收入越满意、对居住条件越满意的农民对社会教育满意的可能性都越大;缴纳保险的农民对社会教育的满意度高于没有缴纳保险的农民;有债权的农民对社会教育满意的可能性小于没有债权的农民。(2)从具有显著性影响的自变量来看,农民社会资本层面的市民化水平对社会教育满意度有正向的影响这个研究假设得到证实。经常与城市人交往、遇困难先向"弱关系"求助、愿意参加选举的农民对社会教育满意的可能性分别大于很少与城市人交往、遇困难先向"强关系"求助、不愿意参加选举的农民。(3)从具有显著性影响的自变量来看,农民文化资本层面的市民化水平对社会教育满意度有正向的影响这个研究假设得到证实。参加过职业培训、对当地政府工作满意、过去一年参加过文化娱乐活动的农民对社会教育满意的可能性分别大于没有参加过职业培训、对当地政府工作不满意、过去一年没有参加过文化娱乐活动的农民;对当地发展贡献越大的农民,其对社会教育满意的可能性越大。

五、乡村教育转型的影响因素:理论探讨得出的结论

本书从理论层面探讨了乡村教育转型的影响因素,主要得出以下几点结论。

第一,乡村教育转型的方向与国家—社会关系格局有关。在第一次乡村教育转型期,乡村在整个国家都处于举足轻重的地位,乡村有着非常强的"话语权",这一阶段乡村社会的力量与国家力量处于势均力敌的状况。但是到了第二次乡村教育转型期,城市化浪潮铺天盖地席卷而来,乡村不管是在经济上、社会上,还是在文化上,都处于明显的弱势地位,乡村的"话语权"已荡然无存。正是这种变化,最终使得第二次乡村教育转型表现出了明显的城市化倾向。

第二,能否正确处理"场域"与"惯习"的关系会影响到乡村教育转型的方向,"场域"与"惯习"之间是一种形塑与建构的关系。如果把"城市惯习"放在"乡村场域"中,把"乡村惯习"放在"城市场域"中,出现"水土不服"的现象都是必然的,这是当前乡村教育面临很多困境的根源所在。对于乡村教育来说,如果只是一味地灌输"城市惯习",其建构的也只能是"城市场域"。也就是说,乡村教育的城市化只能为城市培养人才,为城市服务。

第三,不同的精英意识形态在乡村教育中对文化选择有着不同态度,选择什么样的精英意识形态会影响到乡村教育转型的方向。国家主义精英意识形态主张发展城乡一元化的教育,也就是乡村教育要朝着城市化方向发展,完全按照城市教育模式来运作。在乡村教育的文化选择上,地方主义精英群体也具有"双重意识":一方面,他们希望在乡村教育中能够有乡村的文化元素存在,另一方面,他们也希望在乡村教育中能够有城市的文化元素存在。与国家主义的意识形态一样,个人主义精英群体也主张发展城乡一元化教育。

第四,能否正确处理"意识生态"与"意识心态"的关系会影响到乡村教育转型的方向。"意识生态"对"意识心态"起决定作用,有什么样的"意识生态"就会有什么样的"意识心态"。如果"意识生态"是割裂个体与整体之间关系的,那其产生的"意识心态"也是破裂的、不完整的。"意识心态"对"意识生态"存在主观能动作用。

我们要对乡村教育的"意识心态"进行鉴别,弘扬有利于建构乡村教育完整"意识生态"的"意识心态",摒弃阻碍建构乡村教育完整"意识生态"的"意识心态"。

第二节 对策建议

当前乡村教育的最大问题在于乡村教育城市化的发展倾向,那么如何才能有效解决这一问题呢? 通过本研究的分析,笔者给出以下几点具有操作性的建议。

一、改变国家教育政策的城市化取向

当前,我国的乡村教育政策有着明显的城市化取向,这对于我国乡村教育的发展是极为不利的。由于城乡二元结构的长期影响,城市的经济、社会、文化一直处于主导地位,乡村的经济、社会、文化一直处于附属地位。乡村学校教育一直秉持服务于城市经济、社会和文化的宗旨,在学校教育中很少包含反映乡村经济、社会和文化的内容。可以说,乡村教育一直在"再生产"城市的经济、社会和文化模式,这对于乡村教育的发展是极为不利的,其结果只能是乡村教育走向消亡。

政策制定和政策执行是政策过程中比较重要的两个阶段,会直接影响政策效果。从政策制定层面来说,当前的乡村教育政策在制定过程中并没有很好地反映出农民的意愿,从而使得乡村教育政策表现出明显的城市化倾向。政策制定者在政策制定过程中,没有充分考虑到乡村地区在经济结构、社会结构和文化结构上的特殊性,只是按照城市教育的模式来制定乡村教育政策,从而使得乡村教育政策与乡村地区之间表现出了较为明显的不适用性。从政策执行层面来说,地方政府也没有充分考虑到乡村地区的特殊性:生产生活方式上的特殊性、社会发展阶段上的特殊性、文化传统上的特殊性、地理位置上的特殊性,等等。这种特殊性既表现为乡村与城市的区别,也表现为不同乡村之间的区别。

理想的教育政策应该是能够实现正价值的,为了达到这样的目标,必须使教育政策的"元价值""隐价值"和"显价值"三者之间在内容目标上趋于一致。对于乡村教育政策来说,当务之急是改变"元价值""隐价值"和"显价值"三者之间在内容目标上不一致的现状,将乡村教育政策的"隐价值"和"显价值"由当前的城市化转变为现代化。因此,一方面,国家在政策制定过程中要充分尊重农民的意愿,充分考虑到乡村对城市而言的特殊性,不要照抄照搬城市的教育模式;另一方面,地方政府在政策执行过程中,必须充分考虑本地实际情况,以本地良性发展和民众利益作为政策执行的出发点,做到因时而异、因地而异、因人而异。

笔者认为,一方面,应该反思我国的大规模农村学校布局调整政策。认识到农村学校布局调整存在的不合理之处,特别是一味强调乡村学校向城镇集中的调整政策,这一政策存在较多的问题;另一方面,应该反思我国的乡村教育城市化政策。由于"场域"对"惯习"的形塑作用,"乡村场域"的性质决定了乡村教育必须灌输"乡村惯习",而不是"城市惯习",这反映出了当前乡村教育城市化的不合理性。可以说,现代化是乡村未来的正确发展方向,考虑到"场域"对"惯习"的形塑作用,"乡村场域"必须是现代化的"乡村场域",只有这样,才能形塑出现代化的"乡村惯习"。

当前国家的乡村教育政策有着明显的城市化取向,这与强国家—弱社会的关系格局是有很大关系的。要想改变国家教育政策的城市化取向,首先必须改变强国家—弱社会的关系格局。那么如何实现我国乡村社会由强国家—弱社会关系模式向强国家—强社会关系模式转变呢?从当前的乡村社会来说,缺乏组织化是其力量薄弱的重要原因。那么又怎样才能把农民有效地组织起来呢?导师钱民辉教授提出了一个对笔者很有启发的观点:"将农村的建设用现代大型企业的理念和最新的信息技术,将农村的资源优势、人力优势、空间优势充分地优化整合起来,形成现代大农村企业组织,讲究规模经营和规模效益,这比自由的农业人口流动要有更大的保障和收益。中国华西村的模式正是这种大农村企业组织的先行典型。"①钱民辉称之为"第二次人民公社运动"。在乡村建设运动时期,各种乡村合作组织非常兴盛,涉及领域非常广泛,为乡村发展做出了巨大贡献,大大增强了乡村社会的力量。虽然当前乡村也有各种各样的合作组织,但是还没有发挥出应有的作用,一方面是涉及的领域不广泛,另一方面是这些合作组织不具有规模性。因此,发展现代大农村企业组织不失为是一条提升乡村社会力量、构建强国家—强社会关系模式的有效途径。

二、建立与乡村环境相适应的乡村教育体系

当前我国的乡村教育存在两个非常严重的问题。第一个问题是乡村教育中很少有乡村自己的内容,传授的基本上都是关于城市的内容。教育的一个重要功能就是文化传递,乡村元素在教育中的缺失使得乡村原有的传统文化没有得到很好的保留,乡村教育的现代化也是以乡村文化的遗失为代价的。这也决定了在教育体系中乡村教育职能成为城市教育的附庸,乡村教育是为城市服务的,是在为城市培养人才,乡村人才的培养成了一个"空中楼阁"。第二个问题是乡村教育偏离了现代化的发展方向,一直在按照城市化的方向发展。当前的乡村教育非常强调按照城乡一体化的教育模式来发展,强调教育内容、教育过程的统一化、标准化力度,要让乡村孩子可以享受跟城市孩子一样的学校教育。从某种程度上来说,这本身就是一个乡村教育发展的误区,是一个"陷阱"。这种乡村教育城市化的发展模式并不能真正意义上建立乡村教育的主体地位,这样的乡村教育永远只能处于附属

---

① 钱民辉.2011 年北京城乡教育均衡发展的政策与实施效果分析(初稿).

地位。在乡村建设运动中,陶行知、晏阳初和梁漱溟等乡村建设运动的积极推动者都把乡村教育作为主体,构建的教育模式是建立在乡村现实基本之上的,他们主张的乡村教育都是朝着现代化方向发展的,而不是朝着城市化方向发展。

从表面上看,上层社会向下层社会敞开了大门,但对农民来说,通过现行的教育制度进入上层社会的机会是非常有限的,大部分并不能通过现行的教育制度实现社会流动。在当前的乡村教育中,由于缺乏现实的文化根基,乡村教育中的文化冲突现象较为明显,而乡村教育中的文化认同也只是一种被动的文化认同,这一状况对于乡村教育的发展来说是极为不利的。在乡村教育的文化选择问题上,个人主义的意识形态与国家主义的意识形态占据了上风,从而使得乡村教育表现出了明显的城市化倾向。

当前学者们都试图通过研究寻找出一套适合我国国情的农村教育改革与发展的农村教育理论,或者是找出一条与新农村建设相适应的农村教育发展道路。在现代化日益推进的今天,应该如何定位农村教育? 是定位为“离农教育”——走以城市为导向的城市化道路,还是定位为“留农教育”——走以农村为导向的乡土化道路? 农村教育处于两难的困境之中。[①] 可以说,当前的乡村教育更多地表现出“离农教育”的特征,更多的是为城市培养人才,也就是乡村教育城市化的发展道路。

乡村教育城市化的弊端在当前已经越来越凸显,那么应该如何对当前的乡村教育进行改革呢? 要对乡村教育进行改革,就必须先了解农民对教育的需求,根据乡村经济社会的发展状况来确定乡村教育的发展路径。笔者认为,教育既要与内部环境相适应,也要与外部环境相适应。所谓教育的内部环境就是能够满足教育对象的教育需求,所谓外部环境就是当地的经济社会发展状况。从乡村教育的发展来说,就是既要与乡村经济社会发展状况相适应,也要与农民需求相适应。在乡村建设运动中,晏阳初认为在农村兴办教育,必须先探索适合中国农村的教育改革之路,了解农民的需要和愿望,不能盲目照抄照搬国外的教育模式。他的改革宗旨是,一切国外的先进科学都必须有一个“中国化”的过程。当前我国的教育模式最初是从国外传入的,在经过“中国化”之后形成了现在的教育模式。但是这个教育模式更多的是一个城市的教育模式,而不是乡村的教育模式,因此,我国当前的教育模式还需要经过一个“乡村化”的过程。

那么如何来完成乡村教育的“乡村化”过程呢? 这就要结合笔者上面提出的乡村教育“适应论”,也就是乡村教育既要与乡村经济社会发展状况相适应,也要与农民需求相适应。在乡村建设运动时期,中国社会还是一个以农业为主的国家,农业

---

① 陈旭峰.实施城乡一体化的分流教育——布迪厄的文化再生产理论对当前农村教育的启示[J].教育学术月刊,2010(7):3—6.

在国民经济中占据着举足轻重的地位,因此,当时的乡村教育工作者更多地主张"留农教育",主张乡村教育要为乡村的现代化服务。因此,在乡村建设运动时期,乡村教育的转型更多地表现出从传统乡村教育向现代乡村教育转型。可以说,这一转型与当时乡村的经济社会发展状况和农民的需求是相适应的。随着城市化、现代化的不断发展,特别是随着农业在国民经济中的比重不断下降之后,乡村教育逐渐向城市化方向转型,也就是成了"离农教育"。从我国的现状来看,农村人口依然是我国人口的主体。因此,"离农教育"不能很好地与乡村经济社会发展状况和农民需求相适应,由此引发的问题也越来越多,是需要改革的。同时,随着乡村经济社会的快速全面发展、农民需求的不断提高,以及城乡交流的不断扩大,"留农教育"也不能很好地与乡村经济社会发展状况和农民需求相适应,也是需要改革的。所以,笔者认为,对于乡村教育未来的发展方向,不是选择"离农教育"还是"留农教育"的问题,而是其发展方向要与乡村经济社会发展和农民需求相适应的问题。虽然乡村教育模式的选择因时而异、因地而异,但是乡村教育的现代化是其未来发展不变的方向。

三、调整"三农"城市化发展方向

在现代化日益发展的今天,不管是对于城市还是对于乡村来说,现代化都是其发展方向。但是在中国乡村现代化过程中出现了两个非常严重的问题。第一个问题是,乡村的现代化是以摒弃乡村传统文化为代价的。在现代化过程中,传统与现代并不是一对不能共存的矛盾体,乡村应该在保留优秀传统文化的基础上发展现代化,实现传统与现代的共生共存。可以说,摒弃传统的现代化注定是要失败的,因为这样的现代化是没有"灵魂"的。第二个问题是乡村的现代化是按照城市化的模式发展的。城市是现代化发展比较快速的地域,城市的现代化发展水平明显高于乡村。可以说,城市化与现代化存在较多的共同之处,但是现代化与城市化不是两个等同的概念,在乡村现代化过程中,不能一味地照抄照搬城市的发展模式。乡村与城市是两种不同的社会类型,根据法国社会学家迪尔凯姆对团结类型的划分,乡村属于机械团结的社会,而城市属于有机团结的社会;根据德国社会学家滕尼斯对共同体与社会的区分,乡村是一个共同体,而城市是一个社会。可以说,城市和乡村属于不同性质的社会,各自有着不同的特征,这也决定了乡村的城市化不能照抄照搬城市的模式。

当前,农业现代化、农村城镇化和农民市民化构成了乡村教育转型的重要背景因素,要实现乡村教育由城市化向现代化方向转变这个目标,光从乡村教育入手是不行的,必须调整"三农"城市化的发展方向。首先,从农业现代化角度来说,当前,中国的农业现代化存在诸多问题,使得农民从事农业生产的积极性不高。应该为农业生产提供便利,提高农民对农业生产的认可度,从而使更多的农民愿意从事农业生产。其次,从农村城镇化角度来说,应该从乡村的经济、社会和文化全方位入手,也就是改变当前乡村的经济、社会和文化朝着城市化方向发展的趋势,使乡村的经济、社会和文化朝着现代化方向发展。为了实现乡村经济、社会和文化发展方向的转变,应该注意保持乡村的主体地位,不能一味地将乡村的发展按照城市化的路径去下走,明确现代化才是乡村未来发展的正确方向。同时,应该大力推进社会主义新农村建设,改变农村对于城市的附属地位,缩小城乡在经济、社会和文化上的差距,实现乡村的现代化。最后,从农民市民化角度来说,市民化并不是农民发展的正确方向,现代化才是农民发展的正确方向。农民的目标不应该是成为一个城市人,而应该是努力增强自身的现代性,使自己成为一个现代人。

四、提升农民的经济、社会和文化资本

在古代的中国社会,教育在很大程度上促进了社会的流动,很多家境贫寒的人通过科举制实现了向上层社会的流动。在这个过程中,教育降低了先赋性因素在社会流动中的作用,个人完全可以通过自致性因素实现社会流动,体现出了教育公平的一面。新中国成立以后,在计划经济时期,教育在社会流动中的作用基本上还是正面的,下层社会的人们还能够通过教育实现社会流动。但是,随着我国改革开放的不断深入,对下层社会的人们来说,他们已经很难通过教育实现社会流动,这就是教育的再生产机制在起作用。当前,精英往往来自精英群体内部,而不是从非精英群体中产生。通过教育,精英阶层与非精英阶层的边界越来越清晰。教育起了一种文化屏障的作用,特别是在当前的中国社会当中,"昂贵的费用和明显的阶层意识早已把工薪阶层的孩子拒之门外,文化屏障在学校教育时期就开始发挥功能,有效地阻断了其他阶层向上层阶层流动的途径"[①]。在教育过程中,成功与否越来越取决于先赋性的家庭背景因素。

布迪厄与他的合作者从 1965 年开始对美国大约 10000 名学生进行调查,证明了"精英"学校的学生主要来自社会支配阶层。根据对来自 84 所高等教育机构的调查资料,布迪厄也证明名牌大学的学生更多地出身于社会的支配阶层,而普通大学的学生更多地来自被支配阶层。[②] 当前,这样的现状也同样发生在中国,在像北京大学、清华大学这样的名牌大学,乡村学生所占比例一直处于下降的态势。在乡村教育城市化的背景之下,乡村学生要想进入名牌大学变得越来越难了。

乡村教育一直发挥着社会再生产和文化再生产的作用。从乡村教育的社会再生产机制来说,一方面,乡村教育一直在为城市培养劳动力;另一方面,乡村教育一直在引导乡村学生认同城市的社会制度和关系,从而维持城市的社会制度和关系。

---

① 钱民辉.教育社会学概论(第三版)[M].北京:北京大学出版社,2010:140.
② 牛海彬,白媛媛.解析布迪厄教育再生产理论[J].外国教育研究,2006(5):16—21.

从乡村教育的文化再生产机制来说，其发挥作用的方式表现得更加隐晦。乡村建设运动时期的乡村社会在国家系统中尚能发挥着举足轻重作用，但是，随着城市化进程的不断推进，乡村的地位可谓一落千丈，整个社会的"话语权"已经由乡村转移到了城市。"话语权"的转移使整个社会的主导文化发生了变化，乡村的传统文化由主文化变成了亚文化，不再发挥主导作用，而城市文化则由亚文化变成了主文化。这种转变在乡村教育上有着明显的体现，其给学生灌输的主要是外在于乡村学生的城市文化，国家通过乡村学校传递与再生产符合统治需要的城市意识形态和物质结构。乡村教育表面上来看是非常公平的，是为乡村孩子实现向上层社会流动服务的，但实际上，乡村教育的城市化性质决定了我国当前的乡村教育制度对于乡村孩子顺利实现向上层社会流动是十分不利的。

改革开放之前，农民之间的分化是不明显的，城市化进程的推进扩大了农民之间的分化，这种分化体现在农民经济资本、社会资本和文化资本的高低。农民经济资本、社会资本和文化资本对乡村教育的影响主要体现在显性和隐性两个方面：显性影响是指农民能够直接为子女教育提供的帮助，主要表现在经济资本和社会资本的作用上；隐性影响是指农民对子女教育的潜在影响，主要表现在农民的文化资本作用上。在城市化进程推动下，农民在经济资本、社会资本和文化资本上的分化越来越显著，农民在经济资本、社会资本和文化资本上的分化体现出的是农民的社会分层，而子女教育的不同结果体现出的是教育分层。社会分层对教育分层存在非常明显的影响，因此，要想改变农民在当前乡村教育体系中的不利地位，就必须提升农民的经济资本、社会资本和文化资本。只有这样，才能真正建立乡村教育的主体地位，使乡村教育朝着现代化的方向迈进。

五、转变农民的城市化教育态度与行为

通过笔者的实证分析可以发现，农民的教育态度与行为越来越向市民靠近，这强化了乡村教育的城市化发展倾向，对乡村教育产生了较为明显的不良影响。农民城市化的教育态度与行为体现在三个方面。第一个方面是农民的教育认同，对农民来说，他们更加认同城市教育，希望自己可以获得城市教育。在他们看来，乡村教育是没有希望的，乡村教育只有按照城市化的模式发展才有希望。第二个方面是农民的文化偏见，城市与乡村有着不同的文化，对于农民来说，他们处于乡村文化当中，但是他们接受的教育内容更多的是城市文化。城市文化与乡村文化之间存在着明显的差异，这造成了农民对文化的偏见，进而出现了乡村教育对乡村文化的冲突。第三个方面是农民的自卑心理，他们往往以城市的标准来要求自己，这造成了他们总是把教育的失败归因于自身，认为是自己的学习能力不如城市人，而没有意识到当前的乡村教育体系对他们是极为不利的，在这样的教育制度下，他们是很难成为教育的成功者的。

农民作为乡村教育的主体,其教育态度与行为对于乡村教育的发展有着直接的影响。因此,要想实现乡村教育朝正确的方向迈进,就必须转变农民的教育态度与行为。当前,农民城市化的教育态度与行为对于乡村教育的发展是极为不利的,必须实现教育态度与行为由城市化向现代化的转变。而要实现这一转变,首先,要改变农民一味认同城市教育的心态,正确认识乡村教育的发展方向;其次,改变农民对文化的偏见,更好地接受现代性文化;最后,农民不能一味以城市的标准来要求自己,而是要以现代化的标准来要求自己。

第三节　未来展望

一、农村发展道路:从"外生型城市化"走向"内生型现代化"

乡村教育与乡村经济、社会和文化之间存在着非常紧密的联系,这决定了要实现乡村教育发展方向的转变,就必须先实现乡村发展方向的转变。现代化的诸种发展模式,根据动力因素的不同可以分为"内生型现代化"和"外生型现代化"。"内生型现代化"是指现代化的最初启动力量和现代性因素的最初源泉都来自自身内部,是一种主动的现代化;而"外生型现代化"是指现代化的最初启动力量和现代性因素的最初源泉都来自自身外部,是一种被动的现代化。对于整个中国社会来说,其现代化的类型属于"外生型现代化"。但是,在中国乡村社会的现代化进程中发生了"畸变"现象。"畸变现象是指在现代化过程中出现的一些表面上与现代性因素很相似但实质上却与现代化要求背道而驰的现象。换句话说,对于现代性因素来说,这种畸变现象具有一种'貌合神离'的性质。"[1]在我国乡村发展进程中,以城市化模式来取代现代化发展就是这种"畸变"的典型表现。因此,我国乡村的发展特征可以归纳为——"外生型城市化"。

之所以称之为"外生型城市化",一方面是因为,乡村社会是在按照城市化的模式发展,而不是按照现代化的方向来发展的,城市化的发展模式在农业、农村和农民上都有很明显的体现;另一方面是因为,乡村的城市化是一种被动的城市化,其城市化的动因往往来自外部力量,具有很强的人为色彩。可以说,农民工就是乡村"外生型城市化"的典型代表。农民工作为城乡连接的纽带,常年在城乡之间迁徙流动,其打工收入是农民家庭主要的收入来源,很多乡村的发展主要依靠农民外出务工。乡村的"外生型城市化",作为一种已经"畸变"的"外生型现代化",是不利于乡村现代化发展的,不能改变乡村在国家体系中处于边缘的现状。随着改革开放

---

① 张琢,马福云.发展社会学[M].北京:中国社会科学出版社,2001:231.

的不断深入,我国的农民工群体越来越庞大,这同时也说明我国乡村的"外生型城市化"特征越来越凸显,其结果是乡村对城市的依赖度越来越大。

从特定发展阶段来说,"外生型城市化"是有利于乡村经济社会发展的,但是,随着乡村社会的不断发展,"外生型城市化"的弊端也会越来越凸显。可以说,"外生型城市化"是乡村在特定阶段不得已的选择。对于乡村社会来说,由于没有内生型的现代性因素可以促进乡村的现代化发展,所以只能借助城市这个外力来实现"原始资本"的积累。如果说在特定发展阶段选择"外生型城市化"是正确的无奈之举,那么在发展到一定程度之后,就要实现发展道路的转变,否则,其结果将是灾难性的。笔者认为,对于当前乡村的发展来说,其发展道路要实现由"外生型城市化"向"内生型现代化"的转变。这包含两层意思:一方面,要实现由城市化道路向现代化道路的转变,现代化才是乡村正确的发展方向,城市化只是特定阶段的无奈之举;另一方面,要实现由外生型向内生型的转变,只有培育内生型的现代化因素,才能真正促进乡村的现代化发展。如果一味依赖于外在的现代性因素,是很难扭转乡村在现代化进程中的边缘地位的。

同时,乡村社会怎样才能实现由"外生型城市化"向"内生型现代化"的转变呢?笔者认为,这也需要乡村教育来承担这一历史使命。那么,乡村教育又如何承担起这一历史使命呢?这要通过实现乡村教育的转型来完成,也就是树立乡村教育发展的正确方向,由乡村教育的城市化转变为乡村教育的现代化。这包含两层意思:一方面,通过乡村教育的现代化来促进乡村经济结构、社会结构和文化结构的现代化,使乡村社会朝着现代化道路迈进;另一方面,通过现代化的乡村教育培养出真正具有现代性的农民,使现代性的农民成为乡村现代化的启动力量和现代性因素的源泉。这就在乡村教育发展和乡村经济社会发展之间形成了一种良性循环。

二、农民社会地位:从"外局群体"走向"内局群体"

当前中国农村社会发展面临诸多困境。农村社区出现发展困境的主要原因在于城乡差距的拉大造成的 20 世纪 90 年代以来城乡关系的严重失衡。这表现在三个方面:第一,从产业来看,工农业差距扩大。农业的弱质地位未能改变,国家以"剪刀差"形式挤压农业、索取农业剩余以加快工业化进程和城市发展的做法仍然存在。第二,从经济发展现状来看,城乡经济差距扩大,农民仍是弱势群体,农民增收困难成为制约乡村发展的重要因素。第三,从社会福利来看,城乡社会差距扩大。农村在社会保障、教育、医疗、环境等方面所享有的发展机会和政府福利,被严重边缘化。[①] 城乡差距的拉大使得乡村社会变得越来越边缘化。

---

① 农业部产业政策法规司课题组.统筹城乡和统筹经济社会协调发展研究[J].农业经济问题,2004
(1):27—31.

在城市化进程中,乡村社会面临的诸多困境使得农民往往处于"外局群体"地位,对整个社会的文化氛围、价值取向、公共舆论无法发挥主导作用,因此也无法触及和影响整个社会的核心体系,他们只能处于边缘,接受并巩固这种文化表达所体现出来的权力关系,根据市民这个"内局群体"的取向行动。可以说,农民的"外局群体"地位表现在经济、社会和文化三重维度上,从经济维度来看,农业与工业的"剪刀差"依然存在,使得农民的收入水平、生活水平等都要明显低于城市居民,对国家经济的贡献度也明显要低;从社会维度上来说,突出表现在:农民的政治参与意愿不强,政治参与的行动也较少,对国家政策导向的影响非常小。虽然村民自治的实施很大程度上增加了农民的政治参与热情,但是城市化进程中很多农民离开了农村社会,使得村民自治中的民主权利并不能落到实处;从文化维度来说,当前社会的主导文化是城市文化,农村文化处于亚文化地位,没有"话语权"。特别是随着城市化进程的不断推进,使得很多地方的农村文化正在逐渐消失。

笔者的实证研究得出的结论是:农民的市民化水平整体而言较低。农民在经济资本、社会资本和文化资本层面的市民化水平都较低,这从实证角度反映出农民的"外局群体"地位,而农民的"外局群体"地位使得农民很难适应具有城市化特征的乡村教育模式。同时,农民与具有城市化特征的乡村教育的不相适应性进一步强化了农民的"外局群体"地位,使得农民在经济资本、社会资本和文化资本上的弱势地位越来越明显,造成了严重的恶性循环。教育与经济、社会、文化之间存在着非常密切的联系,为了改变农民与乡村教育的不相适应性,必须将农民的地位由"外局群体"转变为"内局群体",从经济资本、社会资本和文化资本各个方面提高农民的市民化水平。

在笔者的实证研究中,农民群体内部在市民化水平上表现出了显著性差异。改革开放之前,农民群体内部的分化是不明显的,城市化进程的推进扩大了农民群体内部的分化,这种分化体现在农民市民化水平的高低,也就是经济资本、社会资本和文化资本的高低上。这种分化使得农民群体内部也出现了"外局群体"和"内局群体"的分化,在笔者的实证研究中,"上楼农民"就是典型的"内局群体",而"居村农民"就是典型的"外局群体"。在"上楼"运动之前,农民群体内部的分化并没有从地域上体现出来,富裕型农民和贫困型农民在居住的地域上是交错的。在"上楼"运动的过程中,从整体上来说,有条件上楼的往往属于富裕型农民,而贫困型农民受经济条件的限制,只能选择继续住在原先的村庄。这就造成了"上楼农民"与"居村农民"在地域上的区隔,出现了类似于城市那样富人区与贫民区的划分。同时,在马太效应的作用下,久而久之,富裕型农民和贫困型农民之间的两极分化会进一步扩大,进而形成"内局群体"与"外局群体"的分化。群体之间边界的清晰化将使群体之间的流动异常困难,这对于我国当前在农村构建社会主义和谐社会是极为不利的。政府应该充分认识到这一点,在推进农民市民化过程中,要防止农村内部出现"内局群体"与"外局群体",就要加大对农村弱势群体的扶持力度,使其市民化道路能够更加顺畅。

农民经济资本、社会资本和文化资本层面的市民化水平对乡村教育的影响主要体现在显性和隐性两个方面:显性影响是指农民能够直接为乡村教育提供的帮助,主要表现在经济资本和社会资本的作用上;隐性影响是指农民对乡村教育的潜在影响,主要表现在农民的文化资本作用上。在城市化进程推动下,农民在经济资本、社会资本和文化资本上的分化越来越显著,农民在经济资本、社会资本和文化资本上的分化体现出的是农民的社会分层,而乡村教育的不同结果体现出的是教育分层。社会分层对教育分层存在非常明显的影响,因此,要想改变农民在当前具有城市化特征的乡村教育体系中的不利地位,就必须提升整个农民群体的经济资本、社会资本和文化资本层面的市民化水平,实现其由"外局群体"向"内局群体"的转变;同时提升诸如"居村农民"等农村弱势群体的经济资本、社会资本和文化资本层面的市民化水平,实现其由"外局群体"向"内局群体"的转变。只有这样,才能使农民更好地适应当前具有城市化特征的乡村教育模式。

三、乡村教育模式:从"城市化道路"走向"现代化道路"

要想解决农民和乡村教育之间不相适应的问题,仅仅从农民角度入手提高其市民化水平还是不够的,还需要对乡村教育进行改革。当前我国的乡村教育存在一个非常严重的问题,那就是乡村教育的城市化。当前的乡村教育非常强调按照城乡一体化的教育模式来发展,强调教育内容、教育过程的统一化、标准化力度,要让农村孩子可以享受与城市孩子一样的学校教育。在现有的乡村教育体系下,由于社会再生产和文化再生产机制的存在,农村人很难实现社会流动。从表面上看,上层社会向下层社会敞开了大门,但对于农村人来说,通过现行的教育制度进入上层社会的数量是非常有限的,大部分农村人并不能通过现行的教育制度实现社会流动。在当前的乡村教育中,由于缺乏现实的文化根基,乡村教育中的文化冲突现象较为明显,而乡村教育中的文化认同也只是一种被动的文化认同,这一状况对于乡村教育的发展来说是极为不利的。从某种程度上来说,城市化是乡村教育发展的一个误区,是乡村教育发展的一个"陷阱"。这种乡村教育城市化的发展模式并不能从真正意义上建立乡村教育的主体地位,这样的乡村教育永远只能处于附属地位。在乡村建设运动中,陶行知、晏阳初和梁漱溟等乡村建设运动的积极推动者都把乡村教育作为主体,构建的教育模式基本都建立在农村现实基本之上,他们主张的乡村教育都是朝着现代化方向发展的,而不是城市化方向。

当前乡村教育城市化有两种表现形态:一种是乡村教育在教育内容、教育目标等方面完全照抄照搬城市模式,这是一种"内在式"的乡村教育城市化;另一种是乡村教育的布局调整,也就是农村学校从农村中"抽离"出来向城镇集中,这是一种

"兼具内在外在式"的乡村教育城市化。可以说,第二种乡村教育城市化方式,也就是乡村教育布局调整的弊端更为明显,其对农村造成的影响可以用"釜底抽薪"来形容。一方面,学校布局调整使农村学校离开了农村,农村成为了一个"文化孤岛",这对于当前正在进行的社会主义新农村建设是极为不利的;另一方面,从更为长远的影响来说,学校布局调整对于农村走内生型发展道路、改变农村在现代化进程中的附属地位、建立农村的主体地位是极为不利的。

乡村教育城市化的弊端在当前已经越来越凸显,那么应该如何对当前的乡村教育进行改革呢?笔者认为,教育既要与内部环境相适应,也要与外部环境相适应。所谓教育的内部环境就是教育对象的经济、社会和文化需求,所谓外部环境就是当地的经济社会发展状况。从乡村教育的发展来说,就是既要与农村经济社会发展需求相适应,也要与农民的经济、社会和文化需求相适应。在乡村建设运动中,晏阳初认为在农村兴办教育,必须先探索适合中国农村的教育改革之路,了解农民的需要和愿望,不能盲目照抄照搬国外的教育模式。他的改革宗旨是,一切国外的先进科学都必须有一个"中国化"的过程。我国的教育模式最初是从国外传入的,在经过"中国化"之后形成了现在的教育模式。但是当前的乡村教育模式更多的是一个城市化的教育模式,与农村的经济社会发展状况和农民的经济、社会和文化状况是不相适应的,因此,我国当前的乡村教育模式还需要经过一个"现代化"的过程。乡村教育发展方向的扭转对于实现农民地位由"外局群体"向"内局群体"的转变也是有直接推动作用的。按照现代化的方向来发展乡村教育,通过乡村教育的现代化来促进农村社会和农民的现代化,从而改变农民在现代化进程中的被动状况,实现由"外局群体"向"内局群体"的转变。这就在乡村教育发展和农民自身发展之间形成了一种良性循环。

那么如何来完成乡村教育的"现代化"过程呢?这就要结合笔者上面提出的乡村教育"适应论",也就是乡村教育既要与农村经济社会发展需求相适应,也要与农民的经济、社会和文化需求相适应。在乡村建设运动时期,中国社会还是一个以农业为主的国家,农业在国民经济中占据着举足轻重的地位,因此,当时的乡村教育工作者更多地主张"留农教育",主张乡村教育要为农村的现代化服务。随着城市化、现代化的不断发展,特别是随着农业在国民经济中的比重不断下降,乡村教育逐渐向城市化方向发展,成了"离农教育"。从我国的现状来看,农村人口依然是我国人口的主体。因此,"离农教育"已不能很好地与农村经济社会发展状况和农民的经济、社会和文化需求相适应,由此引发的问题也越来越多,亟须改革。同时,随着农村经济社会的快速、全面发展,农民经济、社会和文化状况的不断改善,以及城乡交流的不断扩大,"留农教育"已不能很好地与农村经济社会发展状况和农民的经济、社会和文化状况相适应,也是需要改革的。所以,笔者认为,对于乡村教育未来的发展方向,不是选择"离农教育"还是"留农教育"的问题,而是其发展方向要与农村经济社会发展需求和农民的经济、社会和文化需求相适应。虽然乡村教育模式的选择是因时而异、因地而异的,但是乡村教育的现代化是其未来发展不变的方向。

参考文献

[1] 布尔迪约,帕斯隆. 再生产——一种教育系统理论的要点[M]. 邢克超,译. 北京:商务印书馆,2002.

[2] 宋恩荣. 晏阳初全集(一)[M]. 长沙:湖南教育出版社,1989.

[3] 郑大华. 民国乡村建设运动[M]. 北京:社会科学文献出版社,2000.

[4] 爱弥尔·涂尔干. 教育思想的演进[M]. 李康,译. 上海:上海人民出版社,2003.

[5] 包亚明. 文化资本与社会炼金术[M]. 上海:上海人民出版社,1997.

[6] 鲍尔斯,金迪斯. 美国:经济生活与教育改革[M]. 王佩雄,译. 上海:上海教育出版社,1990.

[7] 陈序经. 乡村建设运动[M]. 上海:大东书局,1946.

[8] 邓正来,亚历山大. 国家与市民社会——一种社会理论的研究路径[M]. 北京:中央编译出版社,1993.

[9] 邓正来. 国家与社会:中国市民社会研究[M]. 北京:北京大学出版社,2008.

[10] 费孝通. 乡土中国[M]. 北京:北京大学出版社,1998.

[11] 费孝通. 乡土重建[M]. 台北:台北东大图书有限公司,1984.

[12] 贾春增. 外国社会学史[M]. 北京:中国人民大学出版社,2000.

[13] 梁漱溟. 教育论著选[M]. 北京:人民教育出版社,1994.

[14] 梁漱溟. 梁漱溟全集(二)[M]. 济南:山东人民出版社,2005.

[15] 梁漱溟. 乡村建设理论[M]. 重庆:邹平乡村书店,1939.

[16] 刘精明. 国家、社会阶层与教育——教育获得的社会学研究[M]. 北京:中国人民大学出版社,2005.

[17] 布迪厄,华康德. 实践与反思——反思社会学导引[M]. 北京:中央编译出版社,1998.

[18] 钱民辉. 教育社会学概论(第三版)[M]. 北京:北京大学出版社,2010.

[19] 塞缪尔·亨廷顿. 变动社会的政治秩序[M]. 上海:上海译文出版社,1989.

[20] 孙立平. 转型与断裂——改革以来中国社会结构的变迁[M]. 北京:清华大学出版社,2004.

[21] 王思斌. 社会学教程(第二版)[M]. 北京:北京大学出版社,2003.

[22] 王天一,方晓东. 西方教育思想史[M]. 长沙:湖南教育出版社,1996.

[23] 杨善华.当代西方社会学理论[M].北京:北京大学出版社,1999.

[24] 余秀兰.中国教育的城乡差异——一种文化再生产现象的分析[M].北京:教育科学出版社,2004.

[25] 袁方,王汉生.社会研究方法教程[M].北京:北京大学出版社,1997.

[26] 约翰·罗尔斯.正义论[M],何怀宏,何包钢,廖申白,译.北京:中国社会科学出版社,1988.

[27] 张琢,马福云.发展社会学[M].北京:中国社会科学出版社,2001.

[28] 毕天云.布迪厄的"场域—惯习"论[J].学术探索,2004(1):32—35.

[29] 蔡笑岳,杨柳艳.公众教育观念的内隐结构及现状研究——基于广州地区的样本分析[J].广州大学学报(社会科学版),2011(3):28—34.

[30] 常宝.从布迪厄的"文化资本"理论谈族群文化的发展问题[J].西北民族研究,2011(3):32—36.

[31] 陈彬.关于理性选择理论的思考[J].东南学术,2006(1):119—124.

[32] 陈旭峰.实施城乡一体化的分流教育——布迪厄的文化再生产理论对当前农村教育的启示[J].教育学术月刊,2010(7):3—6.

[33] 戴颖娟.对加强青少年思想道德教育的思考[J].贵州社会科学,2009(8):114—116.

[34] 丁玉洁.社会学理性选择理论述评[J].辽宁行政学院学报,2006(12):93—94.

[35] 方光华,曹振明.20世纪90年代以来的"文化自觉"思潮论析[J].人文杂志,2011(1):113—116.

[36] 费孝通.反思·对话·文化自觉[J].北京大学学报(哲学社会科学版),1997(3):15—22.

[37] 冯波.学校教育、家庭教育与社会教育"三结合"的意义[J].时代教育(教育教学版),2009(1):112.

[38] 甘永宗,方跃平.国家—社会关系视域中的社会权力研究[J].中国市场,2008(5):108—110.

[39] 高岩.论"文化自觉"与铁路安全文化建设[J].理论学习与探讨,2011(6):6—8.

[40] 郭建如.国家—社会视角下的农村基础教育发展:教育政治学分析[J].北京大学教育评论,2005(3):70—79.

[41] 何爱霞."三喻文化"与成人教育探论[J].河北师范大学学报(教育科学版),2006(4):114—117.

[42] 何京敏."文化自觉"视阈中的统一战线[J].学校党建与思想教育,2011(4):39—41.

[43] 洪岩璧,钱民辉.中国社会分层与教育公平:一个文献综述[J].中国农业大学学报(社会科学版),2008(4):64—76.

[44] 黄小勇,黄菜方.中美家庭教育的比较及启示[J].武汉理工大学学报(社会科学版),2009(4):101—104.

[45] 黄祐.民国时期乡村建设实验区的农村经济合作组织[J].广西社会科学,2009(5):89—92.

[46] 黄造煌.梁漱溟的社会整合思想:沟通新儒学与乡村建设[J].哲学动态,2010(7):42—48.

[47] 霍巍,王泽亮.反思与重建:论学校教育的特殊价值[J].教育导刊,2009(6):8—11.

[48] 蒋宝麟."帝国主义"与"封建主义":20世纪30年代知识界关于乡村建设运动的论争[J].史学月刊,2008(5):77—85.

[49] 景跃进.党、国家与社会:三者维度的关系——从基层实践看中国政治的特点[J].华中师范大学学报(人文社会科学版),2005(2):9—13,29.

[50] 孔新苗.当代中国美术与文化自觉的四点思考[J].南京艺术学院学报(美术与设计版),2011(6):51—53.

[51] 赖水随.梁漱溟的农村文化教育思想[J].内蒙古师范大学学报(教育科学版),2006(6):61—64.

[52] 李富祥.非物质文化遗产保护与文化自觉——对于当下非物质文化遗产保护的反思[J].四川教育学院学报,2011(12):37—41.

[53] 李红辉.晏阳初的农民教育思想及其实验[J].科学社会主义,2010(2):111—113.

[54] 李慧慧,满忠坤.晏阳初的家庭教育思想及启示[J].现代教育论丛,2010(10):63—66.

[55] 李姗姗,于伟.农民教育期望——高等教育改革一种可能的阐释[J].河北师范大学学报(教育科学版),2010(1):104—107.

[56] 李在全.20世纪二、三十年代福建乡村建设运动的社会背景探析[J].党史研究与教学,2002(3):59—66.

[57] 梁德阔.内生型农村城镇化的运行机制分析[J].安徽大学学报(哲学社会科学版),2006(3):132—135.

[58] 廖兴.从教育制度伦理视角论农民工子女教育相关制度[J].当代教育论坛(宏观教育研究),2008(11):11—13.

[59] 林克雷,李全生.广义资本和社会分层——布迪厄的资本理论解读[J].烟台大学学报(哲学社会科学版),2007(4):63—68.

[60] 林忠娜,葛丹阳.浅谈公共图书馆的文化自觉[J].图书馆界,2011(6):1—3.

[61] 刘洪刚,孔庆兵."场域—惯习"理论下的腐败解析及启示[J].领导科学,2009(5):56—58.

[62] 刘涛,王震.中国乡村治理中"国家—社会"的研究路径——新时期国家介入乡村治理的必要性分析[J].中国农村观察,2007(5):57—64.

[63] 刘贤.浅论中国城乡基督教会的差异——以理性选择理论为视角的个案研究[J].宗教学研究,2011(2):139—147.

[64] 刘永芳.价值范式及其对教育政策主体的价值分析[J].扬州大学学报(高教研究版),2004(3):7—10.

[65] 刘中一.场域、惯习与农民生育行为——布迪厄实践理论视角下农民生育行为[J].社会,2005(6):126—140.

[66] 刘祖云.社会转型:一种特定的社会发展过程[J].华中师范大学学报(哲学社会科学版),1997(6):32—37.

[67] 骆群,顾津江.布迪厄"场域—惯习"理论对行刑社会化的解读[J].法治论丛(上海政法学院学报),2007(6):37—40.

[68] 骆文亮.我国漆艺产业化的文化自觉与战略思考[J].东南学术,2011(6):320—326.

[69] 牛海彬,白媛媛.解析布迪厄教育再生产理论[J].外国教育研究,2006(5):16—21.

[70] 农业部产业政策法规司课题组.统筹城乡和统筹经济社会协调发展研究[J].农业经济问题,2004(1):27—31.

[71] 潘泽泉.自我认同与底层社会建构:迈向经验解释的中国农民工[J].社会科学.2010(5):74—79.

[72] 钱民辉.略论多元文化教育的理念与实践[J].北京大学学报(哲学社会科学版),2011(3):136—143.

[73] 秦楠."场域—惯习"视角下中国专业社会工作发展的阻力分析[J].社会工作下半月(理论),2008(6):27—29.

[74] 饶冠俊,陈慧.我国社会教育的发展:反思与进路[J].中国成人教育,2011(21):5—9.

[75] 饶曙光.国家形象与电影的文化自觉[J].当代电影,2009(2):9—14.

[76] 任杭璐.贫困地区女童教育政策保障研究——基于文化再生产理论的分析[J].沈阳教育学院学报,2011(4):20—22.

[77] 施国庆,严登才,孙中艮."场域—惯习"视角下的水电移民长期补偿安置方式[J].南京社会科学,2011(11):58—63.

[78] 守愚(赵人俦).复兴农村与农民负担[J].独立评论,第66号,1933.

[79] 宋惠芳.场域、惯习与文化资本——农村妇女城市社区参与边缘化的原因与

对策[J].北京科技大学学报(社会科学版),2011(4):94—97.

[80] 苏春景,赵翠兰.从布迪厄的资本理论看"问题学生"的生成[J].中国特殊教育,2010(8):65—68.

[81] 孙杰.论文化资本对农村义务教育均衡发展的影响——布迪厄文化资本理论的启示[J].山西大学学报(哲学社会科学版),2011(5):107—110.

[82] 孙丽娜.文化再生产视野下的城乡教育均衡发展研究[J].现代教育论丛,2008(6):73—76.

[83] 孙文亮.社会主义新农村建设的路径选择:基于乡村建设史的考察[J].当代世界与社会主义,2010(2):78—82.

[84] 孙运宏."北漂"现象的社会学解读——基于布迪厄文化再生产理论视角[J].西安社会科学,2011(4):27—28.

[85] 汤火箭.国家—社会关系框架下的法律观评析[J].社会科学研究,2005(6):80—83.

[86] 陶琳.以布迪厄再生产理论分析傣族村落权威的再生产[J].传承,2011(6):56—57.

[87] 田凯.政府与非营利组织的信任关系研究——一个社会学理性选择理论视角的分析[J].学术研究,2005(1):90—96.

[88] 屠棠.借鉴陶行知教育思想,加快社会教育改革与发展[J].生活教育,2011(23):27—29.

[89] 王冰.中国农村社会转型模式、特征和趋势分析[J].经济学家,2007(4):97—102.

[90] 王健.西方"新马克思主义"教育述评[J].湖南城市学院学报,2007(1):6—9.

[91] 王进.布迪厄资本理论视域下的彝族毕摩[J].云南民族大学学报(哲学社会科学版),2010(6):20—24.

[92] 王俊秀.中国家庭教育投入的拐点[J].社区,2008(12):16—17.

[93] 王凯,鹿泉.梁漱溟的乡村成人教育思想及其启示[J].继续教育研究,2008(6):26—28.

[94] 王芦英.布迪厄的场域惯习理论对大学生自主锻炼研究的启示[J].河南商业高等专科学校学报,2010(3):112—114.

[95] 王晴锋."场域—惯习"理论视野下的家庭暴力[J].社科纵横,2011(1):71—72,75.

[96] 王世斌.以理性选择理论为视角的高校毕业生就业流向社会学分析[J].职业教育研究,2007(12):75—76.

[97] 王巍.国家、社会互动结构中的社区治理——一个描述性案例研究[J].武汉大学学报(哲学社会科学版),2008(2):256—262.

[98] 王文龙.读书无用论不仅仅是一个教育问题[J].学术论坛,2010(5):190—193.

[99] 王晓庆.学生思想政治教育社会化分析——基于布迪厄场域、惯习理论的探析[J].现代教育科学,2008(3):131—134.

[100] 王欣瑞."组织"和"人"的现代化——民国乡村建设运动关于乡村社会和文化现代化的理论探索[J].科学经济社会,2010(1):123—127.

[101] 王秀丽.鲍尔斯—金迪斯与布迪厄的教育阶层化理论比较研究[J].黑龙江社会科学,2009(6):164—166.

[102] 王宇晖.布尔迪厄的文化再生产理论与大众化高等教育的负向功能[J].江苏高教,2008(6):30—33.

[103] 吴从环.改革后的中国国家社会关系[J].安徽行政学院学报,2010(1):72—76.

[104] 吴业苗.居村农民市民化:何以可能?——基于城乡一体化进路的理论与实证分析[J].社会科学,2010(7):54—62.

[105] 吴浙,李静.土地流转对发展现代农业的作用分析[J].安徽农业科学,2010(5):2599—2600,2623.

[106] 谢方."场域—惯习"论下的个体行动与社会结构[J].理论观察,2009(1):48—49.

[107] 谢舜,周鸿.科尔曼理性选择理论评述[J].思想战线,2005(2):70—73.

[108] 熊波,石人炳.农民工永久性迁移意愿影响因素分析——以理性选择理论为视角[J].人口与发展,2009(2):20—26.

[109] 熊春文."文字上移":20世纪90年代末以来中国乡村教育的新趋向[J].社会学研究,2009(5):110—140.

[110] 胥仕元.教育:梁漱溟乡村建设之途径[J].当代世界社会主义问题.2005(3):46—52.

[111] 徐福来,李雪.刍论梁漱溟乡村建设运动的理论困境[J].南昌大学学报(人文社会科学版),2009(6):27—31.

[112] 徐瑞,郭兴举.文化资本理论视阈中的教育公平研究——皮埃尔·布迪厄的教育社会学思想撷拾[J].教育学报,2011(2):15—20.

[113] 许佳君,张华.基于理性选择理论的范式解读"考研热"[J].河海大学学报(哲学社会科学版),2010(1):41—44.

[114] 许苏民.论中华民族的文化自觉[J].青年论坛,1986年11月号.

[115] 杨发祥.乡村场域、惯习与农民消费结构的转型——以河北定州为例[J].甘肃社会科学,2007(3):32—35.

[116] 杨孝容."创造新文化救活旧农村"——略论梁漱溟乡村民众教育思想[J].

西南民族大学学报(人文社科版).2005(4):361—364.

[117] 姚新勇.加速农村城市化:风险高于机遇[J].探索与争鸣,2011(2):24—26.

[118] 余清臣.论教师的师生交往能力建设——基于布迪厄资本理论的思考[J].教育科学研究,2008(10):10—13.

[119] 虞和平.民国时期乡村建设运动的农村改造模式[J].近代史研究,2006(4):95—110.

[120] 张彬,李更生.中国农村教育改革的先声——对20世纪20年代至30年代乡村教育运动的再认识[J].浙江大学学报(人文社会科学版),2002(5):124—131.

[121] 张惠娟.评晏阳初的乡村教育思想[J].教育探索,2005(8):36—38.

[122] 张良,刘茜.论"学习型社会"视野下成人教育观念的转变[J].成人教育,2010(7):30—31.

[123] 张冉.中国文化自觉理论研究刍议[J].人民论坛,2011(29):230—231.

[124] 张杨.社会运动研究的国家—社会关系视角[J].学海,2007(5):56—62.

[125] 张源.生态和谐与乡土归属——农村教育发展的内生力探析[J].科教文汇,2012(1):3—4.

[126] 张忠民.和谐的努力与幻灭——略论近代中国的"乡村建设运动"[J].社会科学,2008(7):140—149.

[127] 赵小段.职业教育吸引力:布迪厄文化资本理论的视角[J].广东交通职业技术学院学报,2011(2):126—128.

[128] 郑红娥.私人消费政策的变迁:基于制度性理性选择理论的分析[J].广东社会科学,2010(1):167—174.

[129] 郑金月.文化自觉视野下的档案文化建设[J].档案学研究,2011(6):9—13.

[130] 钟娟.我国教育政策的变迁研究[J].继续教育研究,2010(10):101—104

[131] 周崇信,王省惠.再谈意识的能动性[J].理论探索,2001(5):21—22.

[132] 周睿.文化再生产理论解读大学农村生源下降[J].经营管理者,2010(7):84.

[133] 周云峰.论终生教育和学习型社会[J].成人教育,2006(5):22—23.

[134] 周祝平.中国农村人口空心化及其挑战[J].人口研究,2008(2):45—52.

[135] 李源源."场域—惯习"理论视角下待业大学生群体生存状态研究[D].上海:华东师范大学,2010.

[136] 刘丹.场域—惯习理论视角下的民办福利机构研究[D].北京:中国青年政治学院,2010.

[137] 王晓蓉.二十世纪二三十年代乡村建设运动中的职业教育实践研究[D].西安:陕西师范大学,2007.

［138］梁漱溟.社会本位教育系统草案［A］//梁漱溟全集［M］.第五卷.济南：山东人民出版社,1992.

［139］陶行知.再论中国乡村教育之根本改造——在上海青年会的演讲［A］//陶行知全集［M］.第二卷.长沙：湖南教育出版社,1984.

［140］Parkin F. Marxism and Class Theory：A Bourgeois Critique［M］. London：Tavistock，1979.

［141］Samuel P. The Rational Peasant：The Political Economy of Rural Society in Vietnam［M］. Los Angeles：University of California Press，1979.

［142］Scaff L A. Two concepts of political participation［J］. The Western Political Quarterly，1975，28(3)：447-462.

［143］Miller A H,Malanchuk O. Group consciousness and political participation［J］. American Journal of Political Science,1981,25(3)：494-511.

［144］Leal D L. Political participation by Latino Non-Citizens in the United States ［J］. British Journal of Political Science,2002,32(2)：353-370.

［145］Poot J. Adaptation of migrants in the New Zealand labor market ［J］. International Migration Review,1993, 27(1)：121-139.

［146］Coleman J S. Social capital in the creation of human capital ［J］. The American Journal of Sociology, 1988 (94)：95-120.

索　引

J

家庭教育 43,45,112—114,118—119,150,155,181
教育转型 47,86,89,94,98,127
经济资本 131—177,179,198
居村农民 55—85,197

N

农村城镇化 49—52,179
农民市民化 54,179,182—187,197—198
农业现代化 36,47—48,179

S

上楼农民 55—85,197
社会教育 44—45,120—126,165,169,173,182
社会转型 3,47,88—89,127
社会资本 131—177,180,198

W

文化资本 131—177,180,198,
文化自觉 91—92

X

乡村建设运动 34—39,42,178
乡村教育 1—4,9,11,14,16,18,21,23—25,41,91,94,191,193,198—199
学校教育 43,45,106,108—109,112,131,181

附录

调查问卷

问卷编号：□□□□□□□

调查日期：_____年___月___日

调查员：_____（签名）
审核员：_____（签名）
录入员：_____（签名）

农民市民化与农村教育发展状况问卷调查

尊敬的学生家长：

　　您好！

　　非常感谢您能够参加这次调查活动。我是北京大学社会学系的博士生陈旭峰，本次调查是由我组织的一次关于农民市民化与农村教育发展状况的调查，主要目的是通过调查了解关于农民市民化与农村教育发展的一些基本情况。

　　您是经过严格的科学抽样选中的调查代表，您的合作对我了解有关信息具有十分重要的意义。回答不涉及是非对错，但请务必按照您的实际情况逐一回答问卷中所提的每个问题。您提供的资料仅用于统计分析与科学研究，对于回答结果将按照《统计法》予以保密。

　　对您的合作和支持，我表示衷心的感谢！

陈旭峰
北京大学社会学系

填答问卷说明

1. 本问卷由被调查人在调查员的指导下自行填写；

2. 被调查人请在符合自己情况的选项上打√；

3. 所有题目均为选择题，除注明"可多选"之外，每题只可选一项，多选无效；

4. 如果您有多个孩子，本问卷中的"孩子"是指给您带回调查问卷的孩子。

A01 您是孩子的: ①父亲 ②母亲

A02 您的年龄: ①30岁及以下 ②31～40岁 ③41～50岁 ④50岁以上

A03 您孩子的性别: ①男 ②女

A04 您孩子现就读于:①幼儿园 ②小学 ③初中

A05 您对合村并点建农村社区了解吗?①不了解 ②了解

A06 您赞同通过合村并点建社区吗? ①不赞同 ②一般 ③赞同

A07 您愿意住到新建的农村社区里吗? ①不愿意 ②一般 ③愿意

A08 您目前住在哪里? ①住在老村 ②住在新建的农村社区

A09 您目前的居住地属于: ①农村 ②城镇(包括集镇)

B01 您家庭的年收入处于下面哪一段?

　　①1万元以下 ②1万～2万元 ③2万～3万元 ④3万～5万元 ⑤5万元以上

B02 您个人的年收入处于下面哪一段?

　　①5000元以下 ②5000～10000元 ③1万～2万元 ④2万～3万元 ⑤3万元以上

B03 您对目前的收入水平是否满意? ①不满意 ②一般 ③满意

B04 您的年收入中农业收入占的比例: ①比例很高 ②差不多一半 ③比例很低

B05 您的收入是否稳定? ①不稳定 ②稳定

B06 您目前的收支情况属于: ①支大于收 ②收支平衡 ③收大于支

B07 您的收入能否保障最基本的生活? ①不可以 ②可以

B08 您的生活消费水平在当地属于: ①比较低 ②一般 ③比较高

B09 您有下列消费品及生活设施吗?(在有的选项上打√,可多选)

　　①彩电 ②电冰箱 ③洗衣机 ④空调 ⑤电话 ⑥手机 ⑦电脑 ⑧轿车

B10 您目前的居住条件在当地属于: ①比较差 ②一般 ③比较好

B11 您对目前居住条件的满意程度: ①不满意 ②一般 ③满意

B12 您孩子在家里有单独的房间吗? ①没有 ②有

B13 您孩子在家有固定的学习场所吗? ①没有 ②有

B14 您还从事农业生产吗? ①不从事 ②从事

B15 您有将土地流转给他人耕种吗? ①没有流转 ②部分流转 ③全部流转

B16 您有无缴纳保险(如医疗保险、养老保险等)? ①没有 ②有

B17 您签订劳动合同的情况: ①未签劳动合同 ②签过劳动合同

B18 您欠别人的债务量: ①没有 ②很少 ③一般 ④很多

B19 别人欠您的债务量: ①没有 ②很少 ③一般 ④很多

C01 您现在的户口类型: ①农业户口 ②非农业户口

C02 您目前是否有外出打工? ①没有打工 ②在本地打工 ③在外地打工

C03 您认为您目前所从事的职业属于:①下层 ②中层 ③上层

C04 您现在每天工作多长时间? ①不超过8小时 ②超过8小时

C05 遇到法定节假日您能否正常休假? ①不能 ②不一定 ③能

C06 您认为您在当地的社会地位属于: ①下层 ②中层 ③上层

C07 您跟左邻右舍的邻居交往多吗？　　①没有交往　　②偶尔交往　　③经常交往
C08 您跟亲戚朋友之间的交往多吗？　　①没有交往　　②偶尔交往　　③经常交往
C09 您跟城市人的交往情况如何？　　　①没有交往　　②偶尔交往　　③经常交往
C10 下列人员中您交往人数最多的是：①亲戚 ②朋友 ③邻居 ④村干部 ⑤工作同事
C11 如果您遇到困难首先会向谁求助？①亲戚 ②朋友 ③邻居 ④村干部 ⑤工作同事
C12 您在过去一年中参加过社区或村里的选举活动吗？①没有　　②有
C13 您愿意参加社区或村里的选举活动吗？　　　　①不愿意　　②愿意
C14 您觉得有必要成立维护农民利益的组织吗？　　①没有必要　　②有必要
C15 您的孩子主要由谁照顾？　　①祖辈老人　　②父母　　③其他人
C16 您每天陪孩子的时间多吗？　①很少　　　②一般　　③很多
C17 您和您爱人之间的关系怎么样？①比较差　　②一般　　③比较好
C18 您家有几个孩子？　　　　　　①一个　　　②两个　　③三个及以上
C19 您与孩子的关系怎么样？　　　①比较差　　②一般　　③比较好

D01 您的受教育程度：①小学及以下　　②初中　　　③高中　　　④大专及以上
D02 您参加过劳动技能和职业培训吗？①没有参加过　　②参加过
D03 您认为您自己现在是：　　　　①农村人　　②半个城市人 ③城市人
D04 您觉得您对当地的发展贡献大吗？①很小　　　②一般　　③很大
D05 您喜欢城市人的工作方式吗？　①不喜欢　　②一般　　③喜欢
D06 您喜欢城市人的生活方式吗？　①不喜欢　　②一般　　③喜欢
D07 您觉得城市人对您的态度友好吗？①不友好　　②一般　　③友好
D08 您对当地政府的工作满意吗？　①不满意　　②一般　　③满意
D09 您期望将来自己是：　　　　　①农村人　　②城市人　　③无所谓
D10 您希望自己的户口属于：　　　①农村户口　②城市户口　③无所谓
D11 以下地区您更愿意住在：　　　①农村　　　②小城镇　　③大城市
D12 您将来愿意务农吗？　　　　　①不愿意　　②愿意　　　③看情况
D13 您愿意把土地流转给他人耕种吗？①不愿意　　②愿意　　　③看情况
D14 您拥有的书籍多吗？　　　　　①很少　　　②一般　　③很多
D15 您是否经常读书读报？　　　　①很少　　　②一般　　③经常
D16 您每年在文化娱乐上的花费多吗？①很少　　　②一般　　③很多
D17 在过去的一年中您参加过文化娱乐活动吗？①没有　　②有
D18 您愿意参加文化娱乐活动吗？　①不愿意　　②愿意

E01 您认为孩子的学习谁的责任更重？①孩子自己　　②学校　　③家长
E02 您认为读书有用吗？　　　　　①没用　　　②有用　　③说不清楚
E03 对学生来说实践能力和学习成绩哪个更重要？①学习成绩　　②实践能力
E04 您认为农村的学校教育应定位在：①为农村提供人才　　②为城市提供人才
E05 您对孩子的教育重视吗？　　　①不重视　　②一般　　③重视
E06 您与孩子所在学校沟通多吗？　①很少　　　②一般　　③很多

E07 您参加学校组织的家长会多吗？　①很少　　　②一般　　　③很多
E08 您给孩子买学习辅导书多吗？　①很少　　　②一般　　　③很多
E09 您对孩子的教育投入大吗？　　①很少　　　②一般　　　③很多
E10 您对孩子学校的老师满意吗？　①不满意　　②一般　　　③满意
E11 您对孩子学校的教学条件满意吗？①不满意　　②一般　　　③满意
E12 您对孩子学校的教育质量满意吗？①不满意　　②一般　　　③满意
E13 您对孩子的学习成绩满意吗？　①不满意　　②一般　　　③满意
E14 您希望孩子以后能读到:①小学 ②初中 ③高中 ④大专 ⑤本科 ⑥硕士 ⑦博士
E15 您希望您的孩子以后在哪发展？　①农村　　　②城市　　　③无所谓
E16 如果能选择,您希望孩子在哪上学?①农村的学校　　②城市的学校
E17 如果能选择,您希望孩子就读于:　①非重点学校　②重点学校
E18 您愿意您的孩子以后从事农业吗？①不愿意　　②愿意

F01 您认为家庭教育对孩子重要吗？　①不重要　　②一般　　　③重要
F02 您对您家的家庭教育现状满意吗？①不满意　　②一般　　　③满意
F03 您想给孩子请家教或让孩子上学习辅导班吗？　①不想　　②想
F04 您想让孩子参加特长培训班吗？　　　　　　　①不想　　②想
F05 您在家里会经常督促孩子学习吗？①很少　　　②一般　　　③经常
F06 您在家里会经常陪孩子学习吗？　①很少　　　②一般　　　③经常
F07 您会对孩子的学习进行辅导吗？　①很少　　　②一般　　　③经常
F08 您对孩子的思想道德进行教育吗？①很少　　　②一般　　　③经常
F09 您了解家庭教育相关知识吗？　　①不了解　　②一般　　　③很了解
F10 您对孩子的教育方法属于:　　　①以批评为主　②以表扬为主
F11 您对孩子的管理方式属于:　　　①孩子听您安排 ②您比较尊重孩子的意见

G01 您对自己现有受教育水平满意吗？①不满意　　②一般　　　③满意
G02 您同意"活到老学到老"这个观点吗？　　　①不同意　　②同意
G03 您赞同构建学习型社会这个主张吗？　　　①不赞同　　②赞同
G04 当地的教育培训活动多吗？　　①很少　　　②一般　　　③很多
G05 您对这些教育培训活动了解吗？①不了解　　②一般　　　③很了解
G06 您是否参加过教育培训活动？　①没有参加过　②参加过
G07 您认为参加教育培训会有帮助吗？①没有帮助　②有帮助　　③说不清楚
G08 您愿意参加教育培训活动吗？　①不愿意　　②愿意　　　③无所谓
G09 您对当地的教育培训活动满意吗？①不满意　　②一般　　　③满意
G10 如果有机会参加教育培训,您希望了解哪方面的知识？
　　①与农村有关的知识　　②与城市有关的知识　　③农村与城市的知识都想了解

本次调查全部结束,非常感谢您的参与！